KB233769

영남을
알면
한국사가
보인다

영남을
알면
한국사가
보인다

역사학자 48인 지음|
대구사학회 편

푸른역사

21세기 벽두부터 '인문학의 위기'라는 절박한 소리들이 사회 곳곳에서 들려온다. 인문학을 지원하는 학생들이 급감하고, 관련 학과들의 정상적인 운영이 어려워졌으며, 급기야는 통폐합되는 아픔을 겪고 있다. 빠르게 변하는 시대 환경에 따라 변화가 동반되어야 하는 것은 필연일 터이다. 그렇지만 그러한 구조조정의 중심에 인문학 관련 학과들이 있다는 사실은, 그 동안 인문학에 열정을 바쳐온 사람들로서는 참으로 이겨내기 힘든 역경임에 틀림없다.

인문학이 제 역할을 하지 못한다는 비판론이 무성했던 것은 어제 오늘의 일이 아니다. 이러한 비판에도 불구하고 그 동안 인문학이 고급한 논의들을 생산해낸 것 또한 부인할 수 없는 사실이다. 2년 전인 2003년, '대구사학회'에서는 그 동안 역사 분야에서 이룩한 소중한 성과들을 독자들에게 쉽게 전달하려는 의도에서 한 권의 책을 구상했다. 이 책은 인문학이 위기에 처한 21세기를 맞이하여 아카데미즘의 영역에 안주해온 지난날의 자세를 반성하고, 새롭게 출발하려는 다소 '무모한' 계획 아래 구상되었다고 할 수 있다.

우리는 이 책이 2천여 년에 걸친 영남의 역사를 오롯이 담아내는 단행본이 되기를 희망했다. 그리고 쉽지만 경박하지 않은 책, 비주얼 시대에 걸맞는 아담한 책, 두고두고 읽을만한 재미를 주는 가치 있는 역사책이 되기를 희망했다. 이러한 희망 아래 채택한 소재가 이 책의 주인공으로 등장하는 다양한 인물들이다. 이들은 멀리는 삼국시대로부터 가까이는 최근의 인물에 이르기까지 2천년에 걸친 영남의 역사에 두루두루 걸쳐 있다. 이들 중에는 독자들에게 잘 알려진 인물들도 있을 터이고 아주 생소한 인물도 있을 것이다.

우리는 특히 위인이나 선인 위주의 긍정 일변도의 반쪽짜리 역사 서술을 경계하고자 각별한 주의를 기울였다. 따라서 게 중에는 이후 역사의 흐름에 물꼬를 터준 긍정적인 역할을 수행한 인물들도 있고, 세상을 떠들썩하게 한 악역을 담당한 인물도 있을 것이다. 그렇지만 이들은 모두 다 한국 역사의 주요한 사건 한가운데 그 자리에 있었던 자들로, 이후 한국역사의 전개과정에 직·간접적으로 영향을 끼친 인물들이다.

독자들은 이들의 다양한 목소리를 들으면서 영남 출신 인물들이 당시 마주친 역사적 현장들과 만나게 될 것이고, 그들을 통해서 한국사 전체의 진행 방향을 새롭게 인식할 수 있게 될 것이다. 인물 선정과 관련한 이러한 기준 때문에 반드시 언급해야만 할 인물임에도 불구하고 제외된 이들이 많다. 제외되었다고 해서 그들이 선정 인물들보다 못하거나 혹은 역사적 비중이 떨어진다는 의미가 아님을 독자들께서 깊이 이해해 주셨으면 한다.

계획을 추진하기에 앞서 가장 우려되었던 점은 혹 이 작업이 조상 시비나 문중 시비에 말려들어 논쟁의 한 가운데 서지 않을까 하는 것이었다. 사실 근현대에 가까워질수록 인물에 대한 평가는 관점에 따라, 입장에 따라 다를 수밖에 없고, 후손들에 의한 조상의 평가 또한 실로 다양하기 때문이다. 그 때문에 먼저 신문에 연재하여 독자들의 반응을 살피고자 했다. 우리의 작업들은 대구·경북 지방의 일간지인 〈영남일보〉의 지면을 통해서 2004년 한 해 동안 56차례에 걸쳐 연재되었다. 이를 통해서 애초에 가졌던 우리의 우려가 곧 기우였다는 사실을 확인할 수 있었다. 우리의 작업은 독자들로부터 호평을 받아 인기리에 연재되는 행운을 덤으로 얻었다.

40여 명이 넘는 다양한 집필자들에게 의뢰한 관계로, 역사적 관점이나 서술 방식, 그리고 체제 등에서 많은 문제들이 발생했다. 이 때문에 편찬위원들이 1달에 두어 차례 이상 따로 모여 여러 번 원고를 교열하고, 수정하고, 경우에 따라서는 집필자에게 재작성을 요구하기도 했다. 신문 연재를 바로 앞두고 원고가 모이지 않을 때에는 몇 차례 독촉하는 애꿎은 일들도 마다하지 않았다. 상주대의 이영호 교수, 영남대의 장세룡 연구교수와 김호동 민족문화연구소 연구교수, 대구한의대의 김병우 초빙교수가 그들이다. 이들의 헌신적인 노력이 없었다면 수많은 집필자들이 참여한 공동작업에서 이만큼의 일관성과 내용을 유지하기가 어려웠을 것이다.

기획이 시작된 이래 한 권의 책으로 출간되기에 이르는 2년여의 세월 동안 많은 분들의 도움이 있었다. 학회 차원의 지원을 아끼지 않은 '대구사학회'의 전, 현임 회장 계명대 진원숙 교수와 경북대 최정환 교수, 그리고 신문의 지면을 허락해준 〈영남일보〉의 유영철 전 편집국장께 감사드린다. 호평을 받고 있다는 애기들이 들려올 때마다 고된 일들로 마음고생이 적지 않았던 우리들로서는 참으로 큰 위안을 받곤 했다. 출간을 흔쾌히 결정해 준 푸른역사의 박혜숙 사장께도 감사드린다. 마지막으로 원고 문제와 관련하여 예기치 못한 요구 때문에 상심했을 집필자 여러분들께도, 좋은 책을 꾸미겠다는 일념에서 행한 무리한 부탁이었음을 너그럽게 양해해 주셨으면 한다. 모쪼록 이 책이 위기에 처한 인문학의 자활의 기회가 되는 데 한몫을 거들 수 있다면 그만한 다행이 없겠다.

2005. 12.

그동안 고생하신 모든 분들께 편찬위원회를 대신하여 감사드리며,

김 성 우

차례

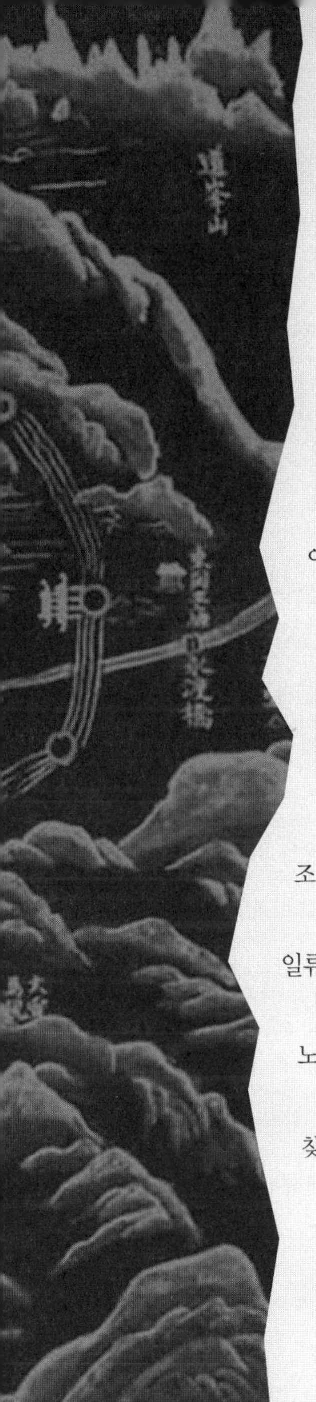

영남의 인물들과 함께하는 시간 여행

한국 역사에서 영남의 위상

철제 농기구가 한반도 남부지방에 도입되기 시작한 5, 6세기 이래 오늘날의 영남 사회는 엄청난 변화를 겪게 되었다. 가장 후진적인 지역으로 남아 있던 한반도 남부의 영남 지방이 유리한 농업 환경을 기반으로 한반도 역사에서 가장 주목받는 지역으로 부상되었기 때문이다. 그 가운데서도 오늘날 경주를 중심으로 한 신라의 성장이 가장 괄목할만한 변화였다. 농경이 본격화되기 전까지만 해도 신라를 중심으로 한 영남 지역은 한반도의 변두리에 위치하여 중국의 선진 문물의 전파 속도가 가장 더딘 지역으로 남아 있었다. 그 때문에 신라는 요동과 한반도 북부를 중심으로 왕국을 건설했던 고조선이나 고구려로부터 선진 문화를 전수 받았을 뿐이다.

농경사회로의 전환 이후, 신라는 농경문화를 바탕으로 중국의 선진 문물을 과감하게 수용하고, 당대 최고 수준의 중국 문화를 직수입하는 등 발 빠르게 움직여 나갔다. 우리가 잘 알고 있는 바와 같이 그 결과는 한국 역사상 최초의 통일 왕국 건설로 나타났다. 이후 통일 신라는 7, 8세기에 이르러 최전성기의 문화를 꽃피웠을 뿐만 아니라, 중국을 단일 축으로 한 동-서 문화 교류의 동쪽 정착지로서의 국제적 위상을 세계만방에 과시하기에 이르렀다.

10세기 전반 무렵, 서해 연안을 중심으로 한 한반도 중부 세력에 의해 건국된 고려가 한국 역사의 두 번째 패자가 되면서, 영남은 또 다른 변화에 직면하게 되었다. 왕국의 중심에서 주변으로 밀려나 버린 것이다. 그러나 왕조가 교체되었다고 해서 천년 왕국 신라의 위세가 하루아침에 사그라질 수는 없는 노릇이었다. 수도 개경을 중심으로 한반도의 허리를 관통하는 대로의 끝은 언제나 천년의 고도 경주로 향했기 때문이다. 이 길을 따라 영남의 엘리트들이 상경하고 관료나 학자로서 성가를 드날렸다. 동경 경주는 수도 개경과 오늘날의 평양인 서경과 더불어 고려의 3대 도시로서 이른바 3경三京 체제를 구축하고 있었다.

이러한 상황에서 고려 왕조가 위기 상황을 맞게 되면 경주를 중심으로 한 신라부흥운동이 전개되곤 했다. 집권 개경 세력을 견제하는 대체 세력으로서의 역할을 영남 세력이 맡고 있었던 것이다. 고려 후기에 이르러 이 지역 출신 관료·학자들이 중국의 새로운 사상적 조류인 정주학程朱學을 수용하는 데 가장 적극성을 띤 것도 이러한 역사적 상황과 깊이 관련되어 있다. 여말선초의 왕조 교체 시점에서 구체제 옹호론이나 신체제 개혁론 양대 진영의 핵심 사상가들 대부분이 영남 출신 사대부였던 것도 결코 우연이 아니었다.

영남, 인재의 창고

조선 역사상 최고의 인문지리서로 평가받는 《택리지擇里志》의 저자 이중환李重煥은 "인재의 절반은 영남에 있다"는 점을 지적한 바 있다. 이러한 인식은 이중환만이 갖고 있던 특별한 것이 아니었다. 영남이 '인재의 창고'라는 사실을 지적하는 사료들을 조선시대에서 발견하기란 그리 어렵지 않다. 영남 지역은 조선 건국 이후 절의적節義的 기질이 특히 강했을 뿐만 아니라 정주학의 실천에 대한 관심을 각별히 강조하는 지역으로도 유명했다. 이 때문에 조선 초기이래 집권 세력인 훈구파와 곧잘 충돌하는 양상을 띠었다. 무오사화─을사사화에 이르는 60여 년간, 16세기 정치사를 결정지었던 훈구파 대 사림파의 대결 국면에서 유난히 영남 출신 사대부들이 많은 피해를 입은 것도 이러한 배경과 무관하지 않다.

잘 알려진 바와 같이 사림파는 16세기 후반에 이르러 훈구파를 몰아내고 정권을 장악하는 일대 개가를 이뤄냈다. 사림파의 핵심에 영남 출신들이 많았다는 것은 결코 새로울 것이 없는 사실이다. 그렇지만 지방 출신에 의한 정권 교체라는 점에서 이 사건은 한국 역사상 초유의 정치적 대사건이었다. 사림파에 의한 집권이라는 역사적 의의는 현대 한국의 정당정치에서 수평적 정권교체가 갖는 정치사적 의의보다도 훨씬 큰 것이라 평가할 수 있다. 그 중심을 영남 출신들이 메우고 있었다.

이후 사림파는 동·서인으로 분당한 이래 시대의 변화에 따라 끝없이 분열을 이어나갔다. 이와 같은 다기한 분열의 최종 종착지는 서인-노론세력과 동인-남인 세력으로의 분기였다. 노론세력은 서울·경기를 지역적 근거로, 남인세력은 영남을 근거로 하고 있었다. 그 때문에 조선왕조의 후반부 300여 년 동안 남인들은 재야세력으로 남았으며 그들의 지역적 근거지인 영남은 집권세력으로부터 노골적으로 차별 받는 대표적인 지역으로 남게 되었다. 오늘날 한국 사회의 가장 중요한 사회적 병폐랄 수 있는 영·호남 지역감정의 원조 격이 바로 조선 중·후기 이후 서울·경기와 영남 사이의 대결 구도였던 셈이다. 이 때문에 영남은 박정희 전 대통령이 군사쿠데타로 집권에 성공한 1960년대 이전까지만 해도, 서울을 중심으로 한 집권세력에 대항하는 재야세력의 중심지로서의 역할을 톡톡히 해냈다. 한국 현대사에서 영남이 보여준 강한 재야적 기질은 이와 같은 역사적 성격에서 연유한 바 크다.

한국 역사에서 영남이 차지하는 비중이 이와 같기 때문에, 영남은 싫든 좋든 한국 역사 전체의 한가운데 놓여 있었다. 영남의 역사는 곧 한국 전체의 역사이기도 했다. 따라서 영남을 대표하는 인물들은 한국을 대표하는 인물이라 해도 과언이 아니다. 그만큼 영남은 역사적으로 두드러진 인물들이 많았을 뿐만 아니라, 크고 작은 사건에 연루되어 희생된 인물들도 많았다. 이 책에서는 각 시대를 대표하는 인물들이 차례로 등장하여 그들이 겪었던 삶을 담담하게 털어놓는다. 이제 독자들은 시대를 증언하는 이들의 목소리를 들으면서 영남의 역사를 이해하고, 이들과 더불어 시간 여행을 떠나면서 한국사 전체의 흐름을 파악하게 될 것이다.

김 성 우

경상도. 16세기 후반 제작. 출전 《한국의 옛 지도》(영남대박물관, 1998)

이익李瀷이 동경한 영남

경기도 남인 출신으로 평생토록 영남을 동경한 18세기 중반의 위대한 실학자 이익은, 그의 명저 《성호사설》 〈영남오륜〉에서 다음과 같이 영남의 풍속을 묘사한 바 있다.

"지금 조선 팔도 가운데 오륜이 구비된 지역은 영남 한 지방뿐이다. 그 까닭은 무엇 때문인가? 산천의 형세로 그것이 증명된다. 영남의 큰 물줄기는 낙동강이라 할 수 있는데 사방의 크고 작은 하천이 일제히 모여들어 물 한 점도 밖으로 새나가는 법이 없다. 물이 이 같으면 그 산도 알 수 있다. 이것이 여러 인심이 한데 뭉쳐, 부름이 있으면 화답하고 일을 당하면 힘을 합하는 까닭이다. 게다가 훌륭한 학자들이 대대로 일어나 스스로 성세를 이루어 변할 수 없게 되었다. (……) 풍속으로 말하자면 부지런하고 게으르지 않고 검소하고 사치하지 않으며 (……) 유사시에는 솔선해서 난에 임하여 죽고 사는 것을 따지지 않는다. 글을 읽고 도리를 말하여, 그 행신과 재능이 밖으로 드러나는 자가 있으면 옷깃을 여미고 스승으로 높인다. 이런 것들이 후한 풍속, 즐거운 땅, 인의의 고장이라 할 만한 까닭이다. (……) 공자가 "능히 예로 사양하면 나라를 다스림에 무슨 어려움이 있으랴?" 했으니, 오직 영남만이 이러하다 하겠다."

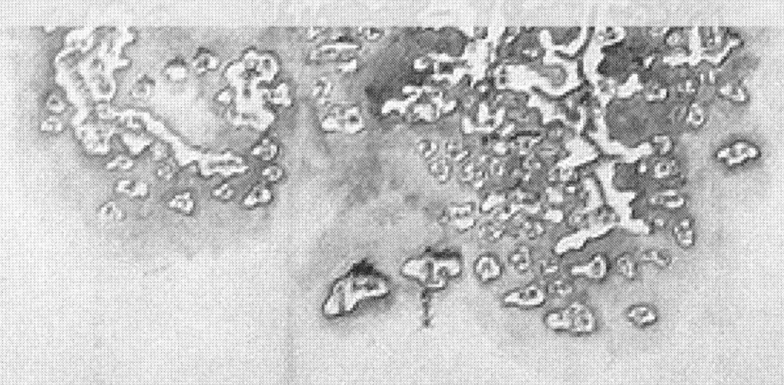

平海
金城
英陽
厚皇山
陽
青松
真寶
安東
青島
安德
義城
高靈
清河
興海
迎日
慶州
永川
新寧
慶山
大邱
昌寧
河東
咸安
晉州

고대시대
11인

왜왕을 소금 굽는 노비로 부리겠노라 석우로

전투에서 연전연승한 용맹한 장군

석우로昔于老는 신라 사람이다. 성은 석씨이고, 신라 제10대 나해奈解 이사금(196~230)의 둘째 아들이다. 출생 시기는 알 수 없고 죽은 연대는 249년 또는 253년으로 전한다. 따라서 그는 3세기 전반기에 주로 활동한 인물이라 할 수 있다. 우로는 명원命元부인과 혼인했는데, 명원은 석우로의 누이 아이혜阿爾兮와 조분 이사금(230~247) 사이에서 태어났다. 따라서 석우로는 질녀와 혼인한 셈이다. 이러한 숙질혼을 통해 당시 신라 왕실에 성행한 근친혼의 실상을 확인할 수 있다.

우로는 231년에 제2관등인 이찬으로 대장군에 임명되었고, 244년에는 제1관등인 각간으로 승진하여 군사업무를 총괄하는 요직을 맡았다. 그는 뛰어난 장군이었을 뿐만 아니라 고구려를 공격할 때 군사들이 추위에 고생하는 것을 보고는 손수 불을 지펴 위로해주는 따뜻한 마음씨를 가진 인물이기도 했다. 그는 일생 동안 다섯 번의 큰 전투에 출정하여 네 번 승리하는 무공을 세웠다. 제1차 출정은 209년 7월에 있었다. 마산의 골포국, 고성의 고사포국 등 포상 8국

의 공격을 받은 가라(김해의 금관가야)가 신라에 구원을 요청하자, 우
로는 출정하여 포상 8국의 군대를 물리치고 포로 6천여 명을 되찾
아오는 전과를 올렸다.

231년 7월의 제2차 출정에서 김천의 감문국을 격파하여 군郡으
로 삼았고, 233년 7월의 제3차 출정에서는 동해안 지역을 침략한 왜
병을 영덕의 사도성에서 크게 깨뜨렸다. 245년 제4차 출정에서 그
는 북쪽 변방을 침입한 고구려군과 대결했지만 이기지 못하고 마두
책으로 퇴각하고 말았다. 그리고 247년 제5차 출정에서 그는 백제
에 귀부한 상주의 사량벌국을 쳐서 멸망시켜버렸다. 이것이 그의
마지막 출정이었다. 이처럼 우로는 동으로는 왜병을, 서북으로는 감
문국과 사량벌국을, 남으로는 포상 8국을, 북으로는 고구려를 정벌
한 신라의 영웅이었다.

희롱이 빌미가 되어 죽은 비극의 주인공

253년 왜국에서 갈
나고葛那古가 사신으로 오자 첨해 이사금은 우로로 하여금 접대토
록 했다. 접대 도중 우로는 그만 "조만간 너희 왕을 소금 굽는 노비
로 삼고 너희 왕비를 밥 짓는 여자로 삼겠다"라는 희롱의 말을 건넸
다. 우로의 이러한 농에는 그만한 이유가 있었다. 그가 중앙 관직 생
활을 하고 있던 조분 이사금 대에 왜는 두 차례에 걸쳐 신라를 공격
했다. 231년의 금성 공격과 233년의 사도성 공격이 그것이다. 신라
가 왜를 징벌하려던 참에 왜의 사신이 파견된 것이다. 우로는 왜의

사신에게 이런 위압적인 말을 전달함으로써 왜로 하여금 경망되이 군사를 일으키지 말 것을 경고하려 했다.

그러나 우로의 농담은 도리어 신라와 왜 사이에 분쟁을 촉발시키는 계기가 되고 말았다. "왜왕을 소금 굽는 노비로 삼겠다"는 말을 전해들은 왜왕은 크게 분노했다. 그리하여 장군 우도주군于道朱君을 보내 신라를 치게 했다. 자신의 농담 때문에 전쟁이 일어나자 말실수를 깨닫게 된 우로는 왜군 진영으로 찾아가 사과하는 선에서 사태를 무마하려 했다. 그렇지만 왜군은 그를 붙잡아 불태워 죽여버렸다.

지아비가 어이없는 죽음을 당하자 애통해 하던 우로의 아내는 왜인에 대한 복수를 결심했다. 262년 때마침 왜국 사신이 신라로 파견되었다. 이때를 호기로 여긴 그녀는 왜국 사신을 자기 집으로 초청하여 대접할 것을 왕에게 요청, 허락을 받았다. 그녀는 왜국 사신이 융숭한 접대에 빠져 만취한 순간을 놓치지 않고 그를 뜰 아래로 끌어내 불에 태워 죽였다. 왜인이 남편에게 가했던 형벌을 똑같은 방법으로 되갚은 것이다. 고대사회에서 여성들은 여사제女司祭와 같은 종교 활동을 주로 담당했다. 그렇지만 우로 부인이 남편의 원수를 갚고자 실행에 옮긴 사건은 매우 정치적인 것이었다. 그런 점에서 이 사건은 고대사회 여성들의 정치 활동을 보여주는 아주 드문 사례의 하나라 할 수 있다.

《일본서기》〈중애기仲哀紀〉 9년 12월조에는 《삼국사기》〈우로〉 열전과 매우 유사한 내용이 실려 있다. 그렇지만 우로를 신라왕으로 이해하거나, 그의 부인인 왕비를 신라 사람들이 죽여 왜에게 사죄했다는 것과 같은 서로 다른 내용이 기록되어 있다. 이것은 천황 중심 사관에 입각한 《일본서기》 편찬자가, 왜의 우월성을 과시하기 위해 〈우로〉 열전의 내용을 왜곡·윤색한 것으로 생각된다.

한편 왜왕은 사신이 신라에서 불에 타 죽었다는 소식을 접하고는, 분노하여 신라를 다시 공격했다. 그러나 왜군은 아무런 성과도 거두지 못하고 퇴각했다. 14대 유례儒禮 이사금 대에 와서 왜의 침입이 빈번해지자 신라는 백제와 함께 왜를 공격하려는 계획을 세웠다. 그러나 이 계획은 도해渡海에 대한 부담과 백제를 불신한 서불한 홍권弘權의 반대로 실행에 옮겨지지 않았다. 신라로서는 왜의 본거지를 공격할 절호의 기회를 놓친 셈이다.

아들을 강건하게 키운 아버지

우로에게는 아들 흘해訖解가 있었다. 흘해는 풍채가 빼어났고 담이 크고 명민했으며, 하는 일들이 보통 아이들과는 달랐다. 사람 됨됨이를 알아챈 우로는 아들이 훌륭하게 자랄 수 있도록 강건하게 훈련시켰다. 그래서 그는 왜군이 공격해오자 "어려서 걷기도 힘들었던" 아들을 전쟁터로 데려가기까지 했다. 문무를 겸비한 아들로 키워내려는 아버지의 세심한 배려였던 것이다. 후일 흘해는 기림 이사금이 후사 없이 죽자 군신들의 추대를 받아 신라 제16대 왕(310~356)으로 즉위했다. 이때 군신들은 그를 "어리지만 노성老成한 덕이 있다"고 칭송했다. 이러한 추

앙은 타고난 자질에다가 아버지로부터 받은 훈련이 더해져 이루어
진 결과였다.

즉위 25년(344), 왜국 왕이 청혼하자 흘해는 딸이 이미 출가했다
는 핑계로 사양했다. 이를 구실로 왜는 신라와 절교하고 346년에 또
다시 금성을 공격해왔지만, 왕은 이를 격퇴시켰다. 그가 왜왕의 요
청을 거절한 이유는 아버지 우로를 죽인 왜국에 대한 좋지 않은 감
정이 작용했기 때문이다.

우로의 삶에 대한 평가

우로의 계보, 활동 연대, 위업에 대해서
는 의심되는 점이 없지 않다. 먼저 우로와 흘해왕이 부자관계라면,
흘해왕은 유복자였다 하더라도 백 살을 넘겨 사망한 것이 된다. 그
가 감문국을 멸망시킨 다음 군을 설치했다는 것도 그대로 따르기
어렵다. 신라의 주·군 설치시기는 6세기 이후였기 때문이다. 그리
고 신라가 고구려와 동해안에서 다투는 시점도 동예東濊가 고구려
에 흡수된 4세기 후반 이후에야 가능했다.

이런 점 때문에 우로 이야기는 본디 동해안의 우유촌于柚村, 즉
울진 지방에 퍼져 있던 민담으로 보는 견해가 있다. 계절풍의 영향
으로 왜의 침입이 잦았던 우유 지역 족장이 왜구의 침입을 성공적
으로 격퇴하다가 마침내 전사한 영웅담이 모티브가 되었다는 것이
다. 그리고 이 지역이 신라에 흡수된 뒤 사방으로 정벌을 단행한 우
로의 영웅 설화로 탈바꿈하게 되었다는 것이다.

　이러한 문제에도 불구하고, 우로의 활동은 3세기 전후 시기의 신라가 백제·고구려와 힘겨루기를 통해 경상도 일대를 장악해가는 과정, 일본과의 숨 막히는 접전과 외교관계 등을 엿볼 수 있다는 점에서, 신라 상고사를 이해하는 데 많은 도움을 준다고 생각된다.

노 중 국

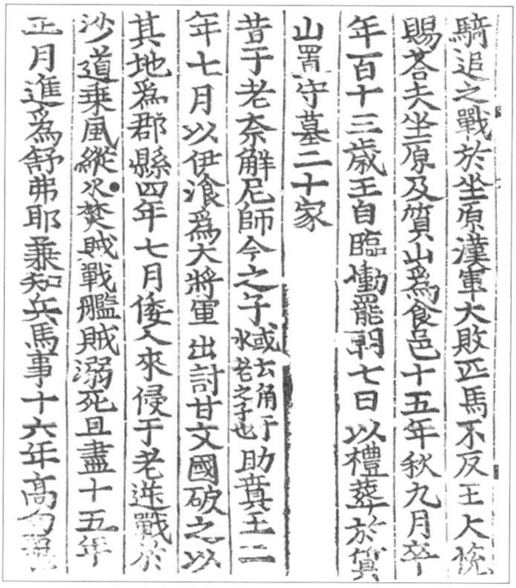

騎追之戰於坐原漢軍大敗匹馬不反王大悅
賜者夫坐原及賀山爲食邑十五年秋九月卒
年百十三歲王自臨慟罷朝七日以禮葬於賀
山賜守墓三十家

昔于老奈解尼師今之子（或云角干水老之子也）助賁王二
年七月以伊飡爲大將軍出討甘文國破之以
其地爲郡縣四年七月倭人來侵于老迎戰於
沙道乘風縱火焚賊戰艦賊溺死旦盡十五年
正月進爲舒弗邯兼知兵馬事十六年高句麗

경주시 동천동에 있는 탈해왕릉(위)

토함산에서 바라본 동해 일출. 석씨의 시조 탈해는 왜국倭國 동북쪽 1천리 되는 다파나국(혹은 용성국) 출생이었다고 한다.(가운데)

석우로에 의해 멸망했다는 사량벌국의 옛터. 지금의 상주시 사벌면 일대(아래)

석우로의 일대기를 전하는《삼국사기》열전의 기사(오른쪽)

이사금 시기의 신라

신라의 왕호는 거서간居西干－차차웅次次雄－이사금尼師今－마립간麻立干－왕王의 순으로 발전했다. 이사금은 경주 지역의 소국이었던 사로국이 주변의 다른 소국들과 연맹을 결성한 다음, 연맹장의 칭호로 사용되었다. 우로가 활동한 3세기 전반기는 '이사금' 시기였다. 이사금의 지위는 힘의 우열에 따라 박씨에서 석씨로, 다시 김씨로 교체되었다. 석씨의 출현은 석탈해昔脫解 이사금으로부터 시작되었다.

석씨의 왕위계승권이 확립된 것은 벌휴 이사금(184~196) 때였다. 박씨 출신인 아달라 이사금이 죽자, 김씨 세력과 연대하여 국인國人의 추대를 받아 이사금의 지위에 올랐던 것이다. 이후 나해·조분·첨해·유례·기림·흘해 등 6대에 걸쳐, 196년부터 356년까지 석씨가 왕통을 이었다. 자식이 없었던 흘해를 마지막으로 석씨 이사금 시대는 단절되고, 김씨가 왕위를 세습하게 되었다. 이후 김씨 세력이 마립간을 계승하면서 석씨 세력은 급격한 쇠퇴의 길을 걷게 되었다.

애국충절 기백, 목숨도 버렸다 **박제상**

박제상과 해상세력

역사적 인물에 대한 평가는 한결같지가 않다. 시대 상황이 변하면 그에 맞춰 인물 평가도 달라지기 마련이다. 역사는 끊임없이 재해석되는 성질의 것이기 때문이다. 그래서 충성스런 인물이 때로는 역적이라 평가받기도 한다. 그러나 아무리 시대가 바뀌어도 박제상朴堤上만은 변함없이 애국적인 인물로 칭송되어 왔다. 충효가 강조된 전근대사회에서는 물론이고, 근대사회에 들어와서도 국가를 위해 자신의 모든 것을 바친 대표적인 인물로 세인의 입에 널리 오르내리고 있다.

박제상의 정확한 생몰년은 알 수가 없다. 기록에 따라 약간의 출입이 있지만, 4세기 후반에서 5세기 초반에 걸쳐 생존했던 것만은 분명하다. 그의 성을 김씨라 하여 김제상이라 부른 기록도 있다. 당시 신라에서는 성씨를 사용하지 않았으므로 후대에 성씨가 붙여질 때 모계母系를 쫓아 그렇게 부르기도 했던 모양이다. 그의 출신지에 관해서도 논란이 많다. 아마 선대의 거주지는 경주였으나 4세기 무렵 오늘날의 경남 양산으로 이주하여 그곳을 발판으로 삼아 활동하게 된 것으로 여겨진다. 박제상은 양산을 본거지로 하여 낙동강 유역의 김해 방면과 동해안의 울산 방면에까지 그 세력권을 확대해나갔다. 그의 세력이 미치던 범위의 지리적 상황을 참작하면 해상을 주된 기반으로 삼았음이 확실하다. 이 같은 그의 영향력과 명성은 마침내 신라 영역 전체에까지 널리 알려질 정도로 성장했다.

격동하는 국제관계

박제상이 활동하던 때는 이른바 격동의 시대였다. 한강 유역을 중심으로는 백제百濟가, 낙동강 동쪽 지역에서는 가야加耶란 정치세력이 출현하여 통합 왕국을 지향, 승자가 되기 위해 몸부림치고 있었다. 신라는 경주에 위치한 사로국斯盧國이란 읍락국가에서 출발했다. 사로는 주변 지역의 여러 국가들을 병합하면서 4세기 중반 무렵 통합세력으로 성장하고, 그를 드러낼 목적에서 '신라新羅'라는 새로운 국호를 사용했다. 당시 왕호는 마립간麻立干이라 불렀는데, 그 위상은 6세기 이후와는 현격하게 차이가 날 정도로 약세였다. 왕조국가 신라는 한반도의 동남쪽에 치우친 탓에 지리적으로 불리한 여건에서 출발한 후발 국가였다. 이러한 후진 상태를 극복하기 위해 선진 문물의 수입과 외교전에 남다른 노력을 기울일 수밖에 없었다. 그럴 때 창구로 이용한 주된 대상이 바로 고구려高句麗였다. 4세기 이후의 신라사는 고구려의 문화적 영향을 빼고서는 생각하기 어렵다.

　4세기 후반, 5세기 초반 무렵의 강대국은 만주 일대를 주 근거지로 한 고구려와 한강 유역의 백제였다. 이 두 나라는 주변의 다른 세력과 연합하여 서로 대항하는 형세를 취했다. 그런 사정의 일단은 414년에 세워진 '광개토왕릉비'에 잘 나타나 있다. 고구려는 신라를 연합세력으로 끌어들인 반면, 백제는 그에 대항하기 위해 가야 및 왜와 연결했다. 남북을 잇는 하나의 축과 동서를 잇는 다른 하나의 축이 대결하는 형국이었다.

　고구려는 391년 광개토왕이 즉위하자마자 신라에게 동맹 유지의 조건으로 볼모 파견을 요청했다. 신라의 나물왕奈勿王은 그에 부응하여 이찬 대서지大西知의 아들 실성實聖을 보내었다. 10여 년간 고구려에 볼모로 억류되었던 실성은 귀국한 이듬해인 402년, 나물왕이 사망하자 고구려 세력을 등에 업고 왕위에 올랐다. 즉위하던 해에 왜로부터 볼모 요구가 있자, 실성은 나물왕의 셋째 아들 미사흔未斯欣을 볼모로 보내었다. 나물이 자신을 10년간 볼모로 보낸 것에 대한 보복과 함께, 정적을 제거하는 수단으로 이를 적극 활용했던 것이다.

　광개토왕이 사망하고 장수왕이 즉위하던 412년에 고구려는 또다시 신라에 볼모 파견을 요구했다. 실성왕은 이에 나물의 둘째 아들 복호卜好를 파견했다. 실성은 417년 고구려 병력을 이용하여 나물왕의 장남 눌지訥祗를 죽이려는 음모를 꾸몄다. 후원 세력인 고구려의 힘을 빌려 정적들을 완전히 제거하려는 의도였다. 그렇지만 이 과정에서 실성은 도리어 눌지 세력에 의해 죽임을 당하고 말았다.

신라 19대 왕이 된 눌지는 즉위하자마자 두 동생의 귀환을 서둘렀다. 당시 신라와 고구려, 왜로 이어지는 대외관계는 정상 외교가 불가능한 상황이었다. 신라와 오랫동안 적대관계에 있던 왜의 경우 특히 그러했다. 그 때문에 눌지는 비상수단을 써서라도 두 동생을 구출하려 했다. 그렇지만 당시 신라의 정치는 국왕이 독단으로 중대 사안을 결정할 만큼 왕권이 강력하지 못했다. 더구나 인질 구출은 외교적·군사적 문제를 야기할 수 있는 매우 민감한 사안이었다. 그 때문에 지방 세력의 도움이 절실했다. 그리고 고구려나 왜의 동향에 정통한 정보를 갖춘 인물이 필요했다. 대책 마련을 위해 소집된 회의에서 지방의 유력자들은 모두 박제상을 천거했다. 박제상이 고구려나 왜로 연결되는 뱃길이나 그들에 대한 사정에 정통한 인물이라는 점이 추천 사유가 되었을 것이다.

신라의 개·돼지가 될지언정

신라는 고구려와 여전히 우호적인 관계를 유지하고 있었기 때문에 볼모 구출이 쉬웠다. 고구려 내부의 동향을 적절히 활용하여 복호 구출에는 성공했지만, 왜에 있는 미사흔이 문제였다. 왜와는 오래도록 적대관계에 있었던 만큼 볼모 파견의 의미가 고구려와는 애초부터 달랐다. 고구려로의 볼모가 우호관계를 지속하기 위한 이유였다면, 왜로의 볼모는 적대관계를 완화하기 위한 이유였기 때문이다. 그렇지만 볼모 파견 이후에도 신라와 왜 사이의 관계는 좀처럼 개선되지 않았다. 따라서 미사흔의 구출을 위해서는 별도의 계략이 필요했다.

박제상이 복호를 구출하여 귀국하자마자, 눌지왕은 또다시 미사흔의 구출을 명령했다. 박제상은 집에 들를 기회조차 없이 목숨을 내건 작전에 돌입했다. 그는 마치 신라에서 반란하여 도망쳐온 것처럼 꾸몄다. 왜는 처음에는 의심했지만, 여러 가지 전후사정을 검토한 끝에 사실이라 여기고 그를 받아들였다.

박제상은 미사흔과 비밀리에 접촉하여 탈출 방법과 시기를 논의했다. 그리고는 그들을 속이기 위하여 유유자적한 행동을 취하면서 적절한 기회를 엿보았다. 혼자서는 절대로 돌아가지 않겠다는 미사흔을 설득해서 신라로 보낸 다음, 박제상은 몸이 아파 늦잠을 자는 것처럼 꾸며 지연작전을 펼쳤다. 미사흔이 탈출한 사실을 확인한 왜는 그를 추적했지만 그는 이미 멀리 떠난 뒤였다.

체포된 박제상은 갖은 협박과 회유를 꿋꿋하게 견디었다. 왜왕은 그가 왜의 신하라 자복하면 상을 주고 관리로 채용할 것이며, 끝까지 신라의 신하라 고집하면 죽일 것이라고 협박했다. 애초부터 살아 돌아가리라는 생각을 갖지 않았던 박제상은, "신라의 개·돼지가 되어 형벌을 받을지언정 작록爵祿을 받는 왜의 신하가 될 수 없다"고 되받아쳤다.

왜왕은 박제상의 발바닥을 모두 벗겨낸 다음 수초를 자른 날카로운 줄기 위를 걷게 했다. 붉게 달군 철판 위에 서게 하기도 했다. 갖은 고통을 가하여 그를 굴복시키려 했던 것이다. 그렇지만 끝내 회유가 불가능하다는 사실을 알게 된 왜왕은 그를 불에 태워 죽였다.

박제상이 온갖 시대의 변화 속에서도 줄곧 충군애국의 표상으로 여
겨져 온 이유가 바로 여기에 있었다.

박제상이 온갖 시대의 변화 속에서도 줄곧 충군애국의 표상으로 여
겨져 온 이유가 바로 여기에 있었다.

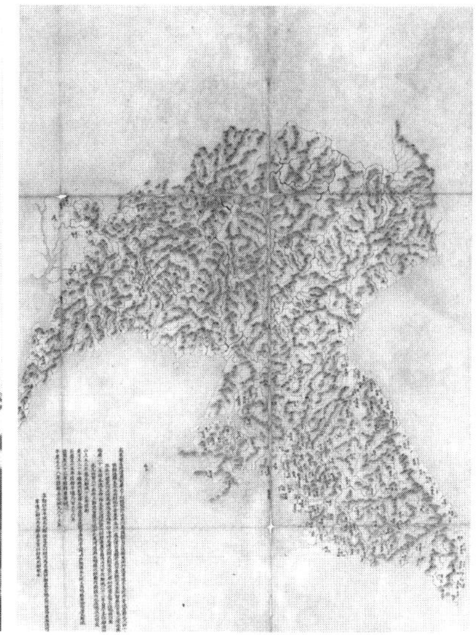

망부석望夫石. 박제상이 왜국에서 죽자 부인이 남편을 그리워한 나머지 세 딸을 데리고 치술령에 올라 동해를 바라보며 통곡하다 바위로 변했다고 한다. 울산광역시 울주군 두동면 소재(위 왼쪽)

고구려 강역도. 《沿革圖 7幅》, 19세기 후반. 출전 《한국의 옛 지도》(영남대박물관, 1998) (위 오른쪽)

호우총壺杅塚 그릇 명문. 415년 고구려에서 만들어진 것으로 추정되는 광개토왕의 제기祭器로서 경주시 노서동 고분에서 출토되었다. 당시 신라의 대고구려 관계를 보여주는 중요한 자료로 "乙卯年 國岡上廣開土地好太王壺杅十"이라는 명문이 있다.(아래 왼쪽)

치산서원. 박제상의 부인이 망부석이 되자 사람들은 그녀를 치술신모라 부르면서 박제상과 그의 부인을 기리기 위한 사당을 세웠다. 조선시대에 들어와 치산서원으로 확대되었으며, 1993년에 현재의 모습으로 복원되었다.(아래 오른쪽)

삼국시대의 언어 소통 문제

박제상이 복호를 구하기 위해 고구려에 갔을 때 통역이 필요했을까. 물론 이를 말해주는 명백한 자료는 찾기 어렵다. 그렇지만 이보다 조금 뒤시기에 활동한 거칠부居柒夫의 경우를 보면 그 대강을 짐작할 수 있다. 거칠부는 젊은 시절 원대한 뜻을 품고 승려가 되었다. 문득 고구려를 엿보고 싶어 국경을 넘어갔다가 혜량 법사의 설법을 듣게 되었다. 그날 저녁 혜량은 거칠부를 불러, "그대의 관상이 평범치 않은데 고구려 사람들에게 잡힐까 염려되니 빨리 신라로 돌아가라"고 일렀다. 그는 고구려 사람들 사이에 있으면서도 신라 사람임을 들키지 않았던 것이다. 이러한 정황은 고구려어와 신라어 사이에 언어소통의 친연성이 매우 컸다는 것을 말해준다. 양국 언어의 공통점은 《삼국사기》나 금석문 등에 전하는 어휘와 이두표기법에서 많이 발견된다.

그러면 백제어와 신라어 사이는 어떠했을까? 역시 의사소통에 별 지장이 없었다. 신라의 선화공주를 사모한 백제의 서동薯童이 신라의 서울에 와서 노래를 지어 아이들에게 따라 부르게 할 정도였기 때문이다. 그런 반면 신라와 왜의 언어는 서로 달랐다. 일본에서 신라어를 배우게 하거나, '신라역어新羅譯語'라는 통역을 두었다는 점에서 그러한 사실을 유추할 수 있다.

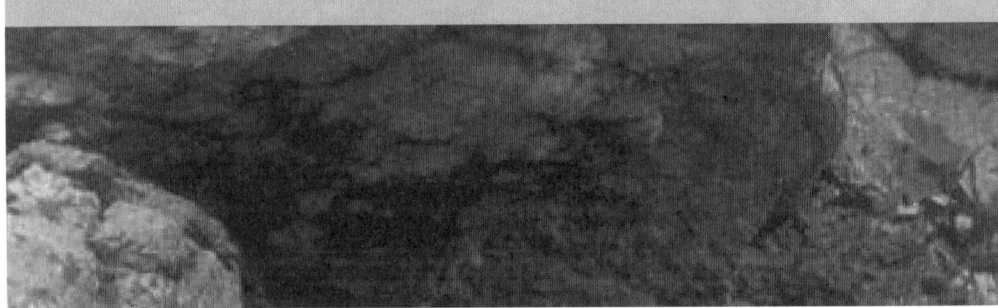

신라 사회를 뒤바꿔놓은 순교자 **이차돈**

경주박물관에 전시된 1,200년 전의 돌기둥 하나 국립경주 박물관의 미술관에 가면 1미터 정도의 높이에 육각으로 된 돌기둥 하나를 볼 수 있다. '백률사 석당栢栗寺石幢'이라고도 불리는 이 유물은 본래 경주시 동천동의 백률사 터에 있었던 것으로, 일제시대에 '고적보존회'라는 곳으로 옮겨졌다가 지금은 경주박물관에 보관되어 있다.

돌기둥의 한 면을 자세히 살펴보면 그림이 새겨져 있다. 거기에는 관리 복장을 한 한 남자가 목이 떨어진 채 서 있고, 목에서는 물줄기 같은 것이 높이 솟구치고 있으며, 그 주위로는 많은 꽃들이 휘날리고 있다. 참수형에 처해진 어떤 인물을 묘사한 것으로 보이는 이 그림에서 잔인하고 끔찍한 느낌보다는 비장하고 숭고한 느낌이 강하게 다가오는 것은 어째서일까?

나머지 다섯 면에는 그림 속의 인물을 찬양하는 글이 해서체의 한자로 새겨져 있다. 그에 의하면, 이 돌기둥은 서기 528년 무렵 신라에서 불교가 공인될 때 희생된 이차돈異次頓(?~528)의 업적을 기리기 위해 세운 것이라고 한다. 이차돈이 죽은 지 3백여 년이 흐른 통일신라시기 헌덕왕 10년(서기 818)에 만들어진 이 유물은 그래서 흔히 '이차돈순교비異次頓殉敎碑'라고도 불린다.

이차돈은 어떻게 해서 죽었나?

문제의 인물 이차돈은 구체적으로 어떤 사람이었을까? 《삼국유사》에 전하는 그의 계보에 따르면, 아버지는 알 수 없고, 할아버지는 습보 갈문왕의 아들인 아진종이었다고 한다. 습보 갈문왕은 지증왕의 아버지이고, 법흥왕의 할아버지이기도 했으니, 이차돈은 법흥왕의 5촌 조카에 해당하는 셈이다. 법흥왕 대에 이차돈은 오늘날로 치면 대통령 비서에 해당하는 사인舍人이라는 직책을 띠고서 왕의 측근에서 일하고 있었다. 그가 얼마나 불교에 심취해 있었는지는 알 수 없으나 '이차돈순교비'나 《삼국사기》,《삼국유사》,《해동고승전》 등에 서술되어 있는, 그가 죽음에 이르기까지의 과정을 보면 어느 정도 짐작할 수 있다.

그것들을 종합해보면, 당시 법흥왕은 외래의 종교인 불교를 국가적으로 공인하려는 마음을 강하게 갖고 있었다고 한다. 그러나 토착신앙을 고수하려는 귀족들이 결사적으로 반대하여 그 뜻을 이루지 못하고 있었다. 이차돈은 왕의 뜻이 관철되지 못하는 것을 안타깝게 여긴 나머지 자신을 희생하여 왕의 의지를 실현할 마음을 품게 되었다고 한다. 그는 자신이 죽을 때 반드시 기적이 일어날 것이니, 그 기적을 보면 불교를 반대하던 신하들도 마음을 고쳐먹게 될 것이라고 하면서, 왕에게 자신을 처형해 달라고 청했다.

법흥왕은 죄 없는 사람을 차마 죽음에 이르게 할 수 없다고 완강히 거부했으나, 이차돈은 귀족들을 설득시키기 위해서는 그 방법밖에 없다고 주장하여, 결국 왕의 승낙을 받았다. 그는 곧장 천경림天鏡林이라는 숲으로 달려가서, 사람들에게 왕의 명령을 받아 절을 지으니 나무들을 베라고 지시했다. 이 소문을 듣고 왕에게 항의하려고 달려온 귀족들에게 이차돈은 모두가 자신이 꾸민 일이니 책임을 지겠다고 선언했다. 그리고는 불교 공인의 필요성을 역설한 뒤, 많은 사람들이 보는 앞에서 참형에 처해졌다고 한다. 칼날이 그의 머리 위로 떨어지자, 목에서는 흰 우유와 같은 피가 하늘 높이 솟구쳤고, 공중에서는 꽃비가 떨어졌으며, 땅이 요동쳤다고 한다. 이 같은 기적을 지켜본 귀족들이 그때서야 마음을 바꿔 불교를 받아들이는 데 동의했고, 마침내 법흥왕은 자신의 소원을 이루게 되었다는 것이다.

이차돈이 죽을 때 정말 그러한 기적들이 일어났는지는 알 수 없다. 아마도 후세에 그의 공적을 찬양하는 과정에서 꾸며지고 과장되었을 가능성이 크다. 예컨대 우윳빛 피가 솟구쳤다는 것은 《현우경》과 같은 불교 경전에 나오는 설화에서 따온 것으로 여겨지고 있다. 그렇지만 그의 죽음이 계기가 되어 신라사회에 불교가 공식적으로 퍼지기 시작한 것은 분명하고, 그것은 실상 '기적'이라는 말이 어울릴 정도로 엄청난 사회 변화를 초래했다.

세상을 바꾸어놓은 이차돈의 죽음

이차돈의 죽음을 계기로 이루어진 불교의 공인은 곧바로 국왕의 위상과 권력을 강화시키는 결과를 가져왔다. 신라사회는 이후 국왕을 중심으로 일사불란한 행정 및 군사동원체제를 갖추었고, 이것은 삼국통일의 원동력 가운데 하나로 작용했다. 아울러 이전까지 피정복민으로서 신라의 지배층에게 무한한 봉사와 희생만 강요당하던 지방민들이 불교의 공인과 함께 왕경王京의 지배층과 같은 '신라인'으로 거듭나게 되었다. 지역 차별이 완전히 없어지지는 않았지만, 그동안 천대받던 지방민들도 마치 부처의 자비가 천지사방에 고루 미치는 것처럼 신라 국왕의 사랑을 똑같이 받을 수 있는 대상이 된 것이다.

불교 공인 이후 지방민들은 과거 자신들의 조상이 세운 나라를 짓밟고 정복자로서 군림하던 신라를 위해 적극적인 충성을 바치기 시작했고, 그것은 통일전쟁 과정에서 군사력의 열세를 절감하던 신라의 지배층에게 큰 힘이 되었다. 불교의 포용 정신은 천신天神 신앙의 배타성을 극복하게 함으로써, 신라사회의 응집력을 더욱 높이고 국력을 크게 신장시켜주었던 것이다.

그밖에 인명 중시의 풍조가 퍼진 것이나 살아서 착한 일을 많이 해야 한다는 사고가 널리 확산된 것도 다 불교 덕분이었다. 이전에는 현세의 생활이 죽음 이후의 세계에도 그대로 이어진다는 내세관이 사람들의 머리를 지배했고, 그 때문에 순장殉葬이나 그 밖의 잔혹한 살육 행위가 스스럼없이 이루어졌다. 그렇지만 '윤회전생輪廻轉生'이라는 불교의 새로운 내세관이 그것을 대신하면서부터 인구의 절대 다수를 차지하던 피지배층의 삶에 조금이라도 숨통이 트이게 되었던 것이다.

이처럼 불교의 공인이 신라사회에 가져온 변화는 실로 엄청난 것이었다. 불교가 아니었다면, 삼국통일의 힘을 얻기 어려웠을 것이고, 좀 더 인간답게 사는 세상의 도래도 요원했을 것이다. 그러니 후대의 신라 사람들에게 불교의 공인이 지니는 의미는 지대한 것이었고, 그것을 가능하게 한 '희생양' 이차돈의 공적이 높이 평가되지 않을 수 없었던 것이다. 그가 단순히 법흥왕을 위해 목숨을 바친 충신에 머물지 않고 불교의 위대한 '순교자'로까지 추앙된 것은 어쩌면 당연한 귀결이었는지도 모른다.

강 종 훈

흥륜사. 법흥왕이 이차돈을 추모하기 위해 천경림에 세운 신라 최초의 사찰이 있었던 곳. 《삼국유사》에 따르면, 흥륜사 금당에 이차돈의 초상이 벽화로 그려져 있었다고 전한다.(위)

'이차돈순교비'. '백률사 석당'이라고도 불리는 것으로 이차돈이 '순교' 하는 장면을 묘사한 그림과 그의 업적을 찬양하는 내용의 글이 새겨져 있다. 그림 아래의 물결처럼 보이는 것은 이차돈이 죽을 때 땅이 크게 진동했음을 표현한 것이다.(아래 왼쪽)

백률사 전경. '이차돈순교비'가 원래 보관되어 있던 곳. 각종 기록에는 이차돈의 시신이 '북산'에 묻혔다고 전하는데, 백률사는 바로 그 북산 자락에 위치해 있다.(아래 오른쪽)

귀족들은 왜 불교 공인에 반대했을까?

불교가 공인되기 전 신라에는 고유한 신앙이 뿌리내려 있었다. 그것은 바로 천신을 최고의 신으로 떠받드는 신앙이었다. 우리는 그 흔적을 박씨의 시조인 혁거세나 김씨의 시조인 알지가 '하늘'에서 내려왔다고 하는 시조설화에서 쉽게 찾아볼 수 있다. 천신은 신라 지배층에게는 조상신과 같은 존재였다. 당시 지배층 사이에는가장 존엄한 신인 천신의 후예인 자신들이 지상에서 가장 높은 신분을 지니고 남들 위에 군림하는 것이 당연하다는 인식이 널리 퍼져 있었다.

이러한 배타적인 선민의식選民意識은 지배층 내부의 단결을 공고히 하는 데에는 유용했지만, 한편으로 왕과 귀족 사이의 근본적인 위상 차이를 불분명하게 만들었다. 왕이나 귀족이 모두 천신의 후예이기 때문에, 그들 사이의 본질적인 경계선은 존재할 수 없었다는 것이다. 바로 이러한 이유 때문에 법흥왕 이전까지 신라왕의 권위는 귀족들의 그것을 초월할 정도로 높은 편이 아니었다.

그런데 불교는 부처를 모든 존재들 가운데 맨 위에 위치시키고, 천신의 위상을 상대적으로 떨어뜨리는 종교였다. 더욱이 북중국을 통해 들어온 불교에서는 왕을 부처에 비기며, 왕권의 초월성을 강조하고 있었다. 애초에 귀족들이 불교에 거부감을 가졌던 것은 전통적 신앙체계를 지키려는 강한 보수성 탓이기도 했지만, 보다 현실적인 측면에서 본다면 자신들의 권위의 원천인 천신의 절대성을 부정하는 불교 자체의 교리 때문이었다. 반면 법흥왕이 불교를 그토록 공인하고 싶어했던 마음 역시 불교의 그러한 천신 관념에서 비롯되었던 것이다.

대무외大無畏 불퇴전不退轉의 승려 **원광**

걸사표乞師表를 작성한 신라의 고승
　　　　　　　　　　　　　　　7세기로 접어들면서 삼국
간의 전쟁은 점차 열기를 더해가고 있었다. 그동안 신라는 진흥왕
의 적극적인 영토확장에 힘입어 대가야 지역, 한강 유역, 멀리 함경
도 일대까지 세력을 넓혔다. 이후 한반도의 요충지 한강의 영유권
을 둘러싸고 서로는 백제가, 북으로는 고구려의 공세가 거세어졌다.
특히 고구려의 빈번한 신라 강역 침공은 큰 위협이 되었다. 진평왕
대의 신라는 동방의 최강국인 고구려의 공격에 맞설 만한 힘이 없
었던 탓이다.

　신라가 취할 수 있는 방법은 중국의 새로운 강자 수나라에 원군
을 요청하는 길뿐이었다. 그러나 문제는 원군을 요청하는 외교문서
를 누가 작성하는가 하는 것이었다. 이때 진평왕이 주목한 이가 원
광圓光(555~638)이었다. 그는 오랜 중국 생활을 접고, 고국 신라에서
불교를 진작시키는 역할을 자임하고 있었다. 진평왕 30년(608), 국
왕의 요청과 살생을 금하는 불교의 계율 사이에서 잠시 고민하던
원광은 진평왕의 요청을 받아 들여, 걸사표乞師表를 작성했다. "자

기 살기를 구하여 남을 멸하는 것은 승려로서의 행동이 아니나, 대왕의 땅에서 살고 대왕의 물과 풀을 먹고 있으니 어찌 감히 명을 따르지 않겠습니까?" 걸사표를 짓기에 앞서 원광이 진평왕에게 이른 말이다. 그는 불교 승려 이전에 신라의 한 백성이었던 것이다.

유학생儒學生에서 유학승留學僧으로

삼국에서 불교 수용은 선진 문물의 수입을 의미했다. 특히 국가 간의 공식적인 불교 전래는 더욱 그 의미가 컸다. 신라는 고구려나 백제보다 150년이나 늦게 불교를 공인했다. 이에 신라는 후진성을 면해보고자 중국과의 통교에 적극적이었다. 신라 불교 흥기의 주역인 법흥왕과 진흥왕 대에는 주로 중국 남조의 양梁·진陳과 교류했다.

원광은 그의 나이 25세 되던 무렵인 6세기 중엽에 양나라로 유학을 떠났다. 그는 신라에서 유교와 도교를 배웠으나, 이를 더욱 깊이 있게 공부할 목적으로 유학을 결심했다. 그러나 중국의 금릉金陵, (지금의 남경)에 도착한 직후 인생의 진로가 바뀌고 말았다. 장엄사莊嚴寺에서 행해진 스님의 설법을 듣고, 그만 출가를 결심했기 때문이다. 유학생儒學生에서 불교를 공부하는 유학승留學僧으로 변신한 것이다. 늦은 나이에 불교를 접했던 까닭에 그는 불교경전 공부에 깊이 빠져들었고, 소주蘇州의 호구산虎丘山에 들어가 참선 수행에도 매진했다. 특히 그가 머문 금릉은 고구려 승려 승랑僧朗이 머물면서 양 무제武帝의 귀의를 받는 등 명성을 떨친 곳이어서 그로 하여금 더욱 분발하여 불교의 교학과 선정을 닦게 했다.

원광이 유학하던 6세기 중·후반의 중국은 위진남북조 말기였다. 수隋에 의해 중국이 통일되면서 그가 머물던 진나라 또한 수나라에 병합되었다. 이 과정에서 원광은 수나라 병사에게 잡혀 죽임을 당할 뻔 했다. 그때 멀리 있던 수나라 대장이 절의 탑이 불타는 것을 보고 뛰어가 구하려 했다. 그러나 불타는 모습은 없고 원광이 결박되어 죽음을 기다리고 있는 것이 아닌가! 이 광경을 괴이하게 여긴 대장은 즉시 결박을 풀어 그의 생명을 구해주었다고 한다. 그는 이후 수나라의 수도인 낙양洛陽으로 무대를 옮겨 《섭대승론攝大乘論》 등을 수학하며 11년간 유식사상唯識思想을 연구하고 강설하면서, 대승大乘 교학가로 크게 활동했다. 그의 명성은 낙양뿐만 아니라, 멀리 총령[파미르 고원]에까지 퍼졌다고 한다.

대무외大無畏 불퇴전不退轉의 정신　　　　　노년에 접어든 원광은 진평왕 22년(600) 오랜 중국 생활을 청산하고 신라로 귀국했다. 원광의 명성을 들은 신라에서 줄곧 귀국을 요청했기 때문이다. 원광이 귀국하자, 신라인들은 젊은이나 늙은이나 모두 기뻐했고, 국왕은 성인을 우러르듯이 공경의 빛을 얼굴에 담았다고 한다. 원광이 신라로 돌아온 시점은 삼국이 사활을 걸고 전쟁을 벌이던 시기였다. 원광은 점찰법회占察法會를 열어 일반 백성들을 교화하면서, 신라 젊은이들에게 '세속오계世俗五戒'를 보급했다. 당시 신라인들이 가지고 있던 재래의 무속적 가치관을 불교적 가치관으로 바꿔 전쟁에 임하는 젊은이들에게 주려 한 것이다.

원광은 귀국한 직후 왕경 경주 인근인 청도의 가슬갑사嘉瑟岬寺에 머물고 있었다. 귀산貴山과 추항箒項이 원광의 명성을 듣고 찾아와 가르침을 청했다. 원광은 "불가佛家에는 보살계가 있는데 열 가지나 되니, 그대들은 남의 신하로서 이를 해내지 못할 것이다"고 하면서, 다음과 같이 '세속오계'를 일러주었다. 임금을 충성으로 섬기고事君以忠, 부모를 효성으로 섬기고事親以孝, 벗을 신의로써 사귀고交友以信, 전쟁에 나아가서 물러서지 말고臨戰無退, 생물을 죽여도 골라서 한다殺生有擇는 것이 그것이었다. 이들은 원광의 가르침을 받들어 소홀히 하지 않겠다고 맹세했다.

602년 8월 귀산은 아버지 무은武殷과 함께 백제와의 전쟁에 참가했다. 그런데 백제의 복병이 갑자기 나타나 갈고리로 무은을 말에서 떨어뜨렸다. 그러자 귀산이 "내 일찍이 스승께 듣건대 군사는 적군을 만나서 물러서지 말라고 했다. 어찌 패하여 달아날 수 있겠는가!" 하고 큰 소리로 외쳤다. 그러고는 수십 명의 적을 무찌른 후 아버지를 말에 태워 보내고 추항과 함께 힘껏 싸웠다. 이 광경을 지켜본 병사들은 모두 감격하여 백제군에 용감하게 맞섰다. 이 전투에서 넘어진 적의 시체가 들판에 가득하여 한 필의 말, 한 필의 수레도 돌아간 것이 없었다고 한다. 대승을 거둔 것이다. 그렇지만 귀산도 온몸에 칼을 맞아 돌아오는 도중 전사하고 말았다. 원광의 가르침을 받은 신라 젊은이들은 "전쟁에서 두려워하지 않고 물러섬이 없는 大無畏 不退轉" 정신으로 임했고, 죽음까지도 불사했던 것이다.

원광은 말년에 외국 사신을 맞이하고 법문을 강설하는 등 왕의 자문 역할을 충실히 수행했다. 그가 입적하자 온 나라가 슬퍼하고, 왕을 장사지내는 것과 같이 예우했다. 원광은 나라의 안위를 앞세운 고승이었다. 그가 평생 호국 불교의 입장을 견지한 것은 진 말기 수나라의 침입을 목격한 것이 계기가 되었다. 이 사건은 그에게 국가의 흥망이 사회와 백성들에게 끼치는 영향력이 절대적이라는 사실을 깊이 각인시켰다. 투철한 국가관에 바탕을 둔 그의 사상은 신라인들에게 용기를 주어 삼국통일의 밑받침이 되게 한 것이다.

김 복 순

중국 소주의 호구산虎丘山. 산 중턱에 넓은 바위가 있어 이곳에서 종종 설법이 행해졌다고 한다.(위)
가슬갑사嘉瑟岬寺 추정지 전경. 경북 청도군 운문면 바깥삼계리 소재(아래)

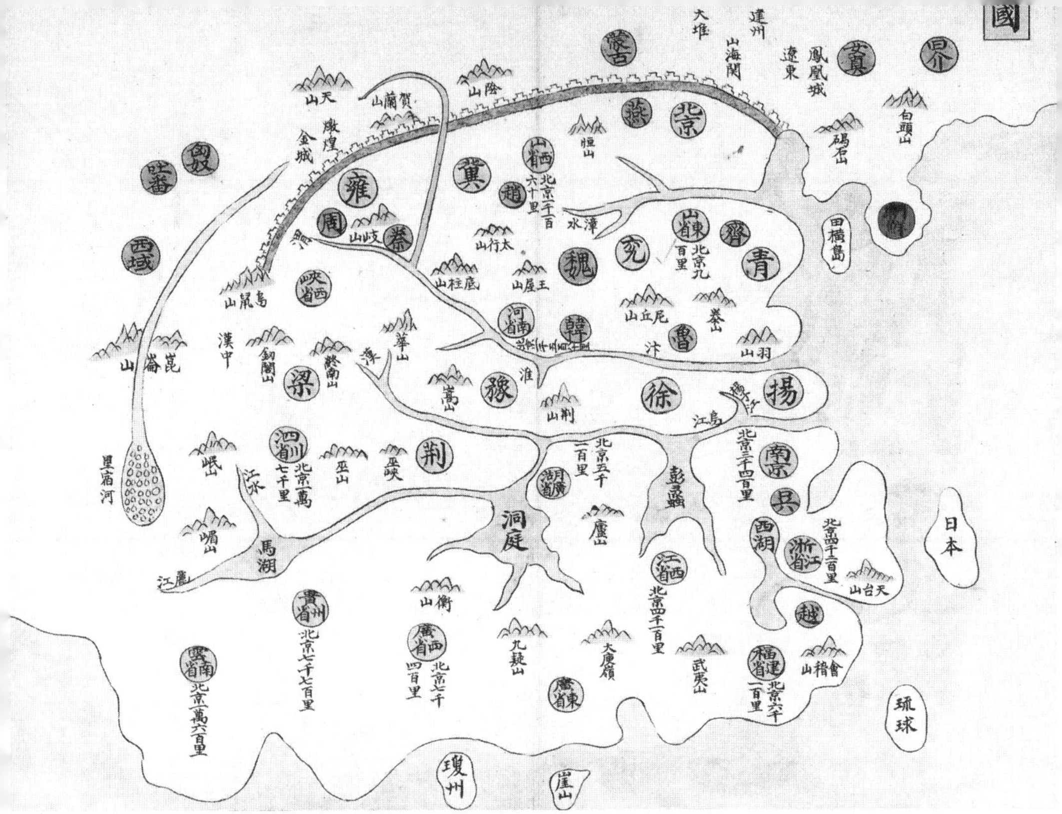

중국지도. 《천하도》 19세기 전반. 출전 《한국의 옛 지도》
(영남대박물관, 1998) (위)
삼기산 금곡사三岐山 金谷寺 탑. 원광법사 부도탑으로 알
려져 있다. 경북 경주시 안강읍 소재 (아래 왼쪽)
임신서기석壬申誓記石. 신라의 청년들이 3년 동안 유교 경
전을 공부할 것을 하늘 앞에 맹세한 내용이 적혀 있다. (아
래 오른쪽)

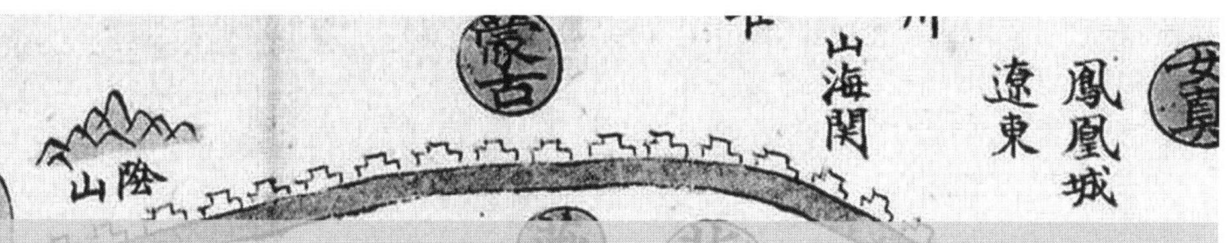

화랑도의 조직과 수련 방법

화랑은 '꽃처럼 아름다운 남성'이란 뜻으로, 화판花判·선랑仙郎·국선國仙·풍월주風月主 등으로도 불린다. 그 전신은 여성으로 선발된 원화源花, 原花였으나 이를 대신하여 화랑도花郎徒가 정식으로 제정된 것은 진흥왕(540~576) 때였다. 초대 화랑은 설원랑이었으며, 사다함은 562년 화랑으로 대가야 정벌에 종군했다.

화랑도는 한 시대에 하나의 집단만이 존재한 것이 아니라 여러 개의 화랑 집단이 동시에 존재하기도 했다. 화랑 집단은 각기 화랑 한 명과 승려 약간, 그리고 화랑을 따르는 다수의 낭도郎徒로 구성되었다. 낭도의 수효는 많을 때는 1천 명에 이르렀다고 한다. 진평왕대 원광에게 가르침을 청한 귀산과 추항은 화랑도의 낭도였을 것으로 짐작된다. 화랑은 이 집단의 중심인물로, 용모가 단정하고 믿음직하며 사교성이 있는 진골귀족의 자제 가운데 낭도의 추대를 받아 선발되었다. 신라시대 전체를 통틀어 2백 명 남짓 되었다고 한다.

화랑도는 대개 15세부터 18세까지의 청소년으로 구성되었으며, 3년을 정해 단체생활을 했다. 이들은 경주 부근의 남산을 비롯해 금강산·지리산 등의 명승지를 찾아다니면서 국토애를 기르고 도의를 연마했다. 원광이 제정한 '세속오계'는 바로 이들의 계명이었다. 화랑도는 삼국통일을 이룩할 때까지 크게 활기를 띠어 많은 인재들을 배출했다. 통일신라 초기의 역사가 김대문金大問이 《화랑세기花郎世紀》에서 "현명한 재상과 충성스런 신하가 여기서 솟아나오고, 훌륭한 장수와 용감한 병사가 이로 말미암아 생겨났다"고 한 사실에서 단적으로 확인할 수 있다.

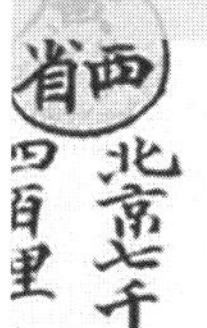

신라에 부활한 석가모니 **선덕여왕**

최초의 여성 국왕

2003년 연말 한 언론사에서 10만 원 권 고액 화폐에 들어갈 인물 초상화를 여성으로 할 경우 가장 적합한 사람이 누구인지 설문조사를 벌인 적이 있었다. 그 결과 신사임당, 유관순 등을 제치고 선덕여왕이 가장 적합한 인물로 꼽혔다. 아마도 국가권력의 정점인 국왕에 오른 최초의 여자라는 점이 크게 작용했기 때문일 것이다. 철저하게 남성 중심 사회였던 고대 신라사회에서 여자가 국왕이 되었다는 사실은 그 자체로 충격적인 사건이었다. 때문에 신라 제27대 선덕여왕(재위 632~647)은 즉위 과정에서부터 죽음에 이를 때까지 끊임없는 논란과 시련 속에서 세인의 주목을 받아야 했다.

신라에 부활한 석가모니 가문

선덕여왕의 아버지 진평왕의 이름은 '백정'이었고 왕비는 '마야부인'이었는데, 이는 각각 석가모니의 부모 이름을 따온 것이었다. 그리고 진평왕의 동생인 '백반'과

‘국반’ 역시 석가모니 삼촌들의 이름을 차용했다. 마치 인도의 석가모니 가문이 신라의 수도 경주에서 부활한 듯한 느낌을 준다. 그리고 ‘선덕善德’이라는 이름은 불교에서 말하는 도리천忉利天을 주관하는 천자의 이름이고, 석가모니에 의해서 훗날 전륜성왕前輪聖王이 될 것이라는 예언을 받은 사람의 이름이기도 했다.

또한 진흥왕(24대)·진지왕(25대)·진평왕(26대)·진덕왕(28대)과 같이 여러 왕들이 연이어 왕호에 ‘진眞’자를 사용했다. 이처럼 왕호에 ‘진’자를 덧붙인 이유는 불교에서 말하는 ‘참된 종족[眞種]’, 즉 ‘석가모니 종족’이라는 의미를 지향했기 때문이다. 신라의 자장법사慈藏法師가 중국의 오대산에서 수행할 때 문수보살이 나타나 “너희 국왕(선덕여왕)은 인도 찰리종(석가모니 왕족)의 왕이므로 다른 족속과는 다르다”고 했다는 설화는 선덕여왕 가문의 특별함을 잘 보여준다.

신라 왕실이 이와 같이 자신들을 석가모니와 같은 종족이라고 표현한 것은 스스로를 보다 신성하고 선택된 족속이라고 주장함으로써, 다른 왕족과는 차별적인 존재라는 점을 부각시키기 위해서였다. 진평왕의 딸로서 신라에서 부활한 석가모니 가문의 완결점에 위치했던 선덕여왕은 이러한 ‘신성한 종족’, 즉 ‘성골’이라는 신분을 배경으로 왕위에 오를 수 있었다.

여왕 통치의 시련

선덕여왕이 성골을 내세워 왕위에 오르기는

했지만, 수백 년 동안 이어져온 강고한 남성 중심의 문화는 여왕의 권위를 쉽사리 인정하지 않았다. 국왕의 권위는 이전보다 약화되고 국정 통솔력도 위축되었다. 자연히 국력도 약화되어 주변국의 침입에 시달려야 했다. 특히 642년(선덕여왕 11) 백제의 침입으로 신라 서쪽 변방의 요충지였던 대야성(오늘날 합천)이 함락되자, 위기감을 느낀 선덕여왕은 황급히 고구려와 당나라에 사신을 보내 구원병을 요청했지만 별다른 성과를 거두지 못했다. 오히려 당 태종은 신라 사신에게 "너희 나라는 여자가 왕이 되었기 때문에 이웃 나라의 업신여김을 받고 있다"고 말하면서 여왕 통치를 비판했다.

신라의 국가적 위기가 심화되고 여왕 통치에 대한 당 황제의 부정적 인식이 전해지자 선덕여왕의 즉위에 불만을 갖고 있던 일부 귀족세력들은 노골적으로 국왕에게 도전했다. 그리하여 647년(선덕여왕 16)에는 당시 신라 최고 직책인 상대등 자리에 있던 비담이 반란을 일으켰다. 한때 궁궐을 포위하며 기세를 떨치던 반란군은 김춘추와 김유신 군대의 반격으로 퇴각했지만, 난이 진행되는 와중에 선덕여왕도 사망하고 말았다.

'여자'가 문제인가

일이 잘 풀리지 않거나 좋지 않은 결과가 나올 경우, 많은 사람들은 변명거리를 찾거나 비난을 뒤집어 씌울 희생양을 물색하는 경우가 많다. 때문에 먼 옛날 부여국에서는 가뭄이나 흉년이 들면 그 책임을 국왕에게 물어 왕을 바꾸거나 죽이기도 했다. 그러나 이러한 희생양 찾기는 사건의 근본 원인을 전혀 엉뚱한 방향으로 전가하는 경우가 대부분이다. 특히 여자가 관련된 일이 실패했을 경우에는 그 책임이 그대로 '여자'에게 전가되었다.

선덕여왕 대에 고구려·백제가 신라를 집중 공격했던 이유는 신라 국왕이 여자였기 때문이 아니었다. 신라 제24대 진흥왕의 영토 확장에 위축되었던 고구려와 백제가 국력을 회복하여 신라에 반격을 가하기 시작한 때가 공교롭게도 선덕여왕 대였던 것이다. 그럼에도 불구하고 여왕 통치에 비판적인 사람들은 신라가 위기에 처한 이유를 모두 여왕 탓으로 돌렸다.

그러나 선덕여왕은 재위기간 동안 귀족 자제들을 당나라 국학國學에 입학시켜 학문을 진흥시켰고, 대당 외교를 긴밀히 유지하여 고구려나 백제의 군사적 위협을 외교적으로 극복하고자 노력했다. 또한 황룡사 9층탑 건설을 통하여 외침을 극복하려는 신라인들의 호국의지를 불교적으로 승화시켰고, 김춘추와 김유신을 중용하여 삼국통일의 중요한 기반을 닦는 등 그 역사적 업적이 다른 어떤 국왕 때보다 결코 적지 않았다.

선덕여왕이 재위기간 동안 갖가지 시련에 봉착했던 이유는, 여자이기 때문에 능력과 위엄이 없어서가 아니라, 여왕의 등장을 받아들이지 못한 기득권층의 고정관념 때문이었다는 점을 명심해야 할 것이다.

신라 최초의 여왕이 묻혀 있는 경주 낭산의 선덕여왕릉. 선덕여왕은 생전에 자신이 죽을 날과 묻힐 장소를 예언했다.(위)
황룡사 9층 목탑지의 초석. 선덕여왕은 왕권을 회복하고 주변국을 제압하기 위하여 이곳에 9층 탑을 건립했다.(가운데)
황룡사 9층 목탑 복원 모형. 국립경주박물관 소재(아래)

선덕여왕의 뛰어난 예지력

겨울철에 개구리 떼가 영묘사의 옥문지玉門池라는 연못 부근에서 사나흘 계속 울어대는 이상한 일이 발생했다. 이에 선덕여왕은 곧바로 장수를 불러 "그대들은 지금 즉시 군사를 이끌고 서쪽으로 가서 여근곡女根谷이라는 곳을 찾으시오. 그러면 적군이 그곳에 숨어 있을 것이니 반드시 찾아 죽이시오" 라고 말했다. 그런데 왕의 말대로 여근곡이라는 지명이 있고 그곳에 백제군이 매복해 있었다. 이에 신라 장수가 매복한 백제군을 급습하여 전멸시키고, 뒤이어 도착한 후속 부대까지 격퇴시켰다. 승리하고 돌아온 장수가 선덕여왕에게 자초지종을 묻자, 개구리들의 성난 모습이 병사와 같았기 때문에 군사적 변고가 발생했음을 알았고, '옥문玉門'의 뜻은 '여근'과 같은데 색으로 따지면 백색이고 방위로 따지면 서쪽을 뜻하기 때문에 서쪽 지역에 '여근곡'이 있다는 것을 알 수 있었다고 했다.

선덕여왕은 평소 건강할 적에 자신이 모년 모월 모일에 죽을 것이니 낭산 남쪽의 도리천에 장사지내라고 했다. 과연 예언한 날에 선덕여왕이 죽자 지정된 곳에 장사지냈다. 훗날 제30대 문무왕이 선덕여왕릉 밑에다 사천왕사四天王寺를 지었다. 그런데 불교에서 도리천은 실제로 사천왕천 위에 존재하기 때문에 선덕여왕의 영험한 예언력이 사실로 드러났다.

이와 같은 예지력은 선덕여왕이 뛰어난 능력을 갖고 있었음을 잘 보여주는 것이다. 그러나 다른 한편으로는 여왕의 자격과 능력을 문제 삼는 반대파를 의식하여, 선덕여왕이 보통 사람과 다른 영험한 능력이 있고 국왕으로서 충분한 자격을 갖추었다는 점을 강조하기 위하여, 여왕 측근 세력들이 의도적으로 만들어낸 이야기일 가능성도 있어서 우리의 마음을 씁쓸하게 한다.

망국의 왕족에서 무열왕가의 기둥으로 **김유신**

망국의 왕족 '신新' 김씨

나당전쟁이 한창이던 673년 7월 1일, 신라의 전쟁 영웅 김유신金庾信이 세상을 떠났다. 595년에 태어나 79세를 일기로 파란만장했던 생을 마감한 것이다. 신라의 삼국통일은 백제, 고구려를 멸망시키는 것으로 완수되지 않았다. 동맹국이었던 당나라가 신라를 포함한 한반도 전역에 대한 지배 야욕을 노골적으로 드러내었기 때문이다. 따라서 나당전쟁은 신라로서는 국가의 존망을 건 치열한 싸움이 될 수밖에 없었다. 김유신이 임종에 이르자 문무왕文武王은 친히 문병하는 자리에서 흐느껴 울며 다음과 같이 말했다. "과인에게 경이 있음은 고기에게 물이 있음과 같다. 만일 피하지 못할 일이 생긴다면 백성들을 어떻게 할 것이며, 사직 또한 어떻게 할 것인가?" 김유신의 죽음은 조카 문무왕에게 그만큼 절박하게 다가왔던 것이다.

김유신(595~673)은 금관가야 왕족의 후예로 태어났다. 증조부 구해仇亥는 금관가야의 왕이었으나, 532년 나라가 멸망하자 신라에 투항했다. 그의 가문은 신라사회에서 진골이란 파격적인 대우를 받았지만, '신新' 김씨라 하여 신라의 전통 귀족과는 구별되었다. 따라서 망국의 왕족 김유신 가문이 신라사회에서 활동하는 데는 많은 제약이 따랐다. 김유신의 아버지 서현舒玄은 길에서 진흥왕의 동생인 숙흘종의 딸 만명萬明을 보고 한눈에 반해 중매도 없이 야합했다. 숙흘종이 이 사실을 알고 만명을 별채에 가두었으나, 만명은 만노군(충북 진천) 태수로 부임하는 서현과 함께 도망하여 그곳에서 김유신을 낳았다.

김유신은 15세에 화랑이 되었는데, 특별히 주위의 기대를 모았다. 김유신은 후일 태종 무열왕太宗武烈王으로 즉위하는 김춘추金春秋와 집 앞에서 공놀이를 하다가 김춘추의 옷을 찢었다. 그리고 누이 문희에게 그의 옷을 깁도록 했다. 이를 계기로 문희는 임신을 했고, 우여곡절 끝에 김춘추와 혼인할 수 있었다. 김춘추는 화백회의에 의해 폐위된 진지왕眞智王(576~579)의 손자였지만, 유력 진골 귀족이었다는 점에서 김유신 가문이 혼인하기란 결코 쉽지 않았던 것이다.

당시 신라사회에서 김유신 가문이 인정받는 길은 전쟁에서 무공을 쌓는 것밖에 없었다. 김유신의 조부 무력武力은 554년 관산성(충북 옥천) 전투에서 백제 성왕을 전사시키는 눈부신 전공을 세웠다. 629년 김유신의 아버지 서현은 사돈인 김춘추의 아버지 용춘龍春과 함께 대장군이 되어 고구려의 낭비성을 공격했다. 유신도 이 전투에 참가하여 성을 함락시키는 큰 전과를 올렸다. 김유신 가문은 신라에서 군공으로 크게 부상하던 신흥 무장 가문이었던 셈이다.

새 시대의 개막

642년 백제는 신라의 낙동강 전선 사령부가 있는 대야성(경남 합천)을 기습 공격하여 함락시켰다. 이 전투에서 대야성 군주軍主였던 김춘추의 사위 품석과 그의 아내가 죽음을 맞았다. 사랑하는 딸과 사위를 잃은 춘추는 백제에 대한 보복을 다짐했다. 그리고 고구려로 청병의 길을 나섰다. 이때 유신은 춘추와 손가락을 깨물어 낸 피를 나눠 마시면서, 춘추가 60일이 지나도록 돌아오지 않으면 군사행동을 취할 것을 맹세했다.

선덕여왕善德女王 말년인 647년, 화백회의 의장으로 있던 상대등 비담은 여왕이 나라를 잘 다스리지 못한다는 명분으로 반란을 일으켰다. 왕군과 반란군은 각각 월성과 명활성에서 대치했다. 한밤중에 하늘에서 큰 별이 월성으로 떨어지자 반란군은 여왕의 군대가 패할 징조라 하여 환호성을 질렀다. 여왕이 두려워 어찌할 바를 몰라 하자, 유신은 연에 불을 붙여 하늘로 올리고는, 어젯밤 떨어진 별이 다시 하늘로 올라갔다고 소문을 내었다. 그리고는 반란군이 어리둥절해 하는 틈을 타서 신속하게 군대를 출동시켜 이들을 진압했다.

654년, 선덕여왕을 이은 진덕여왕眞德女王이 후사 없이 죽자, 귀족들은 상대등 알천에게 섭정을 요청했다. 그러나 무력을 장악하고 있던 유신은 귀족세력을 억누르고 춘추를 국왕으로 즉위시키고 말았다. 폐위 당한 진지왕의 손자 춘추가 국왕으로 즉위한 사건은 신라사회에 큰 충격을 주었다. 그는 성골이 아닌 진골로서 즉위한 첫 번째 왕이었다. 더구나 망국의 왕족 김유신과의 결탁이었으니, 그 충격은 이만저만이 아니었다. 《삼국사기》에서 무열왕의 즉위를 중대中代의 시작이라 하거나,《삼국유사》에서 하고下古의 시작이라 하여, 새로운 시대로 이해한 것은 바로 이 때문이었다.

태종 무열왕 김춘추는 즉위 이듬해 문희 소생인 맏아들 법민法敏을 태자로 책봉했다. 나아가 딸 지조智照를 61세의 유신에게 시집보냈다. 이들은 '처남-매부'에서 다시 '장인-사위'라는 매우 복잡한 혈연관계로 얽혔던 것이다. 무열왕은 660년 유신을 신라의 최고 관직인 상대등에 임명했다. 김유신이 귀족회의 의장인 상대등에 취임함으로써 무열왕가에서 그의 역할은 한층 부각되었다. 군사와 정치 양면에서 무열왕가를 받쳐주는 든든한 기둥이 되었기 때문이다.

무열왕가와 어수魚水의 관계로

태종 무열왕의 즉위 이후 당과의 동맹관계가 강화되면서, 신라의 삼국통일 전쟁은 절정으로 치달았다. 660년 5월, 대장군 김유신은 무열왕과 함께 5만 대군을 이끌고 백제 정벌의 길에 올랐다. 그리고 마침내 소정방이 이끄는 당군과 연합하여 8월 18일 의자왕의 항복을 받아냈다. 그는 원정의 공로로 대각간大角干이란 관등을 받았다. 그러나 이듬해 평생의 지기였던 무열왕이 죽고, 그의 아들 법민이 즉위하여 문무왕이 되었다. 664년 70세가 된 김유신은 관직에서 물러나려 했으나, 문무왕은 안석安席과 지팡이를 내려주며 그의 은퇴를 허락하지 않았다.

667년 신라와 당이 고구려 원정에 착수하자 그는 73세의 나이로 다시 원정길에 올랐다. 그러나 평양성 부근까지 진출한 당군이 철수했다는 소식에 되돌아오고 말았다. 이듬해 6월, 다시 고구려 원정군이 편성되었을 때 그는 대당大幢 대총관大總管이 되어 정벌을 총지휘하는 자리에 올랐다. 그렇지만 그는 이 원정에 나설 수 없었다. 고령인데다 신경통을 앓고 있으니 서울에 머물러 있으라는 국왕의 특명 때문이었다. 9월 21일 나당 연합군은 마침내 평양성을 함락하고 보장왕의 항복을 받았다. 김유신은 비록 출전하지는 않았으나, 그간의 공로로 태대각간太大角干이란 이례적 관등을 제수 받고, 식읍 500호를 받았다.

김유신이 죽자 문무왕은 부의賻儀로 채색 비단 1천 필과 벼 2천 섬을 주고, 군악대 100명을 보내주었다. 장사를 치른 후에는 비석을 세워 그의 공적을 기록하게 하고, 수묘인守墓人을 배치시켰다. 그는 죽어서 왕과 다름없는 대우를 받았던 것이다. 김유신은 사후 성인聖人으로까지 추앙되었다. 《삼국유사》에는 '만파식적萬波息笛' 설화가 전하고 있다. 문무왕의 아들 신문왕神文王이 동해 감은사 앞 바다에 행차하여 신비한 피리를 얻었다는 것이다. 이 설화에서 문무왕과 김유신은 각각 '용'과 '천신天神'으로 신라를 지키는 두 성인으로 묘사되었다. 김유신은 죽어서도 무열왕가와 함께 하는 존재로 인식되었던 것이다.

무열왕가가 단절되고 약 50년이 지난 뒤, 흥덕왕(826~836)은 김유신을 흥무대왕興武大王으로 추봉했다. 그는 원 신라인이 아닌 멸망한 금관가야의 후예로서 '대왕'이란 칭호를 얻은 유일한 인물이 되었다.

이 영 호

만파식적 설화가 어린 감은사 앞 바다. 사적 158호인 대왕암이 보인다.(위)

김유신의 평생의 지기였던 태종무열왕 김춘추의 능비. 비신은 없어지고 귀부와 이수만 남았다. 경주시 서악동 소재. 국보 제25호(가운데 왼쪽)

충북 진천의 길상사吉祥祠. 김유신의 영정이 봉안되어 있다. 충청북도 기념물 제1호(가운데 오른쪽)

경주시 충효동에 있는 김유신 묘. 경덕왕릉이나 신무왕릉으로 추정하는 견해도 있다. 사적 제21호(아래)

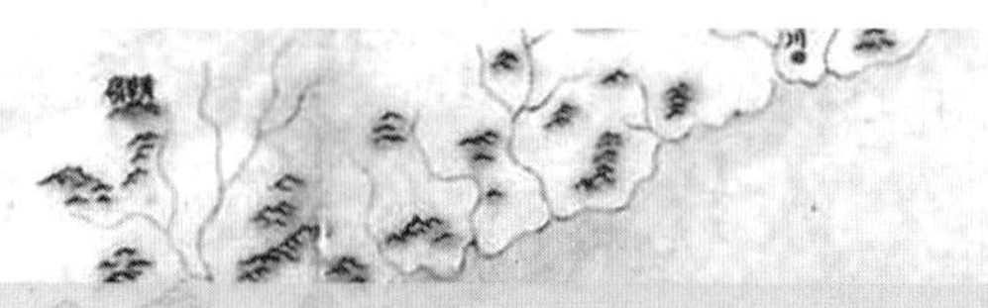

'삼국통일 일등 공신' 김유신 영혼의 탄식

김유신은 신라 삼국통일의 일등 공신이었다. 그러나 통일의 기운이 가시면서 그 후손들은 점차 쇠락의 길을 걷게 되었다. 그 상징적 사건이 혜공왕惠恭王 말년 죽현릉에서 일어났다. 779년 4월, 김유신의 무덤에서 회오리바람이 세차게 일어났다. 티끌과 안개로 캄캄한 가운데 한 장수가 날쌘 말을 타고 있었다. 뒤에는 갑옷을 입고 무기를 든 40여 명의 군사가 있었는데, 장수를 따라 죽현릉으로 갔다. 죽현릉은 김씨로서 처음 왕위에 오른 미추왕味鄒王의 능이었다. 조금 뒤 왕릉 안에서 울며 탄식하는 소리가 들렸다.

"신이 평생 동안 어려운 시국을 구하고 삼국을 통일한 공을 세웠습니다. 하오나 지난 경술년(770)에 신의 자손이 아무런 죄도 없이 죽었고, 왕이나 신하들은 저의 공적을 생각지 않습니다. 신은 차라리 멀리 다른 곳으로 옮겨가서 다시는 나라를 위해 애쓰지 않을 것이니, 왕께서는 허락해주십시오." 왕이 대답하기를, "나와 공이 나라를 지키지 않는다면 저 백성들을 어떻게 할 것인가? 공은 이전과 다름없이 힘쓰도록 하오." 세 번이나 청했지만 들어주지 않자 회오리바람은 되돌아가고 말았다.

이 이야기를 전해들은 혜공왕은 몹시 두려워하면서, 김유신 무덤에 대신을 보내 사과했다. 그리고 김유신이 세운 취선사鷲仙寺에 토지 30결을 바쳐 명복을 빌게 했다. 무열왕가의 마지막 왕인 혜공왕대(765~780), 무엇이 김유신의 영혼을 이처럼 노하게 했을까. 김유신 가문은 한때 신라 최고의 영화를 누렸지만, 세월의 흐름 속에서 위상이 한결같지가 않았다. 혜공왕 말기 그 자손들은 이미 권력의 핵심에서 밀려나 있었던 것이다.

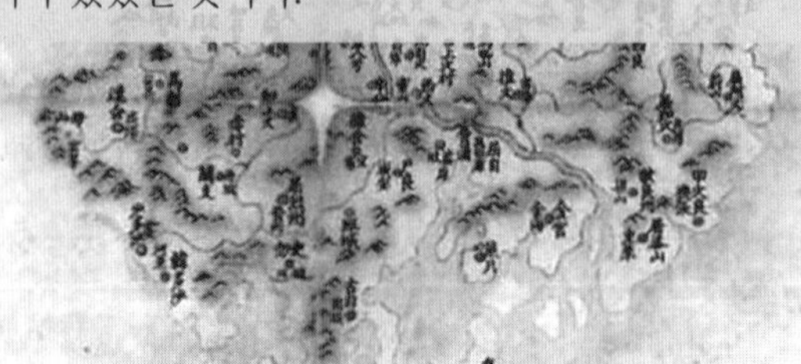

종교 다원주의 융합론의 선구자 **원효**

그가 걸어간 발자국을 따라가면

불일佛日을 처음으로 빛낸, 또는 새벽을 의미한다는 이름의 원효元曉(617~686)는 진평왕 39년(617), 압량군의 남쪽, 불지촌의 북쪽, 율곡 사라수 아래에서 태어났다. 집이 본래 율곡 서남쪽에 있었는데 어머니가 만삭의 몸으로 이 나무를 지나칠 즈음 해산했다고 한다. 성은 설薛 씨요, 아버지는 담날談捺 나마, 할아버지는 잉피공仍皮公이었다. 아명이 '서당'誓幢이라고 하나 이것은 신라 군대 명칭과 같고 후일 그의 비명 또한 '서당화상비誓幢和尙碑'로 기록된 점에서 그 이상의 복합적 의미를 담고 있는 듯하다. 성씨나 조상의 신분으로 보아 6두품(혹은 5두품)의 가계가 아니었나 추측된다. 신라에서 불교는 법흥왕 대(514~540)에 공인되었으니 그로부터 한 세기도 넘지 않은 시점에 출생한 셈이다. 밖으로는 을지문덕이 살수대첩을 이룩한 지 5년만이요, 안으로는 삼국의 각축전이 첨예화하여 한반도 전역에 전운이 감돌던 시점이었다.

젊은 시절 원효는 매우 격한 질풍노도의 시절을 보낸 듯하다. 방랑생활을 즐겼고 금역禁域을 출입하는 데에도 거침이 없었다고 한다. 그 즈음 핵심 진골 승려 자장慈藏이 국통으로 불교계를 통괄하고 있었는데, 그는 율사律師로 통칭될 만큼 계율을 중시하던 인물이었다. 이런 시대 원효의 파격 몸짓은 당대 불교계 흐름에 대한 반항적 성격을 내포한 것이기도 했다. 100명의 고승을 뽑아 《인왕경》을 강경하는 이른바 백고좌百高座에 예비 후보로 선발되었으나 본선에서 탈락되었던 것도 이 같은 '시대와의 불화'의 잔흔인 셈이다. 그러나 정국이 일변하여 무열왕武烈王이 등극하면서 황룡사에서 국왕과 대신들을 운집시킨 가운데 득의의 설법을 하게 되니, 스스로 100개의 서까래에는 끼지 못했으나 하나의 대들보가 되었다는 선언이 나온 연유이다.

한편 전 국통 자장은 말년에 서울을 떠나 강원도 오대산과 태백산을 전전하게 되는데 그의 본거지였던 분황사는 원효의 주식처로 바뀌게 된다. 더하여 원효는 요석궁 과공주寡公主와 결혼까지 하게 되는데, 비록 과부라 하나 골품제 사회에서 왕녀와의 결혼은 6두품인 원효에게는 파격이었다. 결혼 후 원효는 승복을 벗고 거사居士라 칭하게 되지만 여인의 품에 안주하지 않고 다시 절집에서 걸어 나와 기층사회를 떠돌며 불교를 널리 전파했다.

신문왕 6년(686) 혈사穴寺에서 임종하니 최후까지 대도大道에서 비겁하거나 물러섬이 없었다. 아들은 요석공주가 낳은 설총이 있었는데 유학을 닦아 해동 유종儒宗이 되었음은 널리 알려진 일이다.

그가 가리켰던 손가락

원효의 사상은 대개 3계열로 나누어 생각해볼 수 있다. 그 첫째는 화엄사상이요, 둘째는 아미타신앙, 다른 하나로는 화쟁和諍사상을 꼽을 만하다.

불교는 개창지 인도에서부터 여러 계열로 분파되었는데 그중 개혁파 갈래들이 엉겨 대승불교를 이루고, 그 내부에 다시 공空을 강조하는 반야 계통, 불신佛身의 통일성에 주력하는 화엄 계통과 함께 민중불교로서 아미타 정토신앙이 성행했다. 이 가운데 화엄 계열은 중국에서 종파로 다듬어져 성당盛唐 시대에 크게 유행했다. 원효는 기층사회에 불교를 포교할 때, 화엄의 "일체 걸림 없는 사람은一切無㝵 한 길로 생사를 벗어나리一道出生死"란 글을 뒤웅박과 노래에 담아 전파했다. 또한 죽기 직전 쓰던 글도 《화엄경소》였음을 보면 일생 동안 화엄계열 사상을 중시했음을 알 수 있다. 불교 내에서도 특히 원융무애를 강조한 화엄은 교리의 종합 통일을 지향했던 원효에게 적합한 이론 기조가 되었음직하다.

한편 아미타신앙은 민중적 불교로서 염불을 중시하는 경향을 띠었다. 《삼국유사》에는 원효로 말미암아 신라 민중들이 불타佛陀의 호를 알고 '나무南無'를 할 줄 알게 되었다고 하는데, '나무본사아미타불南無本師阿彌陀佛' 이란 말처럼 그 염불 주체는 아미타불이었다. 원효가 기거하던 분황사 여종의 남편이었던 광덕은 아미타불의 서방 정토 극락세계를 간구하는 애절한 '원왕생가願往生歌'를 남겼거니와, 여종의 새 남편이 된 엄장 또한 원효의 지도로 극락왕생할 수 있었다는 기록 등은 원효가 기층 민중과의 연대에 아미타신앙을 주 매개로 삼았음을 확인시키는 사례들이다.

그러나 원효 사상의 독자성을 가장 짙게 드러내는 부분은 무어라 해도 종파 간의 대립을 융화 회통하는 화쟁론和諍論이다. 사후 120년 전후에 세워진 '서당화상비'에는 다음과 같은 글이 전한다.

> 청색과 쪽풀은 본체가 같고 얼음과 물은 근원이 같은데, 거울이 수많은 형상을 받아들이고 물이 (천 갈래로) 갈라지는 것과 같다. (……) 융통하여 서술하고는 그 이름을 '십문화쟁론十門和諍論'이라 했다. 무리들 가운데 칭찬하지 않는 사람이 없어 모두 이르기를 "좋다"라고 했다. (……) 범어로 번역하여 곧 사람들에게 부탁했으니, 이것은 그 나라 삼장이 보배로 귀중히 여긴 연유를 말한다.

본래 원효의 글은 중국과 일본에도 전해졌지만 그 일부가 범어로도 번역되었음이 비문에서 드러나는데, 구체적으로 어떤 글이 해당되는지는 알기 어렵다. 다만 일본 쪽 기록들에 의하면 위의 '십문화쟁론'이 진나 문도陳那門徒들에 의해 인도에 전해졌음을 알 수 있다.

근래에 들어 '화쟁 사상'을 남북통일 이념의 일환으로 제시하는 경우가 있다. 물론 원효의 논리는 불교계 내부에 초점을 맞춘 것으로 정치 이데올로기와는 범주가 다르다. 또한 현하 남북관계에 수평적 양시론이 설 자리가 협애한 것이 사실이다. 그러나 원효는 당대인의 오해를 불러일으킬 만큼 불교 밖 사상에도 두루 폭이 넓었고, 특정 종파를 넘어 본질에서 하나 됨을 직시하는 혜안을 언제나 놓치지 않았다.

이러한 기본자세는 사상과 정서의 대립이 첨예한 오늘날 한국 사회에서 민족사의 방향을 화해와 일치로 인도할 소중한 이정표가 될 수 있을 것이다. 종교 분쟁과 문명 간의 충돌이 지구촌의 새로운 현안으로 떠오른 작금, 증오와 이질異質들을 녹여 하나로 화해시킬 새 시대의 패러다임이 자신의 이름처럼 '여명의 새벽빛'으로 내재해 있는 것이 아닐까.

김 재 경

분황사의 모전석탑. 돌을 벽돌 모양으로 만들어 쌓았는데, 원래는 9층 이었다는 기록도 있다. (위)

'서당화상비' 편. 신라 애장왕 대(800~809)에 건립된 원효 관련 현존 최고 最古의 자료(가운데 왼쪽)

원효가 요석공주와 인연을 맺은 다리로 알려진 월정교 다리 전경(가운데 오른쪽)

원효의 영정. 일본 고산사高山寺에서 전해내려온 것으로 18세기 중반 이전 의 작품으로 추정된다.(아래)

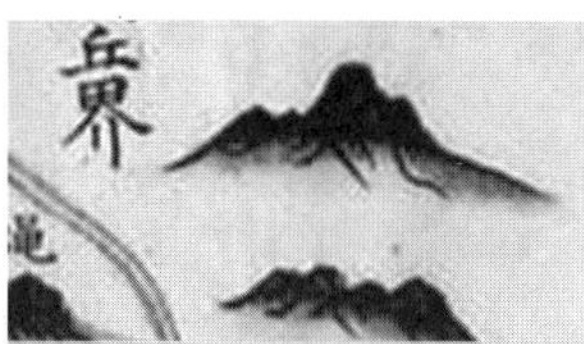

결혼 하고, 고기도 먹고……. 그의 기행奇行은 왜?

동시대 고승 자장이 근엄한 엘리트 스님, 해동 화엄조華嚴祖로 지목되는 의상義湘이 단아하고 원융한 풍모인데 비해, 원효는 포효하는 야생마 같은 스님이었다. 궁성 안에 발을 들여놓지 않는다고 큰소리 친 거리의 승려 대안大安, 노비의 아들로 오어사의 애주가 스님인 혜공惠空 등 주위 도반道伴들도 난형난제의 기인들이긴 마찬가지였다.

드높은 명성에 짝하여 원효는 비난도 그만큼 많이 받았고, 송사訟事에 연루되어 곤욕도 치렀다. 그러나 신라 하대下代 흥륜사 금당에 10명의 고승을 조상造像할 때, 혜공, 사파巳巴 등 측근 도반들과 한 무리로 봉안되는 영광을 얻었다. 원효의 명성은 해외에서 더욱 높아 중국과 일본, 심지어 인도에서 그의 글이 두루 연구되고 존경받았다.

그는 지금껏 수수께끼의 인물이다. 그렇지만 그가 물밀듯 밀려오는 새로운 동아시아의 가장 정밀한 사상체계를 온몸으로 껴안고 자기화해냈음은 분명한 사실이다. 한 아이를 출산함에도 회임과 해산의 고통이 격렬히듯, 원효는 아시아인들의 사색의 결정체인 불교를 한국인의 피와 살이 섞인 사상으로 재창출하는데 그의 70 평생을 진통 속에 바쳤다.

설총은 원효가 떠난 후 경모종천敬慕終天의 예를 드렸고, 분황사 원효의 소상塑像은 배례하는 아들을 향해 홀연히 고개 돌려 바라보아 후대까지 그런 응시의 모습이었다 한다. 이제 그의 얼굴이 우리를 향하고 있다.

신라 최고의 전기 작가 김대문

순탄하지 않았던 관직 생활

지난 1989년 2월 중순, 전국의 주요 일간지에는 놀랄 만한 기사 하나가 일제히 게재되었다. 그것은 약 1,300년 전에 김대문金大問이 지었다는 《화랑세기》 필사본이 부산의 어느 가정집에서 발견되었다는 내용이었다. 그 후 역사학자들 사이에 이 책의 진위 여부를 놓고 치열한 논쟁이 벌어져, 지금까지도 계속되고 있다. 이 사건으로 종래 전문가들 사이에서만 주로 언급되던 김대문에 대한 세인들의 관심이 높아진 것이 사실이다.

김대문은 신라의 삼국통일전쟁이 끝나갈 무렵인 7세기 중엽, 경주의 진골 가문에서 태어났다. 여느 진골 귀족자제들과 마찬가지로 그도 관직에 나아가기 위한 준비를 했다. 그러나 그가 청소년기를 보낸 7세기 중·후반 신라에는 경전이나 시문을 과목으로 하여 관리를 선발하는 과거제도가 없었다. 그 때문에 당시 신라인들은 관리가 되기 위해 말타기와 활쏘기 같은 무예 수련에 매진했다. 김대문도 벼슬길에 나아가기 위하여 화랑의 무리들과 함께 무예를 닦았을 것으로 생각된다. 아울러 그가 후에 많은 저술을 남겼던 점으로 보아, 강수強首나 김인문金仁問이 그랬던 것처럼 유교와 불교 경전뿐만 아니라, 역사서와 《문선文選》 같은 서적을 공부했을 것으로 짐작된다.

문무를 겸비한 청년으로 성장한 김대문은 삼국통일전쟁이 끝나고 나라가 점차 안정을 되찾아가던 문무왕 대 말 혹은 신문왕 대 초에 이르러 관직에 첫발을 내디뎠다. 그의 관직 경력과 관련하여 《삼국사기》에 "성덕왕 3년(704)에 한산주 도독이 되었다"고 나와 있는 것으로 보아, 한산주 도독이 그가 역임한 최고의, 그리고 최종의 관직이었을 것으로 생각된다. 중앙의 요직을 차지하지 못했다는 점에서, 그의 관직 생활은 그리 성공적이었다고 볼 수 없다.

전기 저술의 시대를 열다

그렇지만 김대문은 다른 방면에서 그의 족적을 분명히 남겼다. 일찍이 최남선이 그를 일컬어 '대저술가'라 평했듯이, 그는 많은 저술들을 후대에 남겼다. 《삼국사기》에 간략히 소개된 〈김대문 열전〉에 의하면, 그는 《고승전》, 《화랑세기》, 《악본》, 《한산기》, 그리고 《계림잡전》 등을 지었다고 한다. 위의 저술 가운데 현재 온전히 남아 전하는 것은 하나도 없다. 그러나 저술의 제목과 《삼국사기》에 남아 있는 몇몇 구절로부터 이들의 내용을 대략 유추할 수 있다.

《고승전》과 《화랑세기》는 신라의 승려와 화랑들의 활동을 정리한 것임이 분명하고, 《악본》은 신라의 음악에 관한 저술인 듯하다.

그리고 《한산기》는 김대문이 한산주 도독으로 재임하던 시절에 견문한 바를 정리한 지리지 혹은 풍속지이고, 《계림잡전》은 신라의 불교수용과정을 비롯한 다양한 사건들을 수록한 책으로 추정된다. 이처럼 그는 고승과 화랑도, 신라의 음악, 서울과 지방의 풍물과 역사 등 다양한 분야에 관심을 가지고 있었는데, 이 중에서도 인물의 전기에 가장 관심이 많았다. 앞에서 소개했듯이, 제목이 알려진 그의 저술 다섯 가지 중에서 《화랑세기》와 《고승전》은 각각 화랑과 고승의 전기이다. 김대문은 이들 저서 이외에도 몇 권의 전기를 더 지었다고 한다.

그런데 김대문의 전기 저술에서 한 가지 흥미로운 사실이 발견된다. 그것은 한 개인을 대상으로 전기를 작성한 것이 아니라, 승려나 화랑과 같이 사회의 중요한 역할을 담당했던 인물들을 집단적으로 서술했다는 점이다. 그 과정에서 그는 특정 집단의 성격과 의미를 나름대로 정의했다. 《화랑세기》에서 화랑 집단을 "현명한 보필자와 충성스러운 신하이고, 훌륭한 장수와 용감한 병졸"이라 규정한 것 등이 그러한 예이다. 이런 점에서 김대문은 단순한 전기 작가가 아니라 영국의 역사학자 네이미어Lewis B. Namier가 말하는 '굽은 발톱을 가진 새'와 같이 사회적으로 영향력 있는 사람들을 탐구하는 집단전기集團傳記 작가라 할 수 있다.

김대문의 전기 저술은 한국 지성사에서도 특별한 의미가 있다. 사실 김대문 이전, 곧 삼국시대에는 인물들의 전기가 별로 쓰여지지 않았다. 그런데 김대문이 위의 전기들을 저술한 이후부터 신라

에서는 많은 전기물들이 쏟아져 나왔다. 예를 들면, 김장청金長淸의
《김유신행록》과 최치원崔致遠의 《의상본전》을 비롯하여 작자 미상
의 《양지전》, 《자장전》, 《원효행장》, 《왕화상전》 등이 그것이다. 이런
점에서 김대문은 한국사에서 전기 저술의 시대를 연 인물이었다.
뿐만 아니라 그는 신라시대에 가장 많은 수의 전기물을 남겼다. 이
때문에 우리는 김대문을 신라 최고의 전기 작가라 말할 수 있다.

권 덕 영

화랑들의 놀이터였던 울주 천전리 각석

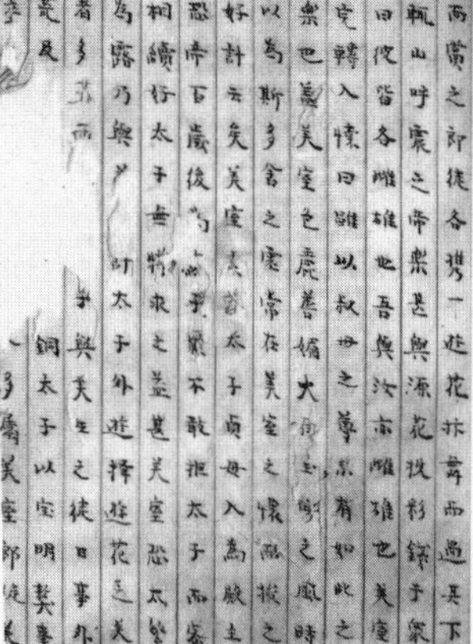

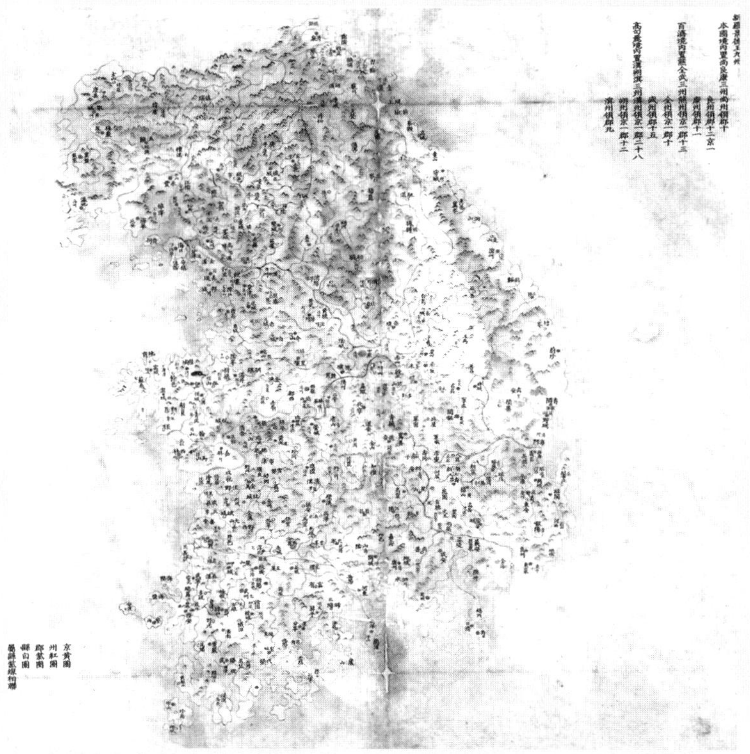

필사본 《화랑세기》 내용 사진(위)
신라 경덕왕 대의 9주. 《연혁도 7폭》, 19세기 이후.
출전 《한국의 옛 지도》(영남대박물관, 1998)(아래)

새로 발견된 《화랑세기》

고려시대 김부식金富軾 이후 누구도 본 적이 없는 김대문의 《화랑세기》가 최근 두 종류나 발견되어 화제가 되고 있다. 1989년과 1995년, 각각 세상에 알려진 《화랑세기》는 모두 일제시대 박창화라는 사람이 손으로 직접 베껴 쓴 필사본으로, 1989년에 알려진 《화랑세기》는 1995년에 발견된 것을 일부 발췌·요약한 것이다.

이 책에는 위화랑魏花郎부터 신공信功에 이르기까지 32명의 풍월주風月主 전기가 실려 있다. 그런데 이 책은 종전 우리들이 가지고 있던 신라 화랑에 대한 이미지를 여지없이 무너뜨렸다. 일반적으로 화랑이라 하면, 황산벌 전투에서 기꺼이 목숨을 버린 관창의 이미지, 곧 '애국청년 무사단'을 연상하게 된다. 그러나 이 책에는 화랑들의 비장한 이야기가 아니라, 화랑을 위시한 남녀 간의 파격적인 사랑, 왕실의 권력 암투와 그 이면에 있던 여성들, 신라인의 부부관계와 가족생활에 대한 이야기들로 가득 채워져 있다.

이러한 내용을 담고 있는 《화랑세기》가 김대문의 진본을 보고 베낀 것이라면, 신라사의 상당 부분은 다시 쓰여져야 할 것이다. 그러나 이 《화랑세기》는 김대문의 이름을 빌어 지은 가짜일 가능성이 많다. 왜냐하면 우선 이 책은 신라인들의 진솔한 기록인 각종 금석문에 나타난 사회상을 거의 반영하고 있지 않을뿐더러 심지어 상반되는 내용까지 다수 포함하고 있다. 그리고 현존하는 두 종류의 《화랑세기》를 대조해보면, 여러 곳에서 자신의 원고를 퇴고하듯 내용을 수정 혹은 가필한 흔적이 남아 있다. 따라서 이 책은 필사자의 창작품이거나 사료적 가치가 거의 없는 어떤 자료를 베껴 쓴 것으로 밖에 볼 수 없다. 어쨌든 이 책의 진위 논쟁이 아직 끝나지 않았으므로 현재로서는 그 결과를 기다려볼 수밖에 없다.

새로운 나라, 장안국을 꿈꾸다 **김헌창**

승자와 패자

때는 785년, 신라 선덕왕이 승하했다. 하지만 선덕왕에게는 왕위를 이을 아들이 없었다. 화백회의에서는 김헌창金憲昌의 아버지인 상재上宰 김주원金周元을 왕으로 추대하기로 결정했다. 김주원의 집은 왕경(경주) 북쪽 20리 되는 곳에 있었는데, 때마침 큰비가 와서 북천의 물이 불어 건너오지 못했다. 어떤 이가 "왕의 자리는 본래 인간의 뜻으로 되는 것이 아니다. 오늘의 폭우는 하늘이 주원을 왕으로 세우지 못하게 하려 함이 아닌가. 지금 차재次宰인 상대등 김경신金敬信은 덕망이 높고 왕의 자격이 있다"고 말했다.

이에 김경신이 무력을 앞세워 먼저 왕위에 오르니 얼마 아니하여 비가 그쳤고, 그를 따르던 사람들은 승리의 만세를 불렀다. 김주원을 따르던 무리마저 궁궐로 들어와 새 왕을 축하했다. 이로써 김경신이 원성왕으로 즉위했으니, 나물왕의 12세손이었다.

한편, 왕으로 추대되었으나 왕위계승에서 실패한 김주원은 왕경에 계속 남아 있을 수 없었다. 왕경에 계속 남아 있다가는 어떤 화를 당할지 알 수 없는 노릇이었다. 그리하여 그는 왕경을 떠나 멀리 강릉으로 퇴거하고 말았다. 화백회의의 결정을 뒤집고 무력에 의해 왕위가 결정된 이 사건은, 김주원과 김경신의 운명을 뒤바꾸어놓은 승자와 패자의 갈림길이었다.

도독에서 시중으로, 시중에서 도독으로

김경신이 원성왕으로 즉위했으나, 당면 과제는 즉위 과정에서 일어난 갈등을 무마하고 정권의 안정을 꾀하는 일이었다. 이에 원성왕은 태자 책봉제를 통해 자신의 후손들이 왕위를 계승하도록 했다. 그러나 태자가 연이어 죽고, 손자 헌덕왕은 조카 애장왕을 시해하고 즉위하는 등 지배체제가 몹시 불안정했다.

김주원의 자손들은 원성왕계의 조정에서 일정한 요직을 역임하기도 했다. 김헌창의 형인 종기宗基와 그 아들 장여璋如가 시중을 역임한 것이 그것이다. 그러나 종기가 원성왕계와 친밀한 관계를 지속하려 했던 반면, 동생 헌창은 저항하는 자세를 보였다.

김헌창(?~822)은 813년(헌덕왕 5) 정월 이찬으로 무진주 도독에 임명되면서 기록에 처음 등장한다. 이듬해 8월 중앙 요직인 집사부의 시중侍中에 제수된 것은 그에 대한 회유책이었다. 그러나 그는 3년 정도의 임기를 절반만 채운 채 816년 정월, 지방으로 전출되고 말았다. 그는 청주 도독으로 5년 이상 장기간 재임하다 821년 4월에는 다시 웅천주 도독으로 전임되었다.

그가 무진주 도독으로 재임하던 중 서쪽 지방에 홍수가 나서 주민들이 수해를 당했다. 시중으로 재임하던 시기에는 서쪽 변방의 주와 군에 큰 기근이 들어서 도적이 벌떼처럼 일어나 군대를 보내 토벌했다. 또한 청주 도독 및 웅천주 도독으로 재임하던 시절에는 초적草賊들이 사방에서 일어나 주와 군의 도독, 태수들에게 명하여 붙잡게 했다. 이러한 상황에서 굶주림에 지친 백성들 중에는 자식을 팔아 생활하는 자도 있었다. 특히 당의 운주절도사 이사도李師道가 반란을 일으키자 당 현종은 이를 토벌하고자 신라에 군사를 요청했다. 이에 신라에서는 순천군 장군 김웅원에게 3만의 군대로 당나라를 돕게 했다. 연이은 홍수와 기근, 그리고 군사 징발에 따라 농민들의 고통은 점증하고 있었다. 여기에 더하여 김헌창의 불만을 촉발시킨 것은 인사 문제였다. 헌덕왕대 중반, 왕의 두 동생 수종秀宗과 충공忠恭은 각각 상대등과 시중으로 재임했다. 821년 4월, 수종이 상대등에 있을때 동생 충공이 물러나고 영공永恭이 시중이 되었으나, 헌창 자신은 견제를 받아 또다시 도독으로 전임될 뿐이었다. 거기다가 수종은 이듬해 정월, 수종이 부군副君이 되면서 동생 충공이 상대등의 자리를 이어받았다. 자신을 견제해왔던 수종이 헌덕왕의 후계자로 확정되자 김헌창의 불만은 극에 달했다. 중앙의 요직이나 그 이상의 자리—왕—노렸을 법한 헌창은 더 이상 불만을 삭일 수 없었다.

장안국의 기치를 올리다

822년 3월, 김헌창은 마침내 새 나라 건설의 기치를 올렸다. 아버지 김주원이 왕이 되지 못한 것을 명분

으로, 국호를 장안長安, 연호를 경운慶雲이라 내걸었다. 이때 김헌창
은 웅천주의 주치州治 공주에서 장안국 왕이나 황제를 자칭했을 것
이다. 나아가 그는 자신이 관할하던 웅천주 외에 무진주·청주·완산
주·사벌주의 네 도독, 국원경(충주)·서원경(청주)·금관경(김해)의
사신仕臣과 여러 군현의 수령들을 포섭하여 자기 소속으로 삼으려
했다. 신라 9주 중 5주, 그리고 5소경 중 3소경을 망라한, 그야말로
신라 최대의 반란이었다.

　김헌창이 난을 일으킨 계기는 인사에 대한 불만이었고, 궁극적으
로는 왕위를 노린 자신의 야심 때문이었다. 그러나 새로운 국호와
독자적 연호를 사용했다는 점에서 여타의 난과는 성격이 달랐다.
장안국이란 국호는 곧 신라왕조 자체를 부정한 것이었기 때문이다.
이는 김헌창이 당시 신라사회가 안고 있는 모순들을 어느 정도 인
식하고 있었음을 의미한다.

　또한 김헌창이 중국의 연호 대신 독자적인 연호 사용을 제창한
것은, 대당 관계에서의 자주성을 강조한 것이다. 국호인 장안이 당
의 도성을 뜻한다는 것과도 맥을 같이한다. 이는 김헌창의 난이 일
어난 지역이 구 백제의 영역이었던 사실과 함께, 피폐한 농촌 현실
을 외면하고, 당의 파병 요청에 3만 군대를 보내려 하는 등 자주성
없는 신라 정부에 대한 불만의 표출이었던 것이다.

꿈은 사라지고

그러나 김헌창의 꿈은 실패로 끝났다. 거사 직후

청주 도독 향영이 탈주하고, 한산주·삽량주·북원경 등은 김헌창의
반역 음모를 미리 알고 군사를 내어 스스로 수비했다. 3월 18일에는
완산주의 일부 세력이 도주하여 반란 사실을 조정에 고했다. 신라
정부는 여덟 명의 장수를 뽑아 왕경을 여덟 방면에서 지키게 하고,
영천·상주·성주·보은 등에서 반란군을 차례로 격파했다. 김헌창은
공주에서 10여 일 동안 저항하다 성이 함락되기 직전 자결하고 말
았다. 이 반란에 연좌되어 주살된 김헌창의 무리는 239명에 이르렀
다. 3년 뒤 김헌창의 아들 범문梵文이 또다시 반란을 일으켰으나 한
산주 도독 총명이 거느린 병사에 의해 진압되었다.

김헌창은 장안국 건설의 기치를 내걸었으나, 신라사회의 개혁 자
체를 목표로 한 것은 아니었다. 그는 농민들의 의사를 적극적으로
대변하지 않아 이들의 호응을 크게 이끌어내지 못한 한계도 있었
다. 그러나 그의 반란은 830년대 치열하게 전개된 왕위쟁탈전의 시
발이 되었을 뿐 아니라, 호족들의 지방할거적 경향을 촉진시켜 후
삼국 성립의 기초가 되었다는 점에서, 이후 신라 역사 전개에 지대
한 영향을 미쳤다.

이 영 호

안압지. 경상북도 경주시 인왕동에 있는 인공 연못. 태자가 거처하던 동궁東宮의 부속 정원으로 추정된다.(위)

원성왕릉. 경주시 외동읍 소재. 이곳에 있던 작은 연못에 왕의 유해를 수면 위에 걸어 장사지냈다는 속설에 따라 괘릉掛陵이라고도 한다.(가운데)

신라의 9주 5소경. 김헌창의 난에 가담한 지역은 5주, 3소경에 이르렀다.(아래)

두건 벗고 흰 갓 쓰고 우물로……. 김경신의 '왕王' 꿈

《삼국유사》〈원성대왕〉조에는, 김헌창의 아버지인 김주원과 김경신의 왕위계승 분쟁과 관련하여, 다음과 같은 설화가 전한다. 김주원이 처음에 상재(수석 재상)가 되고, 김경신은 그 아래인 이재二宰에 있었다. 어느 날 김경신이 머리에 쓴 두건을 벗고 흰 갓을 쓰고 12현금을 들고 천관사天官寺 우물로 들어가는 꿈을 꾸었다. 일어나 사람을 시켜 점을 쳤더니, 두건을 벗은 것은 관직을 잃을 징조요, 가야금을 든 것은 목에 칼(형구)을 쓸 징조요, 우물 속으로 들어간 것은 옥에 갇힐 징조라 하였다.

김경신이 듣고 매우 근심하여 두문불출했는데, 그때 아찬 여삼餘三이 찾아 와서 듣고 절하며 말하기를, 이것은 좋은 꿈이니 공이 만일 큰 자리에 올라서 나를 버리지 않는다면 해몽하겠다고 했다. 이에 좌우 사람들을 물리치고 해몽을 청하니, 두건을 벗은 것은 위에 앉을 사람이 없음이요, 흰 갓을 쓴 것은 면류관을 쓸 징조요, 12현금을 든 것은 12대 자손이 왕위를 이을 징조이며, 천관사 우물에 들어간 것은 궁궐로 들어갈 상서라고 풀이했다. 김경신이 "위에 주원이 있으니, 내가 어찌 왕위에 오를 수 있으랴" 하니, 여삼이 말하기를 "비밀리에 북천北川의 신에게 제사지내면 될 것이라" 하므로 그대로 따랐다. 뒤에 해몽과 같이 김경신이 왕위에 오르니 신라 제38대 원성왕이었다.

가난 속에 피어난 효심의 연꽃 **효녀 지은**

《삼국사기》에는 〈열전列傳〉이라는 편목이 있다. 고구려·백제·신라 등 고대사회를 살았던 여러 인물들의 전기傳記를 기록한 것으로, 무미건조한 역사 기록 속에서 인간의 풋풋한 살 내음이 풍겨 나오는 유일한 부분이다. 일천 년에 걸친 삼국·남북국시대를 살고 간 그 수많은 사람 중에서 고르고 골라서 뽑힌 인물들인 만큼, 대부분 한 시대를 풍미했던 명신이나 명장, 대학자 등 영웅호걸들로 채워져 있다. 그런데 그 가운데에서 지극히 가난하고 천하기까지 했던 한 신라 여인의 이야기가 전하고 있어 이채를 띤다.

그 여인의 이름은 지은知恩으로, 지극한 효성으로 신라는 물론 당나라 황실에까지 그 이름이 알려졌다. 《삼국유사》에도 〈가난한 여인이 어미를 봉양하다貧女奉母〉라고 하여 같은 이야기가 전해질만큼, 한국 고대사회에서 효심의 표상이 되어왔다. 지은의 이야기는 한편으로는 충효의 강조를 통해 구미에 맞는 통치질서를 수립하려 했던 지배계급의 이념이 투영되어 있고, 또한 극심했던 신라 말기의 사회모순이 그대로 반영되어 있는 작은 에피소드이기도 하다.

하지만 여러 형제들이 자기 부모를 서로 모시지 않으려고 골육상잔을 마다 않고, 늙고 병든 어미를 낯선 곳에 차로 실어다 버리는 기막힌 일이 조금도 생소하지 않은 오늘날의 우리 모두에게, 삶의 방식을 되돌아보게 하는 작은 교훈이 되기도 할 것이다.

가난한 삶, 그리고 효심

9세기 후반, 천년왕국 신라의 수도로 번성을 누려왔던 금성, 곧 경주는 바야흐로 사치와 환락의 도시로 변모해가고 있었다. 18만 명 이상의 인구가 집중되어 있었고, 도시계획이 이루어져 크고 작은 도로가 동서남북으로 곧게 뻗어 있었으며, 도성 곳곳에는 30여 개에 달하는 진골 귀족의 대저택인 금입택金入宅이 그 위용을 뽐내면서 호사를 자랑하고 있었다. 집과 담장이 잇닿아 있고, 기와로 지붕을 덮고 초가가 하나도 없었으며, 길에는 풍악과 노래 소리가 끊이지 않았다거나, 집이 그을릴까 염려하여 숯으로 밥을 지어 먹었다는 일화가 남아 있는 것도 바로 이 시기였다.

지은은 이렇게 호화로운 도시 경주의 6개 행정구역 가운데 하나인 한기부에서 태어났다. 《삼국유사》에서는 그가 살았던 곳을 분황사 동리東里라고 했으니, 아마 분황사 동쪽의 어느 마을이었을 것이다. 비록 경주에서 태어났지만, 지은의 삶이 귀족들과 같을 수는 없었다. 그의 아버지 연권連權이 한기부의 백성 신분이었기 때문이다. 백성이란 골품제라는 엄격한 신분제도에 따라, 권리는 전혀 없고 각종 무거운 의무만 짊어지고 있었던 피지배 신분층이었다. 따라서 지은은 태어나면서부터 가난할 수밖에 없었고, 국가와 지배귀족에 의한 수많은 수탈에 시달리지 않으면 안 되었다. 게다가 어려서 아버지가 죽고, 홀어머니마저 눈이 멀게 되니 지은에게 가난은 피할 수 없는 숙명과 같은 것이었다.

눈 먼 홀어머니를 모시고 요즘 말로 소녀 가장이 된 지은이 호구지책으로 삼을 수 있는 방도란 품팔이와 걸식 외에는 없었다. 혼기를 훌쩍 넘긴 32세까지 그러한 삶이 이어졌지만, 생활은 조금도 나아지질 않았다. 더구나 천재지변과 흉년이 이어지면서 그 생활도 더 이상 계속되기 어려웠다. 이에 지은이 마지막으로 선택한 길은 부잣집에 자신의 몸을 팔아 노비가 되는 것이었다. 지은은 노비가 되는 대가로 쌀 열 섬을 받아 그 쌀로 밥을 지어 어머니를 봉양하게 되었다. 눈 먼 어미는 직감적으로 그러한 사정을 깨달았다. 그 어미가 "전에는 밥이 거칠어도 맛이 좋더니 지금은 밥은 좋지만 맛이 전과 같지 않고, 속을 칼로 에는 것 같으니 웬일이냐?"라고 했다는 것이다. 지은은 자초지종을 말하게 되었고, 모녀의 통곡과 슬픈 사연은 길가는 사람들을 감동시켰다고 한다.

두 모녀의 사정은 당시 화랑이자 진골 귀족의 자제였던 효종랑孝宗郎과 그의 낭도들을 통해 조정에 알려졌으며, 곧 두 모녀에 대한 지원이 잇달았다. 효종랑은 곡식 백 섬과 옷가지를 내놓았고, 천여 명의 낭도들은 각각 곡식을 내놓았으며, 국왕인 진성여왕은 벼 오백 섬과 집 한 채를 하사하고 모든 부역을 면제해주는 한편, 그의 효행을 기려 마을 이름을 효양방孝養坊으로 부르게 했다. 그리하여 유족한 삶을 살게 된 지은은 훗날 자신의 집을 희사하여 양존사兩尊寺라는 절로 삼았다는 이야기가 덧붙여 전한다.

9세기 후반의 사회상

결국 해피엔딩으로 끝나는 지은의 이야기는 가난 속에서도 효심을 잃지 않으면 언젠가는 훌륭한 보상을 받게 된다는 인간의 삶에 대한 불변의 교훈을 전해준다. 그에 더하여 여기에는 9세기 후반의 신라 사회상을 엿볼 수 있는 약간의 역사적 사실이 투영되어 있어 흥미를 끈다.

하나는 불안정했던 고대 피지배 민중의 삶이 반영되어 있다는 점이다. 천재지변과 흉년이 겹치면 민중들은 자신을 노비로 팔아야 할 정도로 사회·경제적 처지가 열악했다. 이는 비단 결손가정이라 할 수 있는 지은만의 경우가 아니었다. 경주 모량리에 살던 손순孫順이라는 사람이 노모를 봉양하기 위해 어린 자식을 산 속에 묻으려 했다는 이야기에서, 정상 가정을 가진 민중의 삶도 지은과 크게 다르지 않았다고 생각된다.

다른 하나는 화랑도의 역할에 대한 새로운 면모를 알려준다는 점이다. 삼국통일전쟁 과정에서 전사단戰士團으로서, 또 일종의 교육기관이자 신분 간의 갈등을 완화하던 사회적 완충제로서의 역할을 수행한 것으로 알려진 화랑도는 그 외에도 민심의 동향을 파악하고, 이를 조정에 알리는 일종의 민심 수람收攬의 기능도 가지고 있었다. 효종랑의 경우는 물론이거니와, 젊은 나이에 화랑으로 궁중연회에

초청되어 사방을 견문한 이야기를 국왕에게 아뢴 응렴의 일화도 그
러하다. 이것이 계기가 되어 응렴膺廉은 제48대 경문왕으로 즉위하
게 된다.

이 문 기

주작대로를 중심으로 반듯한 방리 구분에 의해 성립된 신라 왕경에 대한 복원도. 신라 역사과학관 복원(위)
35 금입택의 하나였던 김유신의 집 재매정 댁. 집 앞에는 백제 원정에 나선 김유신이 우물물을 마시고 떠났다는 재매정이 있다.(아래)

금입택

　《삼국유사》〈기이〉, '진한' 조에는 신라 전성기에 경주에 있었던 35개의 대저택을 소개하면서, 이를 금입택金入宅으로 불렀다고 기록하고 있다. 금입택은 아마 '금들이댁', 곧 금이 들어간 집이란 의미인 듯한데, 저자 일연은 주에서 "부유한 큰 집"이었다고 설명한다. 현재 35개의 금입택은 그 이름만 전해지는데, 대체로 왕실의 별궁이나 이궁, 아니면 진골 귀족의 대저택이었을 것으로 추정되고 있다. 이들은 현재 남산 기슭을 비롯한 경주 분지의 풍광 좋은 요소요소에 자리를 잡고 진골 귀족의 위세를 한껏 뽐내고 있었을 것이다.

　그 가운데는 김유신의 종가였던 재매정댁財買井宅, 시중을 지낸 김양종의 종가인 김양종댁金亮宗宅, 황룡사 대종을 주조할 정도로 경제력을 자랑했던 이상댁里上宅, 경명왕비를 배출한 장사댁長沙宅 등등 진골 최고 귀족 가문의 이름이 포함되어 있다. 이 35 금입택에 살았던 진골 귀족의 호사와 사치는 피지배 계층에 대한 가혹한 수탈에 의한 것이었으며, 금입택이 상징하는 신분 간의 극심한 경제력의 차이는 결국 9세기 말에 이르러 전국적인 농민반란을 불러왔고, 신라가 멸망하는 중요한 하나의 요인이 되었다.

청운의 꿈 못다 이룬 불우한 지식인 **최치원**

"중국에 건너가 배운 것은 저쪽(낭혜화상 무염)이나 이쪽(최치원)이나 다름이 없건만, 스승이 되어 추앙받는 이는 누구며, 일꾼 노릇하는 사람은 누구입니까. 어찌 심학자心學者는 고귀하고 구학자口學者는 고달프단 말입니까. 그래서 옛날 군자께서는 배우는 바를 삼가셨나보옵니다."〈낭혜화상탑비〉

쓸모없는 유자儒者

최치원崔致遠(857~?)은 신라말의 유자이자 문인이자 관료였다. 그가 지은 〈낭혜화상탑비문朗慧和尙塔碑文〉은 5천여 자에 달하는 국내 최장의 비문이다. 이 비는 충남 보령 성주사 터에 세워져 있는데, 해마다 봄, 가을이면 전국의 역사학과 학생들이 즐겨 찾는 답사코스로 유명하다. 그렇지만 최치원은 이 비문의 서두에서 자신의 불우한 처지를 이처럼 한탄하고 있다. 스물여덟에 중국 당나라 황제의 특사 자격으로 귀국한 직후만 하더라도, 그는 고승들의 비문을 짓게 된 것을 문인의 영예로 여겼다. 그러나 비문

을 찬술하라는 왕명이 계속되자 불교 승려의 비문을 짓는 일에 회
의를 느끼기 시작했다. 그가 봉암사의 〈지증대사비문智證大師碑文〉
을 지을 때는 8년 동안이나 시달린 원고 독촉에 "뼈를 깎는 것보다
더 고통스럽다"고 불평했을 정도였다.

　최치원이 살았던 9세기 말은 신라와 당을 불문하고 왕실이 앞장
서서 부처의 진신사리를 숭배하는 등 불교신앙이 과열된 시대였다.
이러한 시대에서도 그는 유자를 자임했다. 그렇지만 그는 《오경정
의五經正義》로 표준화된 관학官學으로서의 유학을 학습하는 데 머물
렀다. 고문古文 운동가들이 주창한 유학 혁신운동에는 별다른 관심
을 기울이지 않았던 것이다. 그런 점에서 그는 선현들의 해석을 암
기하고 시문이나 읊조리는 이른바 '장구지유章句之儒'였다.

　그는 한창 활동할 시기에 조국 신라가 후삼국으로 분열되고 유학
생활을 경험했던 당나라가 멸망하는 등 그야말로 혼돈스런 세상을
산 불우한 지식인이었다. 스스로를 '쓸모없는 유자腐儒'라고 했듯
이, 무너지는 천년왕조를 위하여 그가 할 수 있는 일은 더 이상 없었
다. 그 때문에 그는 자기의 뜻을 마음껏 펼치지 못하는 시대의 불우
를 한탄하곤 했다. 그런 그의 삶에 가장 잘 어울리는 아호가 '고운孤
雲', 곧 '외로운 한 점 구름'이다.

문장으로 중국을 감동시키다

국립교육기관인 국학國學과 관
료선발제도인 독서삼품과讀書三品科가 설치되면서, 통일신라시기

관리 선발의 기준이 활솜씨에서 글솜씨로 바뀌었다. 여기에 당나라가 9세기 전반 외국인을 대상으로 하는 빈공과賓貢科를 시행함으로써 문운文運이 한껏 고조되었다. 이러한 시대에 최치원은 문장으로 입신양명하겠다는 꿈을 안고 868년 12세의 어린 나이에 당나라로 조기 유학을 떠났다. 그때 아들을 떠나보낸 아버지 견일은 포구에서, "십 년 안에 진사과에 합격하지 못하면 내 아들이라 말하지 말라"고 엄명을 내렸다.

아버지의 엄명을 잊지 않고 남들보다 열 배를 넘는 각고의 노력 끝에 그는 마침내 유학 6년 만인 874년, 빈공과에 당당히 합격하는 영광을 안았다. 그것도 경쟁 상대였던 발해 출신을 제치고 수석 합격의 영예를 고국에 안겨주었던 것이다. 그의 나이 약관 18세 때의 일이었다. 그리고 '황소黃巢의 난' 때 절도사 고병高駢 휘하에서 〈격황소서檄黃巢書〉라는 격문을 지어 그 이름을 천하에 떨친 것도 그와 관련한 유명한 일화 가운데 하나이다.

최치원은 "문장으로 중국을 감동시켰다"는 칭송을 받을 정도로, 문장미의 극치라 할 사륙변려문四六騈麗文과 금체시今體詩에서 뛰어난 재능을 발휘했다. 당시의 문장은 중국의 말과 글, 역사 및 철학에 대한 폭넓은 지식을 요구하는 것이었다. 이 때문에 그는 자연스럽게 중국의 선진문화를 신라에 소개하는 역할을 수행하게 되었다. 그의 시문집 《고운집孤雲集》과 《계원필경桂苑筆耕》은 역대 문인들의 문장 교범이 되었다. 그 중에서도 조선후기에 편집되어 지식인 사회에서 널리 읽힌 《사산비명四山碑銘》은 지금까지 신라 말기의 역사상을 이해하는 최고의 사료로서 높은 가치를 지니고 있다.

자연과 종교의 품으로

최치원은 빈공과 합격 이후 중국의 선주宣州 율수현溧水縣 현위縣尉라는 지방의 말단 관직으로 관료 생활을 시작했다. 이후 그는 한때는 왕으로까지 불린 절도사 고병이 임명한 막직幕職을 거쳤다. 그리고 귀국 후 몇 차례 지방관을 역임하는가 하면, 귀국 10년 만인 894년, 38세의 젊은 나이로 17관등 중 여섯 번째인 아찬까지 승진했다. 그렇지만 골품제의 낡은 틀을 고집하던 신라사회에서 국제 감각을 두루 갖춘 당대 최고 지식인이 설 자리는 많지 않았다. 그 때문에 그는 진성여왕 8년(894) 〈시무 10조〉를 올려 과감한 개혁의 필요성을 피력했다. 그러나 그의 노력은 무위로 끝났고, 당으로의 복귀 또한 무산되고 말았다.

세속적인 출세의 길에서 진퇴양난에 처한 최치원은 결국 난세의 불우를 한탄하면서 자연과 종교의 품으로 귀의하고 말았다. 그것은 세상과 일정한 거리를 둔 은자의 삶을 갈구해서가 아니었다. 지금껏 순응하면서 살아온 기존의 질서, 즉 당 중심의 국제질서와 그 우산 아래 있던 신라의 붕괴를 목격하면서 스스로 역사의 무대에서 퇴장했다고 보는 편이 옳을 것이다. 그런 점에서 그는 같은 중국 유학생이면서 골품제의 모순을 앞장 서 개혁하려 한 최승우崔承祐와는 다른 길을 걸었던 것이다.

새로운 지식인의 등장

지식인 최치원이 보여주는 유자, 문인, 그리고 관료의 세 얼굴은 떼려야 뗄 수 없는 관계에 있다. 그것은 전통시대의 세속적 지식인, 곧 '선비土'의 얼굴이기도 하다. '선비'는 종교적 지식인인 불교의 승려보다 약간 늦게 한국 사회에 등장하여, 이후 조선조 말까지 한국 지식인 사회의 양대 산맥으로서 그 소임을 다하게 된다. 그들은 비록 국가권력과 종교권력으로부터 자유롭지는 못했지만, 인간의 보편적인 진리[道]를 추구한 사람들이었다. 최치원의 등장은 이들 새로운 유형의 지식인들이 역사의 전면으로 부각되기 시작했음을 의미한다.

그는 고려 전기부터 조선 후기에 이르기까지 천여 년 동안 지배층으로부터 우리나라의 문종文宗이자 유종儒宗으로 추앙받았다. 그리고 고려 현종 대 문창후文昌侯로 추증되어 공자를 모시는 문묘에 배향된 신라 최초의 인물이 되었다. 우리나라가 중국 중심의 세계질서에 편입되어 중국으로부터 선진적인 문물제도를 받아들이던 시대에, 대다수 사대부들은 최초의 전범이자 상징적 인물로 최치원을 지목했던 것이다.

남 동 신

경주시 인왕동 남산 끝자락 언덕배기에 있는 상서장. 최치원이 신라 왕에게 글을 올린 곳으로 전한다.(위)
문경 봉암사 지증대사비. '사산비명' 가운데 하나인 이 비문은 최치원이 8년간 독촉을 받은 끝에 탈고한 것이다.(아래 왼쪽)
최치원 영정(아래 오른쪽)

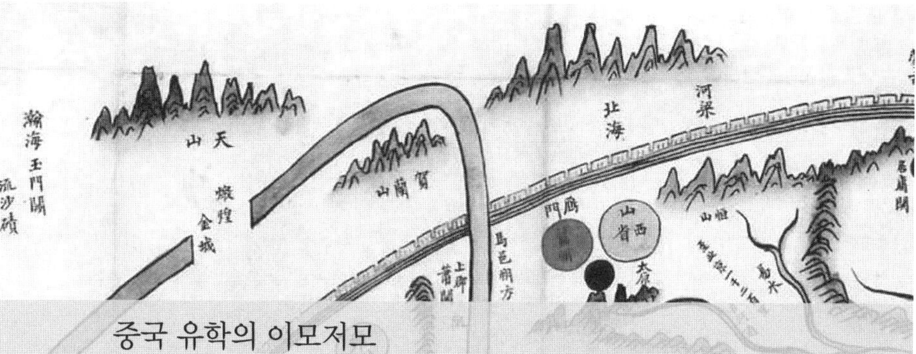

중국 유학의 이모저모

우리나라 최초의 유학생은 삼국시대인 6세기 중반부터 중국으로 건너간 승려들이었다. 일반 유학생들은 이보다 100년가량 늦은 7세기 중반부터 등장한다. 신라는 640년부터 공식적으로 일반 유학생을 중국에 파견하기 시작했다. 국비 유학생인 경우, 도서 구입비는 신라 정부가 부담한 반면, 체류 비용은 중국 정부가 지원했다.

유학 기한은 9년이었다. 기한 내에 과거에 합격할 경우 최치원처럼 미관말직이나마 벼슬길에 나아가고 중국에 계속해서 체류할 수 있었다. 또 중국 여자와 결혼하는 경우도 있었는데 이 경우 중국인 아내를 데리고 귀국하는 것이 금지되었다. 기한을 넘겼을 경우에는 귀국 조치 당하기도 했다. 9세기 중반에 작성된 보고서에 따르면 당시 기한이 찬 신라의 일반 유학생은 105명이었다. 성주산문을 개창한 무염無染(800~888)도 이때 강제 추방당한 경우이다.

승려들은 전국의 고승들을 찾아다니며 배웠으며 당 후반기에는 선종이 유행하는 강남 지역으로 몰렸다. 반면 과거 응시를 목표로 하는 일반 유학생들은 대부분 장안과 낙양으로 유학했다. 중국에 체류하는 외국 유학생들 가운데 신라 출신이 절대 다수를 차지했다.

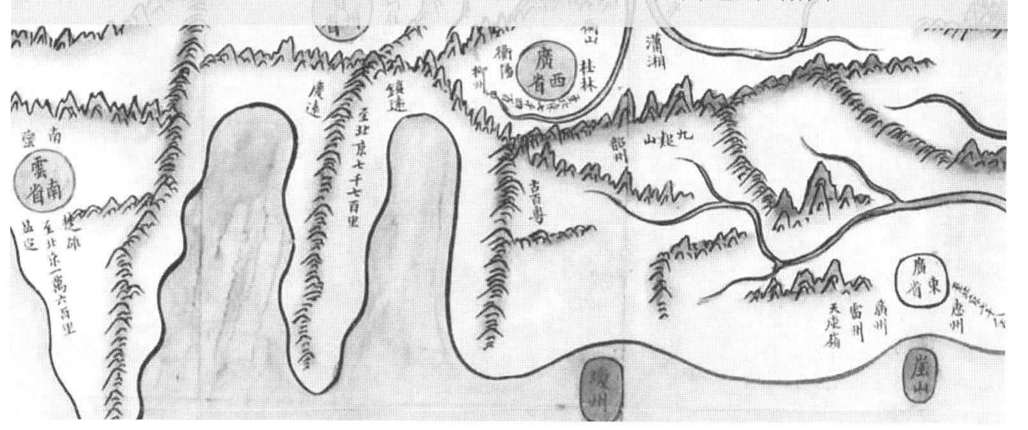

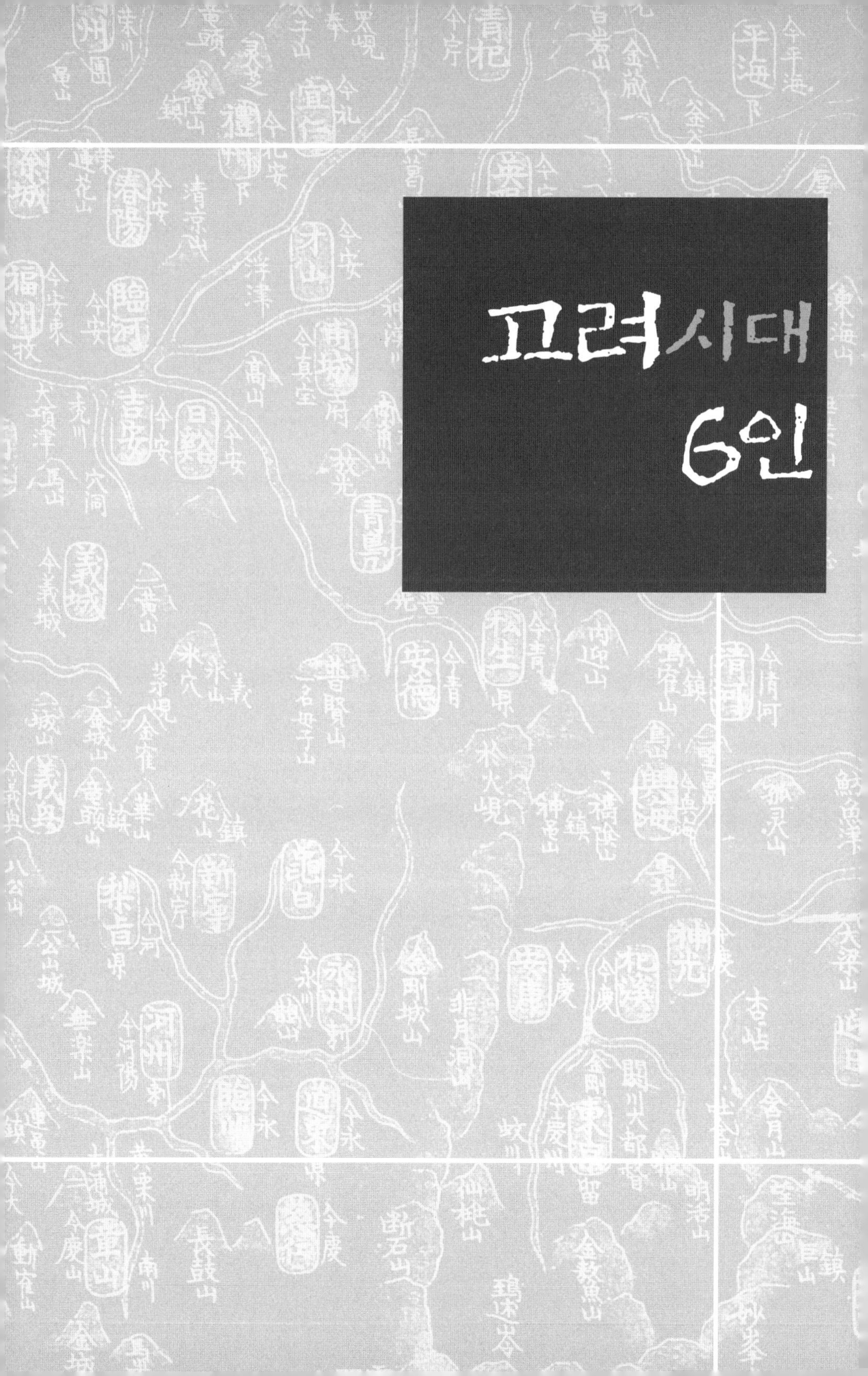

고려시대
6인

견훤이냐 왕건이냐, 노장의 고뇌 **이총언**

후삼국시대는 호족豪族이라 지칭되는 지방의 유력자들이 역사의 전면에 등장한 시기였다. 이들은 신라에서 고려로 옮겨가는 시대적 전환기에 새로운 선택을 강요받았으며, 그 선택은 그 지역의 존망과 직결된 것이었다. 고려와 후백제 어느 쪽을 선택하여 지지해야 하는가라는, 생존을 위한 선택의 단면을 벽진장군 이총언李恩言의 삶을 통해 확인해볼 수 있다.

벽진군에 부는 바람

후삼국의 쟁패기, 전국은 전쟁의 소용돌이에 휘말리게 되었다. 후삼국 가운데 가장 세력이 약했던 신라의 근거지 경상도 지역은 항상 그 소용돌이의 중심에 있었다. 후삼국의 운명을 결정지었던 대구의 공산 전투(927년)와 안동의 고창 전투(930년), 그리고 선산의 일리천 전투(936년)가 그러한 전투들이었다. 특히 합천—대구—의성으로 이어지는 후백제의 활동로에 가까이 위치한 성주 벽진 지역은 전운의 틈바구니에서 끊임없는 선택을 강요받았다. 신라는 행정력이 경주 인근 지역으로 제한될 정도로 국세가

극도로 쇠약해져 있었기 때문에 더 이상 벽진의 보호막이 될 수 없
었다. 그 때문에 벽진도 상주, 진주, 강릉 등지와 마찬가지로 923년
(태조 왕건 6년, 신라 경명왕 7년) 고려로 귀부할 수밖에 없었다. 이때의
벽진장군은 《삼국사기》와 《고려사》 모두 양문良文이라 적고 있다.

고려에 귀부한 벽진이 역사의 전면에 등장하는 시점은 927년의
공산 전투 직후였다. 후백제군은 신라 수도 경주를 함락하고 공산
전투에서 승리한 여세를 몰아 벽진군을 공격했고, 이 지역을 방어
하던 도두都頭 색상素湘이 죽임을 당한 것이다. 후백제의 침공은 공
산 전투에서 패배한 왕건이 이 지역으로 도망하여 목숨을 부지한
것에 대한 처절한 보복이었다. 공산 전투 이후 벽진을 비롯한 경상
도 대부분 지역의 주도권은 후백제로 옮아갔다. 이제 벽진은 새로
운 활로를 모색해야 할 상황에 처하게 되었다. 칠순의 노구를 이끌
고 역사의 전면에 나선 이총언(858~938)이 그 대안이었다.

노장의 선택

이총언의 세계世系는 《고려사》 열전에 "전하지 않는
다"고 기록되어 있고, 벽진 이씨의 족보에도 그의 선대가 나타나 있
지 않는 것으로 미루어, 그가 벽진에 세거하게 된 연원을 확인할 길
은 없다. 그러나 그는 지역에서 중망을 받는 호족으로서 후삼국의
변란기에 이 지역의 안보를 책임져야 하는 인물이었으며, 70대의
노년이었음에도 불구하고 고려를 도운 공으로 《고려사》 〈왕순식王
順式〉 열전에 부기附記되는 영예까지 누렸다. 《고려사》 열전에는 그

가 태조 21년(938) 81세의 나이로 사망한 것으로 기록되어 있다. 따라서 그의 출생 연도는 헌안왕 2년(858)인 셈이다. 그는 후백제를 건국한 견훤보다는 9세, 고려를 건국한 왕건보다는 19세 연장이었다. 그가 청년기를 보낸 신라 하대는 극심한 혼란기였다. 그는 40대의 장년기에는 후삼국의 등장을, 환갑을 맞은 노년기에는 고려의 건국을, 팔순을 바라보는 말년에는 후삼국의 통일을 경험하며 격동의 세월을 온몸으로 겪었다.

그 팔순의 인생 여정에서 말년의 10년은 고뇌에 찬 삶 자체였다. 벽진의 원로로서 지역민의 안돈에 전력했던 이총언은 칠순의 노년에도 불구하고 분연히 자리를 털고 일어섰다. 이것은 당시 벽진이 처한 시대적 상황과 무관하지 않았다. 벽진은 후삼국의 주도권을 장악하기 위해 고려나 후백제 모두가 반드시 확보해야만 하는 전략적 요충지였다. 벽진은 923년 고려에 귀부한 이후 한동안 고려에 우호적인 입장을 보였다. 그렇지만 927년 경주가 후백제에 의해 함락되고 또 공산 전투에서 왕건의 구원병이 패퇴한 이후 심각한 고민에 빠져 들었다. 공산 전투 이후 왕건은 한동안 경상도로 재진출할 용기를 갖지 못했고, 곧 이은 후백제의 공격으로 벽진은 계속해서 고려에 대한 지지 입장을 견지할 수 없었기 때문이다.

이총언의 후손으로 조선 중기의 학자 이흘李屹(1557~1627)이 쓴 〈가기家記〉에는 "왕태조王太祖가 삼한을 통합할 때 이총언이 벽진 태수가 되어 단독으로 강력하게 항복하지 않으니 동남성세東南聲勢가 서로 의지하여 평안했다. 태조가 전부 무찌르고자 했으나 총언과 더불어 면식이 있어서 차마 군대를 파병하지 못했고, 총언도 천명과 인심이 이미 왕씨에게 돌아간 줄 알고 아들 영永을 보내 태조를 돕게 했다"고 기록되어 있다. 이 기사에 따르면 이총언이 호족으로 있던 초기에는 벽진이 고려와 대립했을 것으로 생각된다. 이러한 대립관계는 어쩔 수 없이 강요받아야만 했던 당시의 시대적 상황에서 비롯된 것이었다. 주변 상황은 이처럼 새로운 선택을 강요하고 있었으며 노장의 고뇌는 계속되었다. 그리고 그 선택은 왕건의 고려였으며, 옳은 선택이었다.

새로운 시대로의 동참

이총언은 후삼국의 쟁투 상황에서 피폐해진 벽진을 재건하고 백성을 안돈시키면서 결국 고려를 돕는 길을 선택했다. 이때 이미 그는 칠순의 노년이었기에 늦은 나이에 얻어 이제 겨우 18세에 이른 둘째 아들 이영李永을 보내어 왕건을 도왔다. 고려의 입장에서는 벽진의 지리적 중요성과 관련, 천군만마의 원군을 얻은 셈이었다. 그 때문에 태조 왕건은 이총언을 본읍의 장군으로 임명하는가 하면, 이웃 읍의 정호丁戶 229호를 주었다. 또 충주, 원주, 광주, 죽주 등지의 창곡 2천2백 석과 소금 1천7백85 석을 주고 친필로 편지를 써서 후손 대대에 이르도록 이 마음 변치 않으리라는 금석金石같은 믿음을 표시했다. 그리고 대광大匡 사도귀思道貴의 딸로서 아들 이영의 처를 삼게 했다. 이러한 환대는 다른 지역 호족들이 받은 반대급부와 비교할 때 극히 이례적이었다. 그리고 왕건의 감사 표시가 당대에만 그치지 않고 자손에 이르도록 친서로 명시했다는 점에서, 이총언의 선택에 대한 당시 왕건의 심정이 어떠했는가를 잘 알 수 있다.

　이총언의 고려 선택은 단순한 지지표명에 그친 것만은 아닐 것이다. 그는 실제 왕건에게 군사적 도움을 크게 주었을 것이지만, 사료가 부족한 탓에 구체적 활약상은 추론에 그칠 수밖에 없다. 그 추론에 근거한 이총언과 벽진 향군鄕軍의 활약상을 재구성하면 다음과 같다. 고려는 공산 전투 패배 이후 930년 안동의 고창 전투에서 승리하기까지 3년 동안 경상도 진출이 여의치 않았다. 이 때문에 이총언은 후백제의 벽진 진출을 견제하면서 지역의 보존과 민심의 안돈에 주력하고 있었다. 그리고 마침내 고창 전투의 승리를 계기로 고려가 후삼국의 주도권을 장악하게 되면서부터, 그는 고려를 적극 도와 후삼국 통일에 크게 기여했다.

　932년 충북 문의의 일모산성 공격이나, 933년 후백제의 혜산성, 아불진 공격에 따른 사탄과 자도에서의 전투, 그리고 934년의 운주 대첩 등에는 벽진의 향군들이 대거 참여했을 것이다. 특히 후백제와 고려 양 진영의 마지막 싸움인 선산 일리천—利川 전투에서는 강릉의 왕순식을 비롯하여 고려에 귀부한 많은 지역의 호족들이 전투에 참여했는데, 지리적으로 선산에 가까운 벽진의 호족들 또한 전투에 참여하여 전공을 세웠다. 이총언은 결국 벽진의 운명을 왕건에게 맡긴 결과 고려에 의한 후삼국의 통일이라는 위업을 몸소 맛보았으며, 그로부터 2년 후 향년 81세로 생을 마감했다.

류영철

경북 성주군 벽진면 수촌리 경수당 내에 있는
이총언 사당인 비현사(위)
경수당에 있는 이총언 유허비 및 비각(아래)

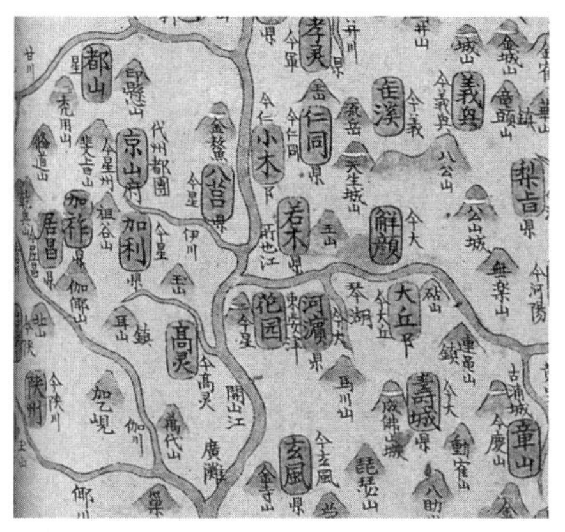

고려시대의 성주(경산). 오늘날의 성주군을 비롯하여 팔거·가리·약목·화원·도산 등지의 인근 군현들이 속현으로 있었다. 출전 《東輿備攷》(경북대출판부, 1998) (위) 후삼국 시기 고려─후백제 사이에 벌어진 경상도 지방의 주요 전투들 (아래)

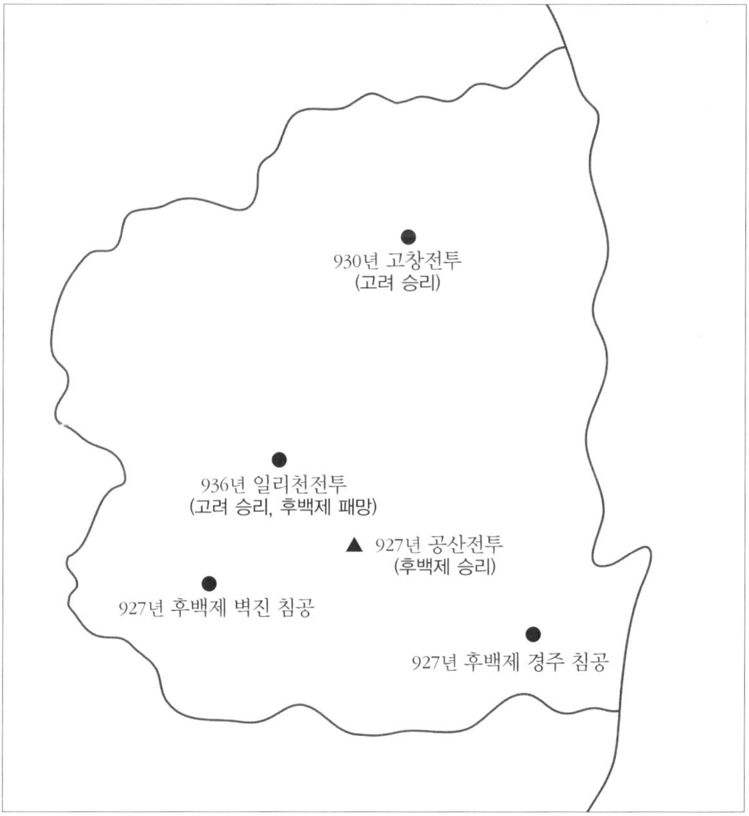

고려시대 대읍으로 성장한 성주

벽진과 이웃한 성산(지금의 성주 읍치)에는 역시 고려를 도운 이능일李能一과 배신裵申(혹은 裵申乂), 배최언裵崔彦(혹은 裵彦) 등의 호족들이 확인된다. 이능일의 경우 성산재星山齋, 이공신정李公神井과 같은 유허지가 현존하고 있으며, 후대 자료에 의하면, 925년 조물성 전투에 직접 6백 명의 병력을 동원하여 태조 왕건을 도왔다는 기록이 전한다.

《경상도지리지》에는 "성주는 예전에 벽진국이라 칭했는데 이는 언전諺傳이다. 신라 때 성산군은 본래 일리군(또는 이산군)이었지만 경덕왕 때 가리현으로 고쳤다. 고려 태조의 후삼국 통합 시 성산군, 적산현, 수동화현, 본피현, 경산군, 유산현을 합하여 경산부로 하였다"고 되어 있다. 이처럼 성주 지역이 고려 초 경산부京山府로 승격되고, 대구를 비롯한 15개의 속읍을 거느리는 대읍으로 성장할 수 있었던 것은, 이능일과 이총언과 같은 성산, 벽진 지역의 호족들이 고려를 위해 적극적으로 활동했기에 가능한 일이었다.

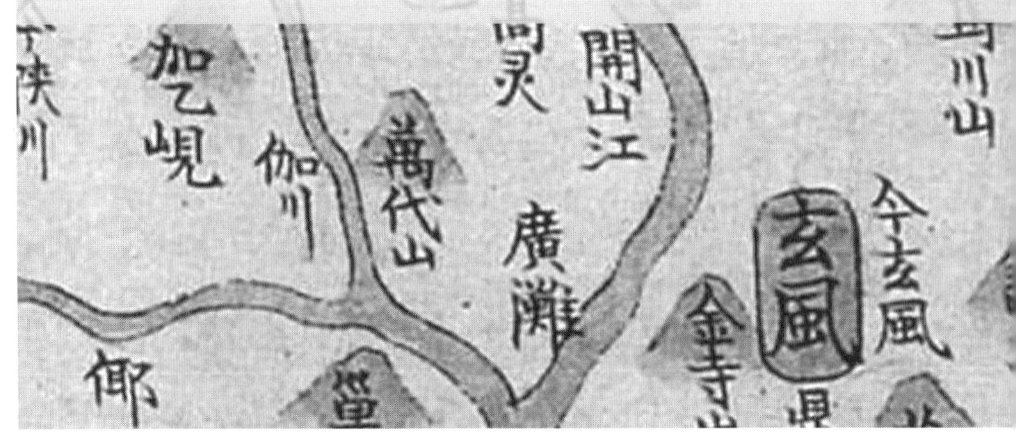

거울이 될 만하고 경계할 만한 것을 바치며 **최승로**

새 군주에게 올린 국가 개혁 프로그램

981년, 21세의 젊은 군주 성종이 고려 제6대 국왕으로 즉위했다. 왕건이 고려 국왕으로 즉위한 지 60여 년 만에, 그리고 후삼국 통일의 위업을 달성한 지 44년 만의 일이었다. 60여 년이라는 길지 않은 기간 동안 태조를 거쳐 혜종, 정종, 광종, 그리고 경종에 이르는 다섯 명의 국왕이 스쳐갔다. 태조가 죽은 후 왕위계승과 관련한 왕규 반란사건, 서경西京 천도 기도, 광종의 과단성 있는 개혁정치와 경종의 반동정치 등, 무수한 정변과 사건들이 있었다. 신생 왕조가 진정으로 지속할 수 있을 것인가, 나라가 안정을 되찾을 수 있을 것인가라는 의문들이 고개를 들고 있던 시점이었다. 성종은 즉위 이듬해인 982년 5품 이상의 중견 관료들에게 국정을 쇄신하기 위한 개혁안을 제출할 것을 요구했다. 노년기에 막 접어든 55세 나이의 선관어사 최승로崔承老(927~989)도 성종의 뜻을 받들어 두 통의 상소를 따로 작성해서 올렸다.

"광종 대에 노비를 안검按檢하여 시비를 분별하게 하니, 공신들이 원망하지 않는 자가 없었습니다. (……) 이에 노비들이 뜻을 얻어 존귀한 이를 능멸하고 허위를 다투어 꾸며 주인을 모함하는 자들이 이루 말할 수 없이 많았습니다. 광종은 스스로 화근을 만들어놓고는 능히 막지 못했으며, 말년에 이르러서는 억울하게 죽인 사람이 너무 많아 덕을 크게 잃었습니다."(〈시무28조〉)

위 상서는 광종의 최대 개혁이라 할 수 있는 '노비안검법'과 왕권강화책에 대한 비판으로 가득 차 있다. 그도 그럴 것이 광종 대에는 왕권강화라는 미명 아래 후삼국 통일전쟁에서 전공을 세운 공신들 대부분이 숙청되거나 죽임을 당했다. 3천여 명에 달했다던 개국공신 가운데 불과 40여명만이 경종 즉위 당시까지 목숨을 부지했을 뿐이다. 고려 건국 이후 5대 국왕의 평가서라 할 수 있는 〈오조정적평五朝政績評〉은 정쟁의 소용돌이에서 가까스로 살아남은 한 연로 대신이 새 국왕 성종에게 지나온 역사를 담담하게 기술한 일종의 증언록이었던 셈이다. 성종은 28조에 달하는 최승로의 시무책時務策 대부분을 수용하여, 새로운 정치를 펼쳐나갔다. 고려 왕조의 특징이라 흔히 일컫는 귀족정치시대가 바야흐로 문을 열게 되는 순간이었다.

새로운 문벌귀족 가문으로 성장하다

최승로는 경애왕 4년(927년) 신라의 고도 경주에서 태어났다. 그가 태어난 지 3개월도 채

되지 않아 후백제의 견훤이 경주를 유린하고 포석정에서 경애왕을 죽이는 사태가 벌어졌다. 보름에 걸친 후백제군의 경주 점령 기간 동안 신라 왕족과 귀족들은 생명과 재산을 온전하게 부지하기 어려웠다. 피난을 떠나게 된 아버지 최은함崔殷含은 늘그막에 중생사 부처에게 간절히 기도하여 얻은 피붙이 승로를 고민 끝에 중생사 부처 밑에 두고 떠났다. "진실로 부처님께서 주신 아이일진대, 부처님의 힘으로 보호해 달라"는 간절한 염원을 남기면서 말이다. 견훤군이 물러가고 다시 찾은 중생사에는 새로이 목욕한 듯 깨끗하고 입가에 젖 내음 맴도는 통통하게 살찐 갓난아이가 방긋 웃고 있지 않은가!

그로부터 8년이 지난 935년, 신라 경순왕은 마침내 천 년 사직을 고려 왕건에게 들어 바쳤다. 경순왕 김부金傅가 항복하기 위해 송악으로 떠나던 날 신라의 왕족과 귀족들도 뒤를 따랐다. 행렬이 수십 리에 걸쳐 뻗쳐 있었다 하니 신라의 지배층 대다수가 항복의 대열에 동참했던 듯하다. 그 대열에 정보라는 하급 관직을 역임한 최은함과 그의 9세 된 아들 승로도 끼여 있었다. 최승로는 천성적으로 총명하여 어려서부터 학문을 좋아했으며, 문장에도 능했다고 한다. 개경 생활 3년 만에 신동에 대한 소문이 신왕조의 수도 전역으로 퍼져나가 태조에게도 전해졌다. 태조는 12세의 신동 최승로를 대궐로 불러들여 《논어》를 시험하고는, 곧장 원봉성의 학사 직을 맡겼다. 이때부터 문한직을 맡은 최승로는 성종 대에 이르러 최고위직인 문하수시중을 거치면서 현달하게 되었고, 최숙—최제안으로 이어지는 그의 가문은 고려를 대표하는 문벌가문의 하나로 우뚝 서게 되었다.

신라말에서 고려로 이어지는 시기는 우리 역사상 가장 격동이 심했던 시기 가운데 하나였다. 왕도 경주 위주의 폐쇄적이고 배타적인 골품제가 무너지고, 그동안 소외 받았던 지방의 호족들에 의해 고려 왕조가 개창되었기 때문이다. 한반도의 중심무대가 경주를 중심으로 하는 경상도로부터 개경을 수도로 하는 중부 지역으로 바뀌었다. 최승로 가문은 창과 칼을 들고 나와 고려의 건국과 후삼국의 통일에 기여한 호족계 무사집단이 아니었다. 그렇다고 선진 중국문화를 직접 배워온 도당渡唐 유학생도 아니었다. 그리고 무너져 내려앉는 신라의 모습을 미리 예견하고 가야산에 칩거한 최치원崔致遠이나 후백제에 귀부한 최승우崔承祐, 그리고 고려를 택한 최언위崔彦撝와 같은 삼최三崔, 곧 반골품적이고 반신라적인 입장을 보인 인물도 아니었다.

최승로 가문의 현달은 신라 마지막 임금 경순왕의 자진항복이 계기가 되었다. 6두품 관인들은 학문적 실력과 행정적 실무 능력으로 신라사회를 지탱해왔다. 권력지향적이었던 6두품 관인들은 진골 귀족의 틈바구니 속에서도 살아남는 끈질긴 생존력을 보였다. 이들은 견훤이 경주를 유린했던 보름여간의 체험, 930년 안동 고창 전투 이후 강릉으로부터 안동에 이르는 넓은 지역이 도미노 현상처럼 고려로 쏠리는 사태를 예의 주시했다. 그들은 그제야 한반도의 중심무대가 더 이상 경주가 아니라는 사실을 뼈저리게 느꼈다. 이러한 판단이 선 이상 더 이상 경주에 머물 이유가 없었다. 그리하여 경순왕의 항복을 계기로 모든 가족을 이끌고 개경으로 그들의 기반을

송두리째 옮겼고, 신생 고려 왕조에서 관인으로서의 새로운 삶을
모색하기 시작했다.

그렇지만 신생 왕조의 정치적 역정은 앞날을 내다볼 수 없을 정
도로 대혼란의 연속이었다. 고려의 건국과 후삼국 통일과정에서 공
을 세운 개국공신과 호족들은 많은 토지와 노비를 소유하고 기득권
을 유지한 채 왕권에 도전했다. 그 결과 그들은 치열한 왕권쟁탈전
과 피비린내 나는 숙청작업에 휘말려 중앙 정치무대에서 급속히 퇴
장하고 말았다. 6두품의 미관말직이었던 최은함은 경순왕의 항복
시기에도, 그리고 개경 이주 이후에도 이렇다할 정치적 역량과 행
정적 수완을 보여주지 못했다. 이 시기의 정치적 소용돌이로부터
거리를 유지하고, 그로부터 무사할 수 있었던 계기는 역설적으로
그의 이러한 미약한 입지 덕분이었다.

힘의 논리를 앞세우던 공신 세력들이 하나하나 제거되고 광종 대
의 개혁세력과 경종 대의 복구세력이 모두 축출된 새로운 정치 상황
에서, 과거제를 통해 정계로 진출하는 하급 행정 관료들의 공간이
차츰 넓어지고 있었다. 그들은 마침내 피비린내 나는 정쟁의 마지막
시기에 자신의 목소리를 가다듬으면서, 정치적 입지를 굳혀 가는 데
성공을 거두었다. 신라의 육두품 출신 최승로는 새 왕조에서 문병文
柄을 장악한 문한관을 거쳐, 오늘날의 장관직에 해당하는 선관어사
국무총리에 해당하는 문하시중에까지 오르면서 그들을 이끌어갔다.
빼어난 학문적 실력과 탁월한 행정적 수완을 보여준 최승로와 같은
문인 행정가들의 시대가 새로이 열리고 있었던 것이다.

최 정 환

중생사. 최은함이 이곳에서 백일기도를 드려 최승로를
낳았다고 한다. 근대에 이르러 현재의 모습으로 복원
되었다.(위)
고려의 수도 송악(개성) 부근 지도. 출전 《東輿備攷》
(경북대출판부, 1998) (아래 왼쪽)
천룡사. 최치원의 손자 최제안이 경주 남산에 있는 이
절을 원당으로 삼았다. 조선 후기에 폐사되었다.(아래
오른쪽)

고려 왕조의 국정 방향 지침서 〈시무 28조〉

어느 시대나 할 것 없이 정책을 담당하는 정권이 있기 마련이고, 그러한 정권마다 내세우는 국정 방향이 따로 있기 마련이다. 고려 시대의 국정 방향은 무엇이었을까? 그것은 '왕권과 신권의 제휴', '문벌귀족정치'로 대변될 수 있다. 고려사회가 나아갈 방향을 결정 지은 이러한 국정 방향은 최승로의 상서문에 고스란히 담겨 있다. 이 상서문은 현존하는 정치개혁론 가운데 가장 오래된 것이기도 하 다. 이 상서문은 왕건 이래 경종 대에 이르는 5대 국왕의 업적을 역 사적으로 평가한 〈5조치적평〉과 국정의 나아갈 바를 기술한 〈시무 28조〉로 되어 있다.

그는 경세제민의 정치학인 유학을 기초로 해서 국왕을 정점으로 하는 중앙집권적 귀족국가의 틀을 제시했다. 이를 위해서는 지방 호 족들을 제압할 필요가 있었고, 지방관의 파견이 무엇보다 시급한 과 제였다. 왕권강화는 그가 바랐던 바이지만, 자칫 폭력화될지도 모를 전제왕권은 가급적 억제하고자 했다. 그 때문에 국왕은 신하를 예로 써 대우하고, 신하는 국왕을 충으로 섬겨야 한다는 점을 강조했다.

이러한 최승로의 주장은 성종에 의해 대부분 채택되었다. 성종은 전국 12목牧에 지방관을 파견하여 중앙집권적 국가 체제를 강화하 는 한편, 삼한공신三韓功臣의 자손들을 포함한 공신과 귀족들의 특 혜와 특권을 인정해주었다. 결국 '왕권과 신권의 제휴'와 '문벌귀 족정치'라는 고려 왕조의 국정 운영 방향은 성종과 최승로의 합작 품이었던 셈이다.

무신정권의 이단자 이의민

왜 '금강야차' 인가

KBS에서 방영했던 사극《무인시대》에서는 왜 이의민李義旼(?~1196)을 식인귀食人鬼 '금강야차' 로 형상화 했을까? 《고려사》열전의 〈이의민〉조에 의하면 그의 아버지는 경주에서 상업에 종사했고, 어머니는 영일 옥령사의 계집종이었다고 한다. 그는 비록 천출賤出에 일자무식꾼이었지만 8척 키에 절륜한 힘을 갖고 있었다. 그 힘을 주체하지 못한 이의민은 두 형과 함께 경주를 주름잡는 '조폭' 으로 활동하다가 감옥에 들어가게 된다. 두 형이 옥사할 정도의 혹독한 옥살이에서 살아남은 그는 안렴사의 눈에 들어 발탁, 오늘날의 수도방위사령부에 해당하는 경군京軍에 특별히 배속되었다.

뛰어난 완력의 소유자인 그는 이후 승승장구하여 의종의 측근 친위대로 활동하던 중, 1170년 무신쿠데타 발발 당시 문신들을 가장 많이 죽인 인물로 주목받았다. 의종복위운동이 일어난 경주에 진압군을 이끌고 내려가, 의종의 등뼈를 꺾어 시해한 후 가마솥 두 개에 넣어 곤원사 북쪽 연못에 수장시켜버린 일화가 특히 유명하다. 아마 이러한 전력 때문에 사극 〈무인시대〉에서는 이의민을 도끼를 휘

두르며 무자비하게 살육을 저지르고, 주제넘게 황제 자리를 넘보며
신라부흥을 꿈꾸는 식인귀 '금강야차'로 부각시켰을 것이다.

이의민과 관련된 기록들

쿠데타가 발발한 지 6년이 지난 1175
년(명종 5), 실권자 이의방과 정중부가 차례로 스러지자 쿠데타 주
체세력이 아닌 경대승이 정권을 장악했다. 이의민은 복고를 표방한
경대승 정권하에서도 쿠데타 주체들의 중망을 받아 병마사, 형부상
서와 같은 요직을 역임할 수 있었다. 그러나 경대승 정권이 점차 안
정기에 접어든 1181년에 이르러 그는 병을 칭탁하고 경주로 내려와
야인 생활을 시작했다. 그로부터 2년이 지나 경대승이 갑작스럽게
사망하자, 이의민은 개경으로 돌아와 정권의 핵심에 우뚝 서게 되
고, 이후 그는 약 12년간 무신정권을 좌지우지하게 되었다.

그런데 정권의 핵심에 서 있던 그가 김사미·효심이 이끄는 농민
군과 결탁하여 신라부흥을 꿈꾸고 황제를 도모했다고 한다. 경북
청도 운문산을 근거로 한 김사미·효심의 난을 전하는 1193년(명종
23) 7월의 《고려사》에는 다음과 같은 내용이 실려 있다. "이의민은
일찍이 붉은 무지개가 양쪽 겨드랑이에서 일어나는 꿈을 꾸고 자못
자부했다. 또 옛날 참서에 용손龍孫이 12대만에 끊어진다는 말을 들
었고, 다시 십팔자十八子란 말이 있었으니, 십팔자는 곧 이李 자이다.
이로 인하여 신분에 넘는 야망을 품었다. 경주가 고향이므로 몰래
신라를 흥복시킬 뜻을 갖고 사미·효심과 서로 통했다." 이의민은 신

라부흥을 위해 농민토벌군에 그의 아들 이지순을 파견했고, 그 때문에 군중軍中의 비밀이 누차 누설되어 여러 번 패했다고 한다. 이것이 이의민이 신라부흥을 꾀하고 황제가 되고자 했던 것을 알려주는 유일한 자료이다.

신라부흥 기도는 조작된 것?

과연 이의민이 신라부흥을 꾀하고 황제가 되고자 했던 것일까? 이의민을 제거한 최충헌 형제가 올린 첫 상소문에서는 그가 "시역弑逆의 죄"를 범했고, "왕위를 엿보았다"는 지적이 있지만 신라부흥을 꾀했다는 말은 찾아볼 수 없다. 최충헌이 정권을 장악한 직후 올린 〈봉사십조〉에도 "이의민이 성품이 사납고 잔인하여 왕을 두렵게 하고 신하를 업신여겨 왕위를 요동시켰다"고 했을 뿐이다. 더욱이 그의 죽음에 대한 사신史臣의 평가를 보면, "그는 본래 노예라는 미천한 신분이었으나 외람되이 의종의 친밀한 대우를 입어 여러 번 높은 벼슬에 승진되었으니, 은총이 지극했는데도 감히 큰일을 행했다. 그의 흉악한 죄가 하늘까지 통했으니 진실로 말할 나위가 없다. 다만 의종이 화근을 길러 후환을 산 것이 애석할 뿐이다"고 하여, 의종 시해 사실에 대해서만 비판하고 있다.

신라부흥운동은 최충헌 정권 성립 뒤인 신종 5년(1202) 경주 주민들과 운문적雲門賊, 초전·울진의 초적草賊 세력들이 공동연합전선을 구축하면서 시작되었다. 이때 중앙에서 파견된 진압군인 정동군征東軍의 일원이었던 이규보는 경상도 지역의 이러한 움직임을 고려 왕조의 정통성을 부정하는 국가전복세력으로 간주, 신랄한 어조로 비난하고 있다. 만약 이의민이 신라부흥운동을 꾀하고 황제가 되고자 했다면 이규보가 이와 관련하여 언급하지 않았을까?

이규보는 뒷날 《명종실록》의 편찬에 참여했다. 최씨 정권이 안정기에 접어든 고종 대에 이르러 실록이 편찬된 것은 최충헌의 쿠데타에 대한 정당성을 부여하려는 의도와 관련되어 있었기 때문이다. 그 중 하나가 신종 5년에 일어난 '신라부흥운동'을 이의민 집권 당시의 남적南賊인 김사미·효심의 난과 연결시키는 것이었다. 무신정권 내내 주도권을 쥐고 있던 개경 중심 세력들, 지체 있는 문벌가문들이 영남 출신, 그것도 천출의 이의민을 정치적으로 제거하면서, 그가 신라부흥을 꾀하고 황제가 되고자 했다고 조작했다고 보는 것이 더 타당하지 않을까? 마치 1980년 군사정권하에서 '김대중 내란 음모사건'을 조작하고 5·18 광주민주화 운동과 연결시켜 윤색하고자 했던 것과 같지는 않을까?

김 호 동

李義旼

李義旼慶州人父善以販鹽鬻篩爲業母延
日縣玉靈寺婢也義旼少時善夢見義旼衣
青衣登黃龍寺九層塔以爲此兒必大貴及
壯身長八尺膂力絶人與兄二人橫於鄕曲
爲人患按廉使金子陽收掠拷問二兄瘦死
獄中獨義旼不死子陽壯其爲人選補京軍
乃褻妻負戴至京會日暮城門已閉投宿城
南延壽寺夢有長梯自城門至闕歷梯而登
覺而異之義旼善手搏毅宗愛之以隊正遷
別將鄭仲夫之亂義旼所殺居多拜中郞將
俄遷將軍明宗三年金甫當起兵以張純錫
柳寅俊爲南路兵馬使純錫寅俊等至巨濟
奉毅宗出居雞林仲夫李義旼方聞之使義旼
及散貝朴存威領兵趣南路義旼等至雞林
有人遮說曰前王來此非州人意乃由純錫
寅俊等爾其徒不過數百皆爲合之衆去其

（高麗史卷一百二十八 二十九）

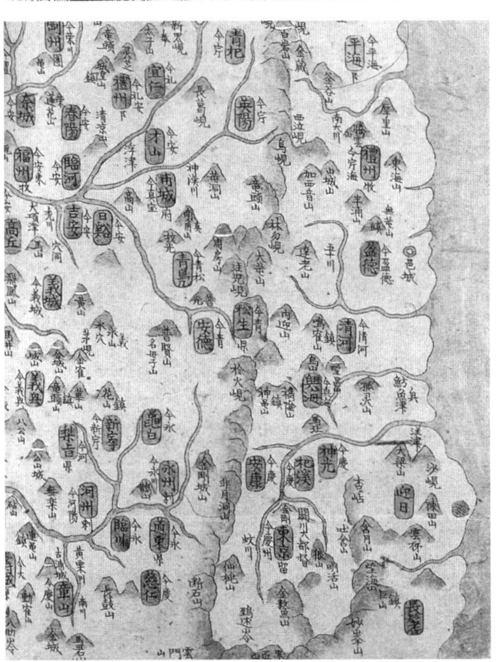

경주 곤원사. 이의민이 의종을 살해하여 가마솥 두개 안에 넣어 이곳 연못에 던져 넣었다. 경주 탑정동 소재(위 왼쪽)

고려사 이의민열전 〈반역열전〉에 실려 있다. (위 오른쪽)

사극 〈무인시대〉에 등장하는 이의민과 두두을의 모습(아래 왼쪽)

고려시대 경상도. 오늘날 경주가 동경으로 표기되어 있다. 출전 《東輿備攷》(경북대출판부, 1998) (아래 오른쪽)

이의민의 책사 '두두을'

KBS 사극〈무인시대〉에서 주목받은 인물 가운데 한 사람이 '두두을'이다. 홀연히 이의민 앞에 나타나 '계림황룡鷄林黃龍'이란 글귀를 던져주었던 비승비속非僧非俗의 두두을. 그는 이의민의 책사 역할을 하면서 이의민에게 신라부흥과 황제의 꿈을 심어준다. 이의민이 최고 집권자로 군림한 뒤 신라 황제 등극의 꿈을 포기하자, 두두을은 경주로 돌아가 김사미와 효심의 난을 배후에서 이끈다. 이의민이 죽은 뒤에는 최충헌 정권에 도전하는 경주 지역의 민란을 이끌다가 죽는다고 한다. 그는 과연 누구인가?

《고려사》열전〈이의민〉조에는 다음과 같은 내용이 전해지고 있다. 이의민이 두두을豆豆乙이라는 목매木魅를 당堂에 맞아들여 날마다 복을 빌었다. 하루는 당 가운데에 곡성이 있길래 그 까닭을 물었다. 두두을이 말하기를 "내가 너의 집을 수호한 지 오래 되었다. 이제 장차 하늘에서 화를 내리려 한다. 내가 의지할 곳이 없으므로 곡하노라" 하더니 얼마 되지 않아 이의민이 패했다. 두두을은 《신증동국여지승람》의 경주부〈귀교鬼橋〉와〈영묘사靈妙寺〉에 나오는 '목랑木郞', 즉 '두두리豆豆里'이다. 두두을/두두리는 무한한 재물 생산력을 상징하는 방망이를 휘두르는 도깨비, 혹은 철을 생산하는 야장신冶匠神으로 간주된다. 이러한 두두을이 이의민의 장자방長子房 역할을 하고, '신라부흥운동'을 꿈꾸는가 하면, 민란의 배후 인물로 활약하는 자로 부각된 것은 어디까지나 작가적 상상력에서 기인한 것이다.

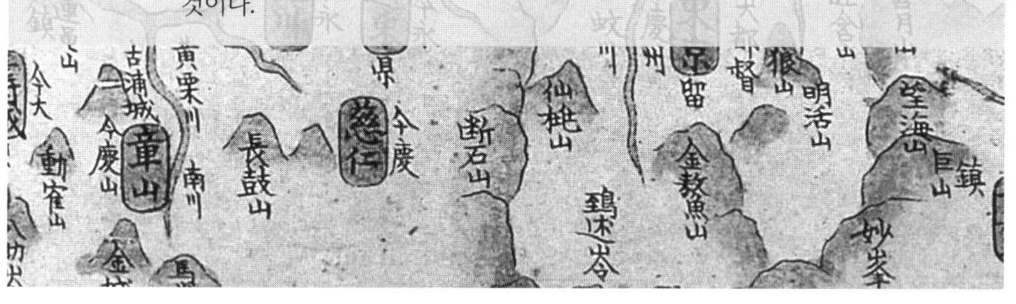

행하지 않고 말하지 않으면
취하고 잠자는 것보다 못하느니 **안치민**

시와 그림을 통해 사회 현실을 비판하다 고려 무신정권시대
의 대표적 관료학자 이규보李奎報는 처세의 지름길을 다음과 같이
얘기하고 있다.

> 낮에 뱉은 침을 그대로 말리우고
> 가랑이 밑으로 숙이고 나가 허심하게 세상을 살아가면
> 내가 저를 안 건드리매 저들이 어이 성낼 것인가
> 이 또한 두려울 것이 없으리
> 성인들이 사람을 두려워 않고 오직 입을 두려워했으니
> 입을 조심하면 처세에 무슨 탈이 있으리
>
> (이규보, 《동국이상국집》 '외부畏賦')

같은 시기 경주에 살았던 재야 지식인 안치민安置民은 이러한 현
직 관료의 자기 합리화 주장에 대해서 자화상 〈취수선생진영醉睡先

生眞影)에서 다음과 같이 비판했다.

> 도가 있어도 행하지 않으면 취하는 것만 못하고
> 입이 있어도 말하지 않으면 잠자는 것만 못하다
> 선생이 취하여 살구나무 꽃그늘에 잠자니
> 세상에 이 뜻 아는 사람 없구나
>
> (최자, 《보한집》 권중)

　무신정권에 참여한 문신들이 권력에 예속되어 정책의 오류를 알면서도 한마디 간언조차 못하는 세태를 꼬집으면서, 안치민은 "취하고 잠자는 것만 못하다"고 신랄하게 비판했다. 그의 서화 솜씨는 당시 지식인 사회에서 널리 회자되었다. 상서복야 이세장 또한 그에게서 대나무 그림 한 폭을 얻고 싶어 했다. 그런데 안치민은 그 자리에서 두어 개 대나무 가지의 끝만 그렸을 뿐, 더 이상 그림을 완성하려 들지 않았다. 그 이유를 다음과 같이 설명했다.

> 누 아래 대나무 수풀 백 척이나 길건만
> 누가 높아 다만 두어 가지의 끝만이 보이네
> 땅에서 솟아나는 옥같은 죽순 보려거든
> 모름지기 층층다리를 밟고 이 누를 내려가소서
>
> (최자, 《보한집》 권중)

종이가 작아 대나무 두어 가지밖에 그리지 못했다면서 훌쩍 떠나버린 안치민의 이 그림은, 한갓 감상에만 머문 것이 아니었다. 당시 관리들이 백성들과 유리되어 최씨 정권을 맹목적으로 추종하는 현실을 비판하고, 누 아래로 내려가 백성들의 고통과 아픔을 살펴 백성들의 편에 선 정사를 펼칠 것을 염원하는 냉소적인 그림이었던 것이다.

안치민의 글과 그림이 날카로운 비판적 지식인으로서의 삶을 드러내 보인 것은 풍자·권선·교화의 기능을 가진 문장을 지향한 그의 학문 태도에서 연유했다. 그는 승려에게 경론을 묻는가 하면 사대부와 문자를 다투었다. 그리고 "비록 꼴 베는 농부나 천한 종마저도 진실로 그 말이 도에 맞으면 취한다"는 적극적인 입장을 가졌다. 그는 해와 달, 그리고 별의 삼광三光이 태양인 임금을 시위하는 가운데 만백성이 태평성대를 누리는 세상을 희구했다. 이 때문에 임금을 마음대로 교체하고 권력을 휘두르는 무신정권과 그들을 추종하는 재조관료들과는 도저히 뜻을 같이 할 수 없었다. 삼광이 태양을 가리는 상황이라면, 그것을 태평성대라 부를 수 없다고 믿었기 때문이다.

그러나 무신정권 시절 재조관료들은 현실의 모순 해결을 위한 어떠한 행동도 취하지 않았다. 현실 영합과 순응이 체질화된 그들이 안치민에게 바란 것은 오직 그의 훌륭한 그림과 글씨였다. 하지만 안치민의 현실비판적 행동과 언설은 그들에게 부담으로 작용했고, 결국 그를 기피 인물로 만들었다. 그 결과 그의 이름은 《고려사》와 같은 역사서에 단 한 줄도 남지 않았고, 숱한 글과 그림마저 수집되지 않은 채 흩어져버리고 말았다.

경계선상의 지식인

1170년 무신정변 직후 이기李琪가 경주에 '동도초당東都草堂'을 세워 의종毅宗의 초상을 그려놓고 아침저녁으로 예로써 모셨다. 그는 어찌하여 이러한 행동을 하고 있었을까? 무신들의 정변은 고려 중기 문벌귀족에게 일격을 가한 대사건이었다. 피의 살육을 피해 상주 지방으로 숨어들었던 임춘林椿은 그들의 위태로웠던 삶을 "모두가 깊이 숨고 멀리 은둔하거나, 이름을 도둑질하고 거짓 복종하여 난을 피하지 않을 수 없다"고 묘사했다. 그들의 지방생활 역시 "아침에 저녁을 계획하지 못할 정도로 구차하고 가난하여", "벼루를 쪼아 밥을 대신할" 정도로 어려웠다.

일거에 정치적, 경제적 기반을 빼앗긴 채 유랑하게 된 문벌귀족들은 '의종복위운동'을 통해 정국의 반전을 꾀했다. 이기의 '동도초당'은 이 운동의 구심점이 되었다. 그렇지만 '동도초당'에 모셔진 의종의 초상화를 본 안치민은, "제왕의 상도 아니고 은일隱逸의 상도 아닌 모습으로 다시 옥좌에 모시려고 하니, 천명이 통하지 않는다"고 비판했다. 민심의 향배를 읽지 못하는 문벌귀족들이 주도한 '의종복위운동'을 비판한 것이다. 그의 예언대로 '김보당의 난'과 연결된 경주의 '의종복위운동'은 민심의 지원을 얻지 못한 채 실패로 끝났다.

최충헌 정권 시절, 경주를 중심으로 한 경상도 전역에서 '신라부흥운동'의 불길이 거세게 타올랐다. 이때 안치민은 진압군으로 내려온 이규보에게 '도적 잡는 방법'을 일러줄 정도로 '신라부흥운동'에 부정적이었다. 무신들이 국왕을 사로잡고 전횡을 일삼는 것이 불법이라면, 고려 왕조 자체를 부정하는 '신라부흥운동' 역시 천

명을 거역하는 행동으로 비쳤기 때문이다. 더욱이 '신라부흥운동'
은 권좌에서 밀려난 이의민의 남은 무리, 의비義備 등이 정국 반전
을 노리는 한 방편에 불과할 뿐이었으니, 더 말할 나위가 없었다. 그
점에서 안치민은 치자의 논리에 충실한 유학자였다. 그는 성인의
도는 위로부터 아래로 퍼져나간다고 믿었다. 그 때문에 천명은 결
코 무력에 의해 아래로부터 쟁취되지 않는다고 확신했다. 무신정권
에 참여할 수도, 그렇다고 '신라부흥운동'에 가담할 수도 없는 '경
계인'으로서의 모습, 그것이 안치민의 시대적 아픔이자 한계였다.

　결국 안치민은 무신정권시대 지방의 중소지주, 그리고 과거를 통
해 입신양명을 꿈꾸는 수많은 이 시대 유학자들의 한 자화상이었
다. 그렇지만 이들의 고뇌는 이것으로 끝나지 않았다. 이들의 현실
비판의식이 한 방울 두 방울 모아지고, 천명에 순응하는 자로서의
성군聖君과 그 정치를 지향하는 의식이 커져갔을 때, 그것은 세상을
삼킬 만한 도도한 물줄기로 변해갔다. 고려말 신흥사대부가 하나의
정치세력으로 개혁을 주장하고 마침내 그들의 왕조를 부정하고 새
왕조를 건국할 수 있었던 것은 이들의 힘이 결집한 결과였다. 이렇
듯 안치민은 자기정체성을 부정했던 연약한 지식인이었지만, 세상
의 변혁을 꿈꾼 신흥사대부의 출현이라는 역사적 추이에 징검다리
역할을 수행한 지식인이었다.

김 호 동

운문댐 물길 속에 잠긴 경주—청도 옛길. 동창천을 따라 이어
졌던 이 길은 신라 부흥군과 정동군이 일진일퇴했던 길이
다.(위)
경주지도. 안치민은 경주 속읍 안강에서 태어나 경주에서 살
았다. 그는 오세재·이규보·박인석 등에게 큰 영향을 끼쳤
다.(아래)

무신정권시대 입을 대신한 시와 그림

입에 재갈을 물고 살아야만 했던 군사독재 시절, 1970, 80년대의 암울했던 시기에는 문학이나 예술이 체제 비판과 민중혁명을 부르짖는 수단으로 사용되었다. 그러한 시대의 자화상은 '또 하나'의 군사정권 시절이었던 800여 년 전의 고려 무신정권시대(1170~1270)에도 보인다. 이규보가 《국선생전麴先生傳》을 통해 술을 의인화하고, 임춘이 《국순전麴醇傳》, 《공방전孔方傳》, 그리고 《장검행杖劍行》을 통해 술과 돈, 그리고 칼을 의인화하여 당세의 비리를 은유적으로 비판한 것이 그것이다. 마음대로 입을 열어 말할 수 없는 시대적 아픔의 산물이라 할 수 있다.

화의 근원으로 간주되어 입을 굳게 봉하고 살아야만 했던 그 시절, 그 암울한 시기에 지식인들은 시와 그림을 통해 무신정권을 비판하고, 현실 참여를 촉구하는 리얼리즘의 세계를 구축했다. 바람과 달을 읊조리면서 형식에 치우친 고려 중기의 사륙병문四六騈文, 국왕에 대한 충성과 사대부의 절개와 지조를 노래한 조선시대의 시가, 그리고 한갓 사대부의 희롱, 여가의 수단으로만 간주되던 문인화와는 질적으로 다르다. 고려 무신정권시대의 시와 그림이 강한 은유성을 동반하면서 사회 비판의 내용을 담아냈던 것은, '언로'가 굳게 닫혀 있던 당대의 특수한 사정에서 연유한 것이었다.

원 간섭기 고려 왕실과 유착한 승려 **일연**

권력의 편에 서서

경북 군위 인각사麟角寺 경내에는《삼국유사三國遺事》의 저자로 우리에게 잘 알려진 보각국사 일연普覺國師 一然(1206~1289)의 비석이 서 있다. 여기에는 그의 문도 외에 8명의 단월檀越(시주) 명단이 수록되어 있다. 박송비朴松庇와 최령崔寧을 제외하면, 충렬왕 대 경상도 안렴사와 경주의 지방관을 역임한 인물들이다. 이들은 고려와 원 연합군에 의한 일본 원정군, 곧 동정군東征軍 파견 시 군비와 물자 동원의 책임을 도맡은 영남의 지방관들이었다. 1281년 충렬왕忠烈王은 일본으로 떠나는 제2차 동정군을 독려하기 위해 친히 경주를 방문했다. 이곳에서 그는 경북 청두 운문사雲門寺에 주석하고 있던 일연을 행재소로 불렀다. 이듬해 일연은 개경의 광명사廣明寺로 거처를 옮겼고, 승려로서는 최고위 직인 국존國尊의 자리를 차지하는 영광을 안았다.

원나라는 2차 일본 원정을 앞둔 1279년 9월, 고려에 전함 900척을 만들도록 지시했다. 그 이듬해 11월 고려는 군량미 7만여 섬을 비축해두었다. 일본 원정을 위한 준비 작업이 완료된 것이다. 그리

고 그 이듬해인 1281년 마침내 14만 명에 달하는 여·원 연합의 동
정군이 일본으로 향했다. 당시 여·원 연합군의 집결지였던 영남의
피폐상은 말이 아니었다. 승려 충지冲止는 그의 시 〈영남의 고통〉에
서 당시 정황을 절절하게 그려냈다.

영남의 쓰라린 모습

말보다 눈물 먼저 흐르네

두 도에서 군량을 준비하고

세 곳 산에서 전선을 만들었네

유명이야 다르지만

목숨 보존을 어찌 기약할 수 있으랴

남은 사람은 노인과 어린이뿐

억지로 살려하니 얼마나 고달픈 일이랴

고을마다 도망간 집이 반이요

마을마다 토지가 황폐해졌다네

어느 집인들 토색질 당하지 않을 것이며

어느 곳인들 시끄럽지 않으랴

관세官稅도 면하기 어려우니

군조軍租를 어찌 덜 수 있을까

게다가 당시 영남의 불교계는 치유가 불가능할 정도로 극도의 혼
란상을 보였다. 결혼하여 아내를 가진 승려가 절반을 헤아렸고, 승

직은 뇌물의 다과로 거래되었다. 그 때문에 '비단선사羅禪師', '비단
수좌綾首座'라는 말들이 공공연하게 나돌았다. 불교계는 심하게 훼
손된 상태였고 농민들은 피폐해지고 있었다.

바로 이 시기에 일연은 경주에서 충렬왕을 만나 당대 불교계를
대표하는 고승으로 추앙받아 국존의 자리에까지 올랐다. 더욱이 동
정 독려에 나선 영남의 지방관들로부터 추앙받았고, 원 왕실과 충
렬왕으로부터도 인정을 받았다. 이런 상황에서 그가 당시 영남 주
민들이 겪고 있던 고통과 불교계의 난맥상을 개혁할 의지를 갖기는
어려웠을 것이다. 당시 불교계는 원 간섭기의 고려 왕실과 유착관
계에 있었기 때문이다.

불교계 재편의 임무를 부여받다

일연은 1206년 오늘날 경북
경산시에 해당하는 장산군에서 태어났다. 그의 어머니 이씨는 해가
집에 들어와 사흘이나 비추는 꿈을 꾼 뒤에 그를 낳았다고 한다. 아
버지 김언필金彦弼은 아들의 현달로 좌복야左僕射에 추증되었다. 당
시 장산군은 경상도의 대읍인 경주의 속현屬縣이었다. 속현이란 수
령이 파견되지 않는 고을을 말한다. 고려 중기까지만 해도 읍세가
미약했던 속현은 중앙 관료를 거의 배출할 수 없었다. 게다가 일연
이 태어날 무렵을 전후하여 장산군의 주읍主邑이던 경주는 극심한
세파에 시달리고 있었다.

그가 태어나기 4년 전인 1202년에는 '신라부흥운동'이 경주를

중심으로 일어나 영천, 청도 등지로 퍼져나갔다. 당시 실권자 최충헌崔忠獻이 이 운동을 2년 만에 가까스로 진압할 정도로 저항의 불길은 거셌다. 그 때문에 최충헌은 그의 집권에 노골적으로 반발한 경주에 대한 정치적 보복을 감행했다. 경주를 경상도의 거점 대열에서 제외시키고, 그 대신 상주, 진주, 안동을 거점 지역으로 재편한 것이다. 이후 경상도는 '상진안동도尙晉安東道'로 불렸다. 이때 경주 속현 또한 상주와 안동으로 각각 분속되었다.

이런 상황에서 경주 속현 장산군의 토성土姓 출신인 일연 가문이 관직에 진출하는 것은 결코 쉽지 않았을 것이다. 그가 9살 나던 해인 1214년 지금의 광주광역시에 소재한 해양의 무량사로 출가하고, 1219년 14세의 나이로 설악산 진전사에서 구족계具足戒를 받은 것은 그의 이러한 출신 배경과 관련이 있을 것이다. 그는 1227년 22세의 나이로 승과에 급제했고, 이후 경북 현풍 비슬산 보당암寶幢庵에 정착하여 22년 동안이나 수행했다.

일연은 당시 불교계를 주도하던 수선사修禪社와 백련사白蓮社 세력과는 일정한 거리를 유지하고 있었다. 수선사와 백련사가 최씨 무신정권의 든든한 정신적 버팀목이 되었던 것은 잘 알려진 일이다. 이들이 주도하던 불교계는 무신정권과 더불어 대몽항쟁에 적극적으로 나섰다. 이들은 승병이 되어 전투에 직접 참여하거나, 몽고군의 격퇴를 염원하는 대장경大藏經 조판을 주도해나갔다. 그렇지만 일연은 이 무렵 보당암에서 수행에 정진하고 있었을 뿐이다. 그의 비문에는 몽고군이 침입했을 때의 일화가 전한다.

병신년(1236) 가을 병란이 있어 스님이 피하고자 하여 '문수
오자주文殊五字呪'를 염송하며 감응을 기대했다. 그때 홀연
히 벽 속에서 문수보살이 나타나 '무주無住에 거하라'고 일
러주었다.

문수보살이 일연에게 계시한 '무주'는 곧 비슬산 기슭의 무주암
을 말한다. 일연은 그곳에서 "생계는 없어지지 아니하고, 불계는 늘
지 않는다生界不滅 佛界不增"는 글귀를 화두로 수행했다. 그곳에서
그는 마침내 "오늘에야 삼계가 한바탕 환몽이라는 것을 알았으며,
대지에는 티끌만큼의 장애도 없다는 것을 알았다"는 깨달음을 얻었
다. 불교계가 대몽항쟁에 적극 나서던 당시 상황에서 그는 수행승
의 본분을 충실히 지켜나갔던 것이다.

일연은 1270년 원종元宗의 왕정복고 이후 펼쳐진 새로운 정치 상
황에서 두각을 나타내기 시작했다. 몽고 항쟁시기에도 수행승으로
일관했던 그의 전력이 이후 재편된 불교계를 대표하는 인물이 되는
데 결정적인 역할을 담당했을 것이다. 훗날 일연을 강화도의 선월
사禪月社로 초청하여 중앙 진출을 위한 결정적인 교두보를 마련해
준 이는 같은 경상도 출신인 박송비였다. 그는 무신정권의 붕괴 과
정에서 일익을 담당한 인물이기도 했다.

원종을 이어 왕좌에 오른 충렬왕 또한 수선사를 대체할 만한 새
로운 불교세력의 지지가 필요했다. 그러한 대체세력으로 경상도를
중심으로 한 가지산문迦智山門이 부상하고 있었다. 일연은 이 과정

에서 단연 주목받던 승려였다. 이 때문에 충렬왕은 즉위 3년만인 1277년 일연을 운문사로 초청하여 그곳에 주석할 것을 명했다. 가지산문의 구심점 역할을 일연이 맡은 것이다. 따라서 일연의 부상은 대몽항쟁으로부터 원 간섭기로의 전환이라는 시대적 전변, 수선사로부터 가지산문으로의 교체라는 시대적 상황이 빚어낸 결과였던 것이다.

김 형 수

운문사 전경. 고려 중·후기 가지산문의 중심도량으로 자리 잡은 사찰. 충렬왕의 명으로 운문사에 주석하게 된 일연은 이곳에서 《삼국유사》의 집필에 착수했다. (위 왼쪽)
일연이 주로 머물렀던 포산, 즉 비슬산. 일연이 수행하였던 보당암, 무주암 등이 있었던 비슬산은 영험 있는 수도처로 알려져 있으며, 성인이 천 명이나 난다는 전설이 전해져오고 있다. (위 오른쪽)
인각사 보각국사비. 고려 충렬왕 15년(1289)에 입적한 보각국사 일연의 행적을 기록해놓은 탑비이다. 경북 군위군 화산(아래)

《삼국유사》와 일연

역사를 '아我와 비아非我의 투쟁'이라 단정한 신채호의 《조선상고사》 이래 《삼국사기》를 지은 김부식은 사대주의자로 낙인찍힌 반면, 단군신화檀君神話를 수록한 《삼국유사》는 민족의식이 발현된 역사서로 주목받아왔다. 그렇지만 일연은 가지산문을 중심으로 원 간섭기 고려사회가 안정되는 데 일조한 승려였을 뿐 민족주의자가 아니었다. 따라서 그의 역사책 《삼국유사》는 결코 민족주의 의식의 발현으로 씌어진 것이 아니다.

그렇다면 그가 《삼국유사》를 집필한 까닭은 무엇이었을까? 《삼국유사》는 중국의 역대 《고승전高僧傳》의 영향을 받아 저술되었다. 그렇지만 삼국시대 이래의 간략한 연표와 역사를 기술한 〈왕력王曆〉 편과 〈기이紀異〉 편을 따로 설정해두었다는 점에서 《고승전》과는 달랐다. 아마도 일연은 《삼국사기》가 불교사를 서술하지 않은 것에 대한 보완 작업으로 '유사遺事'를 저술했을 가능성이 크다. 이 작업은 대장경 조판 사업으로 불교 자료를 섭렵한 고려 중기 불교계의 경험과 선승들의 활발한 저술 활동에 힘입은 바 컸을 것이다.

일연의 효성은 유별났다. 그가 주로 비슬산을 중심으로 수행한 것 또한 어머니의 봉양과 관련 깊다. 비슬산은 고향 경산과 가까워 어머니를 돌볼 수 있었기 때문이다. 그런 탓에 《삼국유사》에는 〈효선孝善〉 편이 따로 설정되어 있다. 여기에는 부모의 은혜를 갚기 위해 불국사와 석굴암을 창건했던 김대성金大城, 눈먼 어미를 위해 자신의 몸을 판 효녀 지은, 노모를 모시기 위해 아들을 생매장하려 했던 손순孫順 등 효성 지극한 이들의 이야기들이 많이 수록되어 있다.

스승은 나를 구하고 나는 스승을 구한다 신돈

독립독행의 아웃사이더, 개혁의 선봉에 서다

'폐가입진廢假立眞', 가짜를 몰아내고 진짜를 세운다는 말이다. 1388년 위화도 회군 직후 이성계李成桂를 새로운 왕자로 세우고자 한 신흥 유신新興儒臣들이 신돈辛旽(?~1371)의 혈통이라는 이유로 우왕禑王과 창왕昌王을 권좌에서 몰아내면서 퍼뜨린 말이다. 결국 우왕은 신돈의 아들로 몰려 폐위되었고, 그를 이어 왕이 된 아들(창)도 같은 운명을 맞이했다. 이들 두 부자는 조선 건국 직후 편찬된 《고려사》에 신우辛禑, 신창辛昌이라 하여, 국왕들의 전기인 〈세가世家〉에 실리지 못하고 신하들의 전기인 〈열전列傳〉에 들어가는 불명예를 안았다.

공민왕恭愍王은 1371년 신료들 앞에서 "내가 일찍이 신돈의 집에 가서 그 계집종을 사랑하여 아들 모니노牟尼奴를 낳았으니, 놀라지 말고 잘 보호하라"라는 폭탄선언을 했다. 공민왕이 신돈을 유배 보낸 직후였다. 모니노는 신돈이 사형된 바로 그 무렵 궁궐에 들어와 원자로 책봉되었고, 공민왕을 이어 1374년 국왕으로 즉위했다. 과

연 우왕은 신돈의 아들일까? 공민왕은 자기 자식도 제대로 분간 못하는 천치였을까? 공민왕이 신돈을 제거한 직후 우왕을 자신의 아들로 천명한 것을 보면, 조선 왕조의 개창세력들이 혈통 문제를 조작했을 가능성이 크다. 우왕 부자가 신왕조 개창의 희생양이 된 것과 마찬가지로 아버지로 지목된 신돈에게 악의에 찬 비방들이 뒤따른 것은 어쩌면 당연한 일일런지도 모른다. 그를 따라 다닌 비방들은 '여자를 밝히는 요승', '늙은 여우의 정기', '글도 알지 못하고 사특하며, 대역을 저지른 자' 따위였다.

희대의 요승으로 각인되어온 신돈의 등장은 화려했다. 1364년 무명의 승려 신돈을 발탁한 공민왕은 '꿈속에서 자신을 구한 승려'라 추켜세우고, "스승은 나를 구하고 나는 스승을 구한다"라고 다짐할 정도로 절대적인 신임을 보였다. 공민왕은 기존의 정치세력에게 깊은 불신을 갖고 있었다. 그는 세신대족世臣大族들과 유생儒生들이 서로 당黨을 만들어, 허물을 가려주고 사사로운 정리에 이끌린다고 보았다. 초야의 신진세력들은 정계 진출 이후 곧 명망에 이끌려 초심을 버리는 모습을 보였다. 당시 정치세력에 대한 실망감을 감추지 못했던 공민왕은 세속에 초연하고 붕당으로 연결된 정치 기반이 없는 인물을 발탁하여, 개혁을 지속하고 정국의 주도권을 되찾고자 했다. 세상을 떠나 물욕에 초연한 사람, 곧 '이세독립지인離世獨立之人'만이 그가 그토록 바라던 개혁을 완수해줄 수 있는 인물이었다. 그런 그에게 신돈은 하늘이 내린 인물로 비춰졌다.

역성혁명의 희생양

《고려사》에 따르면 신돈(?~1371)은 경남 영산靈山 사람으로, 어머니는 계성현桂城縣(오늘날 창녕)에 있는 옥천사玉川寺의 여자 종이었다 한다. 그는 어린 나이에 승려가 되었으며, 법명은 편조遍照, 자는 요공耀空이었다. 그는 다른 승려들과 어울리지 않고 혼자 암자에서 기거하곤 했다. 법명을 '비로자나'를 의미하는 편조遍照라 한 것이나, 남과 부대끼지 않고 홀로 수행한 점으로 미루어, 그는 고독하지만 가슴 깊숙이 야망을 불태우는 독선적 경향의 인물이었을 가능성이 크다.

그는 야심 있는 독립독행獨立獨行의 아웃사이더였다. 신돈은 당시 최대 불교 종단이었던 조계종曹溪宗의 고승 보우普愚와 대립하여 그를 속리사에 금고 시켰는가 하면, 화엄종華嚴宗의 천희千熙를 국사國師로 천거했는데 이것으로 미루어, 종세宗勢가 약했던 화엄종 계통의 승려였을 것으로 짐작된다. 그는 전도유망한 승려들이 승과僧科를 통해 승계僧階로 진출하던 당시 풍토와는 달리 승과를 치르지 않은 인물이기도 했다. 공민왕을 만나기 전까지 그는 유랑 걸식하면서 민중들과 삶을 함께 했다. 집권 후에는 주인을 배반한 노예들로부터 '성인聖人'이 출현했다는 칭송을 한 몸에 받기도 했다. 신돈은 기성 종단에서 활약하지는 않았지만, 민중들로부터 열렬한 지지를 받는 그러한 승려였던 것이다.

공민왕의 개혁은 좌절과 반전의 연속이었다. 공민왕은 즉위 직후 측근세력과 이제현李齊賢 세력의 협력을 바탕으로 반원反元 정책을 펴고, 부원附元세력을 제거하는 데 성과를 거두었다. 그렇지만 그의 재위 10년(1361) 중국 홍건적紅巾賊의 고려 침공을 계기로 신진 무장세력들이 속속 주요 정치세력으로 등장하고 있었다. 게다가 부원세력들의 공세가 강화되는 가운데 1363년 '흥왕사興王寺 변란 사건'으로 측근세력들의 다수가 희생되는 아픔을 겪었다. 개혁이 좌초될 위험에 직면한 공민왕은 무명의 승려 신돈을 파격적으로 발탁하는 정치 도박을 시작했다.

신돈은 발탁 직후 공민왕으로부터 사부師傅라 불리면서, 절대적인 신임을 받았다. 당시 원에서 파견되어 온 사신이 그를 임시왕權王이라 칭할 정도였다. 고려 역대 국사나 왕사王師, 그리고 재상이나 측근들도 일찍이 그 같은 권한과 위세를 부린 적은 없었다. 신돈은 공민왕의 이러한 신임을 바탕으로 개혁의 칼날을 휘둘렀다. 특히 권문세족權門勢族의 숙청과 그들의 정치적 기반을 약화시키는 데 매진했다. 그는 집권 기간 동안 "상벌의 권한을 제 손에 잡고 반드시 은혜와 원수를 가려 보복했으며, 세가대족世家大族들을 살육하는 악역을 맡았다"고 한다. 이 때문에 권문세족들은 그를 마치 호랑이처럼 미워하고 두려워했다.

그렇지만 공민왕과 신돈은 서로 의기투합한 지 7년만인 1370년 10월 결별하게 된다. 신돈의 커져가는 권한과 높아가는 민중들의 칭송을 공민왕이 우려했기 때문이다. 급변하는 중국의 정세에 대한 양자의 입장 차이가 갈등을 부추겼다. 신돈은 친원정책을 지지했다. 그는 원의 왕실에서 크게 유행한 티벳 밀교 계통의 라마교 수행법을 받아들인 승려였고, 공민왕이 친원정책으로 돌아선 시기에 발탁

된 승려였다. 결국 공민왕이 친명정책으로 전환하고 유교적 관료들, 그리고 조계종 승단이 여기에 가세하면서, 신돈은 점차 고립되어갔다. 게다가 그의 집권 기간 동안에 결정적인 타격을 입었던 권문세족들이 반신돈연합에 가세하면서, 그의 고립은 심화되었다. 결국 이듬해 10월 공민왕은 신돈이 역모를 꾀했다는 혐의로 체포, 수원으로 유배를 보냈다. 신돈 숙청 이후 공민왕은 다시 권력의 주도권을 잡으면서, 권문세족의 숙정 과정에서 조성된 반대 세력과의 긴장을 해소하고 달라진 대외 정세에 능동적으로 대응하려 했다.

그러나 신돈의 실각은 그와 공민왕 모두의 실패를 의미했고, 결국 왕조 교체의 빌미를 제공했을 뿐이다. 신돈은 1365년 노국공주의 죽음으로 크게 상심했던 공민왕에게 라마교를 권장했을 가능성이 있다. 새로운 왕조의 개창자들은 국왕의 권위를 침해한 것과 더불어 신돈의 육식肉食 행위와 성 추문을 문제 삼았다. 그의 이러한 행위가 정주학 신봉자들인 유교적 관료들에게 척불斥佛의 호재로 작용했다. 고려·조선 왕조의 교체와 불교·유교의 사상 전환이라는 역사적 전변의 한가운데에 신돈이 있었던 것이다.

그렇지만 신돈이 집권했던 7년여 세월 동안 새로운 정치세력으로 등장한 신흥유신들은 그의 실각 이후에도 그가 추진했던 개혁 사업들을 지속했다. 그리고 그 여세를 몰아 마침내 조선 건국의 주역으로 성장할 수 있었다. 역사의 패자인 신돈의 행적은 지탄의 대상이 되고 말았으나 그의 개혁 사상은 남았던 것이다.

공민왕릉恭愍王陵. 경기도 개풍군 중서면 어릉리에 있다. 왕비 노국공주와 나란히 있다. 고려에서 왕과 왕비를 같은 곳에 묻은 최초의 사례이다.(위)

만다라. 만다라는 우주 법계의 온갖 덕을 망라한 것이라는 뜻이다. 이 티벳풍의 만다라 왼쪽 하단 모서리에는 원의 황제 투크 테무르(문종)와 그의 형 코실라(명종)의 초상이 보인다. 오른쪽에는 두 사람의 황후들이 있다.(아래 왼쪽)

옥천사지玉泉寺址. 경남 창녕군 옥천리에 있다. 이곳에는 연화대석, 석탑재와 같은 석물들이 지금까지 전해진다. 고려말 신돈이 이곳 옥천사에서 수도했다고 전한다.(아래 오른쪽)

신돈과 라마교

라마교가 원에서 성행한 것은 원 세조 쿠빌라이 칸이 티벳을 정
벌한 다음, 그곳의 고승 파사파를 데려와 국사로 삼았던 데서 비롯
되었다. 이후 라마교는 원 왕조 역대 황제들의 보호를 받으면서 교
세가 흥성했다. 라마교의 밀교적 수양법 가운데는 남녀의 성性을 이
용한 수행법인 쌍수법雙修法이 있다. 원 왕실에서 성행한 남녀합체
男女合體와 같은 비정상적인 행위는 라마교의 교의에서 기인한 것
들이었다.

신돈이 라마교를 받아들였을 가능성을 보여주는 몇 가지 사례가
있다. 그가 경도京都에서 놀았다는 기록이 있는데, 바로 원의 수도
인 연경燕京을 의미한다. 그는 "사냥개를 무서워하고 활 쏘고 사냥
하는 것을 싫어했으며", "호색·음탕해서 검은 닭과 흰말을 잡아먹
고 양기를 돋우었다"고 한다. 그가 성을 통한 수행이라는 라마교의
의식을 행했을 것임을 암시하는 대목이다. 승려 출신이지만 정치에
깊숙이 간여한 것도 라마승의 속성과 일치한다.

신돈이 권력의 핵심에 등장한 시기는 공민왕이 노국공주를 잃고
상심하던 무렵이었다. 그는 노국공주의 죽음으로 후사를 근심하던
공민왕에게 라마교의 비법을 권장했을 것으로 보인다. 그가 공민왕
에게 추천한 반야般若라는 여성은 라마교에서 환희불歡喜佛의 상대
로 등장하는 여성의 이름이다. 공민왕의 계승자 우왕禑王의 초명은
모니노牟尼奴인데, 이것은 불노佛奴를 의미한다. 공민왕은 곧 환희
불이었던 셈이다. 이처럼 신돈은 라마교의 비밀 의식을 고려 왕실
에 적극 권장했다. 《고려사》의 찬자들이 신돈이 성추문을 일으켰다
고 비난한 것도 이와 관련이 있다.

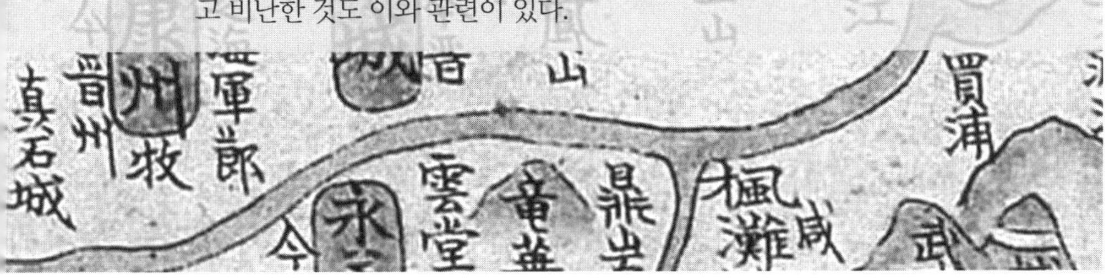

조선시대
24인

소나무 높이 커 만 길이 되면 정도전

정도전은 태조를 좇아 함흥의 군막으로 갔다. 이때 태조는 동북면 도지휘사로 있었다. 태조의 호령이 엄숙하고 대오가 질서정연함을 보고 정도전은 은근히 말했다. "참 훌륭합니다. 이런 군대라면 무슨 일인들 못하겠습니까!" 태조가 무슨 뜻이냐고 묻자, 정도전은 "동남방의 근심인 왜적을 칠 수 있다는 뜻입니다"라며 짐짓 딴청을 부렸다. 그리고는 "군영 앞에 늙은 소나무 한 그루가 있는데 소나무 위에다 시를 한 수 남기겠습니다"라며 다음과 같은 시를 남겼다. "아득한 세월에 한 그루 수나무 몇 만 겹의 청산 속에 자랐네 잘 있으시오 훗날 서로 뵐 수 있으리까. 인간세상이란 잠깐 사이에 묵은 자취인 것을." 정도전은 이미 천명의 소재를 알고 따른 것이다.

두 영웅의 만남

위의 글은 《용비어천가》에 전하는 태조 이성계와 정도전의 첫 만남이다. 이 만남은 역성혁명 10년 전인 1383년(우왕 9)

에 이루어졌다.

삼봉 정도전三峰 鄭道傳(1342~1398)은 경상도 봉화의 향리 가문의 아들로 태어나 1362년(공민왕11) 그의 나이 21세에 진사시에 합격하고, 다음해부터 벼슬살이를 시작했다. 그가 살던 시대는 내우외환이 겹치던 때로, 안으로는 권세가들이 자신들의 이익을 위해 백성들을 도탄에 빠뜨리고 나라의 창고를 텅 비웠다. 또 북에서는 홍건적이, 남에서는 왜구가 국토와 백성을 유린했다. 오랫동안 고려를 간섭하던 원나라가 서서히 무너지고 명나라가 중원의 새로운 주인으로 등장하는 국제정세의 변화도 큰 문제였다. 고려의 위정자들은 이러한 안팎의 문제를 어떻게 해결할 것인지를 둘러싸고 치열한 대립을 벌이고 있었다. 이때 개혁의 선봉에 서서 보수적인 권세가들과 정면으로 맞섰던 인물이 바로 정도전이었다.

정도전은 일찍이 "소나무 높이 커 만 길이 되면 쓰러지는 낡은 집은 떠받칠 수 있으리"라고 노래한 적이 있다. 그리고 그는 자신의 포부처럼 만 길의 소나무로 자라나 공민왕 때 개혁정치의 주역으로 활동했다. 그러나 공민왕 사후 보수적인 권세가들이 정권을 장악하자, 정도전은 제 몸 하나로 이들에게 저항하다 34세 되는 1375년(우왕 1)에 유배를 당하고, 그 후 9년간 유배, 유랑생활을 보냈다. 하지만 그는 더욱 근본적인 개혁을 생각했고, 이를 위해 신흥무장으로 이름을 떨치고 있는 이성계를 찾아갔던 것이다. 《용비어천가》에서 "천명의 소재를 알고 따른 것이다"라고 표현한 바와 같이 그는 이미 고려 왕조를 대신할 새로운 왕조를 건설하는 역성혁명을 꿈꾸고 있었다. 쓰러지는 낡은 집을 떠받치기보다는 새로운 집을 짓는 길을 택한 것이다.

새 왕조의 새 집을 짓다

정도전이 다시 정국 운영에 주도적으로 참여할 수 있었던 것은 이성계가 위화도에서 회군하여 개혁세력이 정권을 장악하면서부터였다. 그러나 이때부터 개혁노선을 둘러싼 새로운 갈등이 싹트기 시작했고, 그는 또 다시 그 갈등의 한가운데 있었다. 이색을 비롯한 한편의 세력은 기존의 제도는 그대로 유지하되, 그 제도를 운영하는 데서 생긴 문제점을 해결하는 데 개혁의 초점을 맞추었다. 이에 반해 정도전을 비롯한 또 다른 세력은 새로운 제도를 만들어야 제대로 된 개혁이 가능하다고 생각했다. 이 대립에서 근본적인 개혁을 주장하던 세력이 승리했으나 그 승리는 아직 완전한 것이 아니었다. 개혁에 부정적인 고려 왕실이 있는 한 상황은 언제든지 바뀔 수 있기 때문이었다. 정도전이 이전부터 꿈꾸어오던 역성혁명의 시기가 다가온 것이다. 역성혁명을 이루기 위해서는 더욱 치열한 정치적 대립이 불가피했고, 이 대립에서 그와 정면으로 맞섰던 인물이 정몽주였다.

마침내 1392년 역성혁명은 이루어졌고, 이성계가 새로운 왕조의 첫 임금으로 등극했다. 정도전의 꿈이 이루어지는 순간이었다. 그러나 그의 꿈을 온전히 이루기 위해서는 아직 해야 할 일이 너무나도 많았다. 낡은 집을 허무는 일도 쉽지 않았지만, 새로운 집을 짓는 일은 그보다 더욱 어려웠다. 새로운 왕조를 설계하는 막중한 임무가 남아 있었고, 그 임무를 떠맡고 나선 이도 역시 정도전이었다. 그가 남긴 여러 저술들, 즉 《불씨잡변》, 《조선경국전》, 《경제문감》 등은 바로 새로운 왕조가 나아가야 할 방향을 제시한 것이었다. 그가 새로운 왕조를 설계하는데 중심적인 역할을 했음을 상징적으로 보여주는 것이 한양에 새로 지은 궁궐과 도성문의 이름이다. 궁궐에 경복궁이라는 이름을 붙이고 근정전을 비롯한 중요한 전각들의 이름을 지은 이가 바로 정도전이었다. 숭례문을 비롯한 도성문의 이름도 그의 작품이다. 조선이라는 새로운 국호도 그가 정한 것이나 마찬가지이다. 쓰러지는 낡은 집을 떠받치려던 포부를 접고 새로운 집을 짓기 위해 노력했고, 그 결과 조선이라는 그리고 경복궁이라는 새로운 집을 지은 것이다.

그러나 정도전의 정치적 투쟁은 여기서 끝나지 않았다. 새로운 왕조의 안정을 위해서는 아직도 해야 할 일이 남아 있었다. 왕조교체라는 정치적 격변 속에서 권력자들은 아직 사적인 군사력을 보유하고 있었고, 이는 집권체제를 지향하는 왕조의 입장에서는 반드시 해결해야 할 과제였다. 격렬한 반발에도 불구하고 한발 한발 이 과제를 해결해가던 그에게 정면으로 도전하는 사람이 나타났다. 왕자들 가운데 가장 능력이 뛰어났고, 역성혁명에 큰 공을 세웠으면서도 세자는커녕 개국공신으로도 책봉되지 못하여 불만에 차 있던 이방원이 적대적인 세력의 선봉에 섰던 것이다. 흔히 '제1차 왕자의 난'이라고 부르는 1398년(태조 7)의 정변에서 정도전은 패배했고,

그는 죽임을 당했다. 향년 58세였다.

비록 그는 정적인 이방원의 손에 죽임을 당했으나, 태종이 된 이방원이 만들어간 조선 왕조 역시 그가 설계한 틀을 크게 벗어나지 않았다. 그리고 그의 정치적 자세는 조선 왕조에서뿐만 아니라 현재까지도 의미를 지닌다. 그는 "남의 음식을 먹는 자는 그 사람을 책임져야 하며, 남의 옷을 입는 자는 그 사람의 근심을 품어야 한다"고 했다. 이는 직접적인 생산활동에 종사하지 않는 정치가나 지식인들이 지녀야 할 책임의식을 말하는 것이다. 물론 그는 신분제의 근본적인 불평등을 부정하지 않았으며, 그 역시 당시 지배층의 일원으로 백성들 위에 군림했다. 그러나 그 특권에는 책임이 따른다는 사실을 그 누구보다 강조한 사람이 정도전이었다. 특권을 이용하여 자신의 명예와 이익을 추구하는 사람을 가리켜 '명리인名利人'이라 했고, 특권을 누리면서도 국가와 백성에게 책임을 느끼고 그 책임을 다하기 위해 노력하는 사람을 '사군자士君子'라고 했다. 지식인이나 정치가가 '명리인'이 아닌 '사군자'가 되기 위해 노력해야 하는 것은 현재도 마찬가지일 것이다.

김 훈 식

정도전이 태어난 단양 삼봉. 정도전은 출생지의 경치에 매료되어 자신의 호를 취하였다. (위)
'도성도'에 나타난 산줄기와 물줄기. 그 안에 잠긴 서울이 한 눈에 들어온다 출전: 홍순민, 《우리궁궐이
야기》. 청년사. 1999 (아래 왼쪽)
정도전의 초상화 (아래 오른쪽)

한성전도漢城全圖. 18세기 후반. 경복궁을 비롯한 왕궁들과 최근 복원한 청계천이 선명하게 보인다. 출전 《한국의 옛 지도》(영남대박물관, 1998) (아래)

역사의 아이러니: 정도전과 정몽주

정도전과 정몽주. 이들은 한때 마음을 같이 하는 벗을 자처했고 '지란지교芝蘭之交'를 노래했다. "지초와 난초는 불탈수록 향기 더하고, 좋은 쇠는 벼릴수록 빛이 더 나네. 굳고 굳은 지조를 함께 지키며, 서로 잊지 말자 길이 맹세하네." 이 시에서 불탈수록 향기를 더하는 지란과 벼릴수록 더욱 빛나는 무쇠는 물론 정도전과 정몽주를 일컫는 것이다. 그러나 두 사람은 결국 역성혁명을 앞에 두고 서로 입장을 달리하여 한 사람은 새로운 왕조를 세우는 데 앞장섰고, 또 한 사람은 그것에 목숨을 걸고 저항했다. 그러나 새로운 왕조는 오히려 역성혁명에 반대한 정몽주를 만고의 충신으로 추앙하고, 정도전을 역적으로 대접했다. '왕자의 난'에 희생당한 정도전은 죽어서 어디에 묻혔는지도 확실하지 않다. 정도전의 명예는 좀처럼 회복되지 않았다. 정도전이 역적 누명에서 벗어나 왕조의 신원을 얻게 된 것은 사후 5백 년이 지난 고종 때이다.

그러나 정몽주는 이미 태종 때부터 그 절의를 높이 평가받았고, 세종 때 편찬한 《삼강행실도》에는 대표적인 충신으로 이름이 올랐다. 또한 16세기경에 도학이 발달하면서 도학자들은 자신들의 학문적 계보, 즉 도통에서 정몽주를 가장 먼저 거론했다. 정몽주에 대한 평가가 긍정적으로 바뀔수록 정도전에 대한 평가는 더욱 부정적으로 바뀌었다. 그렇게 굳어진 정몽주와 정도전에 대한 평가가 일반인들 사이에서 달라지기 시작한 것은 근래에 들어서이다. 두 사람에 대한 평가가 모두 긍정적인 것으로 바뀐 것이다. 인물에 대한 평가가 시대에 따라 어떻게 바뀌는지 그리고 또 왜 바뀌는지 생각해 보는 것도 역사에 대한 이해력을 키우는 데 도움이 될 것이다.

불사이군不事二君의 단심으로 **길재**

고뇌에 찬 결단, 낙향과 은둔

왕조의 교체. 벼슬살이를 평생의 업으로, 목숨같이 여기는 관료들에게 이 사건은 그야말로 충격 그 자체였다. 그렇지만 한 번 권력을 맛본 많은 이들은 새 왕조의 건국 이후에도 그 유혹을 좀처럼 떨쳐내기 어려웠다. 이긍익李肯翊이 편찬한 역사서 《연려실기술燃藜室記述》에는 다음과 같은 일화가 전해진다.

개국 직후 국왕이 여러 재상들에게 잔치를 베풀었다. 그들은 모두 고려 왕조의 재상으로서 새 왕조에 벼슬하는 사람들이었다. 어느 정승이 술에 취해 기생 설매雪梅를 희롱했다. "네가 아침은 동쪽에서 먹고 잠은 서쪽에서 잔다고 들었다. 이제 나와 함께 자는 것이 어떠하리."

"동가식서가숙東家食西家宿하는 천하디 천한 몸으로 왕씨를 섬기다가 또 이씨를 섬기는 정승을 모시는 것이 어찌 합당하지 않으리오."

설매의 말을 들은 정승은 낯을 붉히면서 머리를 숙였고, 좌

중에 있던 사람들은 모두 탄식했는데, 눈물을 흘리는 자도 있었다.

많은 사람들이 이처럼 절의를 잃고 현실에 붙좇을 때, 물론 그렇지 않은 사람들도 있었다. '절의지사節義之士'로 인정받아 조선 왕조 초기의 대표적인 윤리서 《삼강행실도三綱行實圖》에 그 행적을 남긴 야은 길재冶隱 吉再가 그런 인물 가운데 한 사람이다.

길재(1353~1419)는 고려 왕조가 기울어가던 1353년(공민왕 3) 해평현(오늘날 구미시) 봉계리에서 토산의 사족 김희적金希迪의 여식과 금산군수 길원진吉元進의 장남으로 태어났다. 그의 선대는 해평에서 대대로 향직을 계승하던 해평 토성으로 생원시에 합격한 증조부 吉時遇에 이어, 아버지 대에 와서 비로소 출사하게 된 전형적인 지방 세력이었다. 지방관을 전전하던 아버지는 노씨와 재혼하여 서울 개경에 거주했다. 전혀 가사를 돌보지 않았던 아버지 탓에 집안의 가세는 말이 아니었다. 가난하고 외로웠던 어린 시절의 경험들이 그를 소심하고 내성적인 성격으로 만들었을 것이다.

생업과 학문을 겸해야 했던 그는, 또래 아이들보다 한참 늦은 18세가 되어서야 상산(오늘날 상주)의 사록司錄으로 부임했던 박분朴賁의 문하에 출입하면서 공부의 참맛을 보게 되었다. 그리고 이임하는 스승을 따라 상경하여, 당대의 학자 이색李穡, 정몽주鄭夢周, 권근權近 등을 만나면서, 정주학程朱學에 깊이 빠져들었다. 그는 22세에 생원시에 합격했고, 31세가 되어 대과에 합격하여 본격적으로 관직 생활을 시작했다. 관직을 시작한 1387년(우왕 13)부터 낙향을 결심한 1390년(창왕 3)까지 4년여 동안 그는 주로 성균관成均館의 학정學正, 박사博士, 그리고 교수敎授와 같은 교육 관련 하위직에서 근무했다. 낮은 문지門地에다 내성적인 성격이 그를 교육 관료의 길로 나아가게 했을 것이다.

고려의 멸망이 코앞에 닥쳐온 1390년에 이르러, 그는 진로를 두고 고민에 빠졌다. 그가 배우고 가르친 정주학에서는 신하의 도리로서 '불사이군不事二君'의 덕목을 강조하고 있었다. 그러나 현실은 그렇지 않았다. 동문수학했던 많은 관료들은 새로운 왕조에서 관직 생활을 재개했다. 그가 스승으로 따르던 권근마저 새 왕조로 출사할 정도였다. 많은 동료들이 양심을 저버리는 순간에 그는 자신의 양심을 따라 고향 선산으로 낙향하는 결단을 보였다.

조선 건국 이후 새로운 실력자로 급부상한 이방원李芳遠은 새 왕조가 들어선지 9년여가 흐른 정종 2년(1400) 길재를 개경으로 불렀다. 훗날 조선 3대 국왕 태종이 된 이방원과는 성균관에서 동문수학했던 학문적 동지이자, 같은 시기 관직 생활을 했던 정치적 동료였기 때문이다. 이방원은 왕씨王氏의 고려 대신 이씨李氏의 새 왕조가 '하늘의 명'을 획득한 정통 왕조임을 대내외에 공표하고자 했다. 그의 입장에서는 기회주의적이고 현세 영합적인 수많은 관료들의 복종보다는 단 한 사람이라도 길재와 같은 양심적인 인물의 심정적인 지지가 더 절실했다. 그렇지만 길재는 끝내 출사를 거절했다. 그가 배워왔던 학문의 대의와 양심을 저버릴 수 없었던 탓이다. 새 왕조의 기반이 한층 안정을 되찾으면서, 원칙에 충실하고자 했던 그의 노력은 점점 더 높은 평가를 받았다. 그리하여 그는 고려 왕조의 지속을 위해 기꺼이 목숨을 내놓은 스승 정몽주와 더불어 가장 존경받는 인물로 부상했다.

새 술은 새 부대에

새 왕조는 계속해서 그에게 애정 어린 손짓을 보냈다. 그렇지만 그는 한사코 출사를 거부했다. 길재의 출사가 불가능하다고 판단한 새 왕조는 대신 그의 아들에게 손을 내밀었다. 세종 원년(1419)의 일이었다. 왕조의 부름을 받은 아들 길사순吉師舜은 관직의 길로 나섰다. "너는 고려를 잊지 못하는 내 마음을 본받아 네 조선의 임금을 섬겨라. 아비는 이것 외에 다른 소망이 없다." 길을 떠나는 아들에게 길재가 당부한 말이다.

길재는 '하늘의 명'을 받아 새롭게 왕조를 건설한 조선의 정통성을 단 한 번도 부인한 적이 없었다. 건국 30여 년이 지나는 동안 조선은 유교주의에 입각한 도덕적인 국가를 세우고자 무던히 애를 써 왔다. 전 왕조 말기에 피폐해질 대로 피폐해진 농민들도 새 왕조에 들어와 안정을 되찾았다. 사실 고려는 천명을 상실한 왕조였다. '하늘의 명'을 받은 조선은 새 술을 담을 새 부대였다. 길재 또한 그 사실을 잘 알고 있었다.

그러면 그는 왜 한사코 새 왕조에 출사하는 것을 거부했었던가. 그것은 '불사이군'의 정절을 지켜야 한다는 도덕적 책무에서 비롯되었다. 그에게 '내 왕조' 는 고려일 뿐이었다. 그렇지만 아들은 달랐다. 상황이 바뀌어 아들에게는 '네 왕조' 조선이 있을 뿐이었다. 그 때문에 그는 관로에 오르는 아들에게 "내 마음을 본받아 네 조선의 임금을 섬겨라"라고 당부했다. 이로써 새 왕조와 그 사이에 놓인 불화는 해소되었다. 그리고 그는 전 왕조의 마지막 충신이자 새 왕조 최초의 충신이 되었다.

고향에서의 그의 삶은 그동안 중앙에서 갈고 닦은 교육 관료로서의 경험과 책무를 충실히 수행하는 데 바쳐졌다. 그는 낙향 이래 금오산 기슭에 서재를 열고 정주학에 기초하여 학생들을 가르쳤다. 교육자로서의 명성은 선산을 넘어 경상도 전역으로, 더 나아가 전국으로 퍼져나갔다. 그리하여 학문을 연마하려는 수많은 학생들이 각처에서 그의 문하로 몰려들었다. 1419년(세종 1) 세상을 하직하기까지 30여 년간 그는 고향에서 양심을 좇는 학자로서, 수많은 제자들의 스승으로 한결같은 삶을 살았다. 수제자 박서생朴瑞生은 스승의 '행장' 을 집필하면서, "경학을 하는 선비 가운데 선생의 문하에서 나온 이들이 이루 헤아릴 수 없을 정도로 많다"고 회고했다. 그리하여 길재의 고향 선산은 15세기 동안 전국에서 가장 많은 과거 급제자를 배출한 문향文鄕으로 이름을 날렸다. 가난과 외로움 속에 어린 시절을 살아온 수줍은 소년 길재는 그 시절의 모든 고난과 시련을 극복하고, 만인의 스승으로, 만고의 충신으로 우뚝 서게 되었던 것이다.

한충희

금오서원. 야은 길재를 비롯해서 선산이 배출한 거유 김종직, 정붕, 박영, 장현광을 배향한 서원으로 선산읍 원동에 있다. 대원군의 대대적인 서원 훼철 시에도 조선 성리학의 발원지라는 상징성이 참작되어 훼철되지 않은 조선 최고의 서원 가운데 하나이다.(위) 지주중류비. 원래는 중국 수양산 기슭의 이재묘 앞에 세워진 비석으로 한강 정구가 중국으로부터 탁본을 입수하고, 당시 인동현감 겸암 유운룡이 주도하여 길재의 묘소가 있는 구미시 오태 동구에 세웠다.(아래)

채미정. 고향으로 내려온 길재가 서재를 열
고 제자들에게 강학하던 곳으로 구미시 금
오산 입구에 있다.(위)
조선시대의 선산. 선산의 진산인 비봉산 아
래가 '장원방'이라 알려진 영봉리이다. 출
전《東輿備攷》(경북대출판부, 1998)(아래)

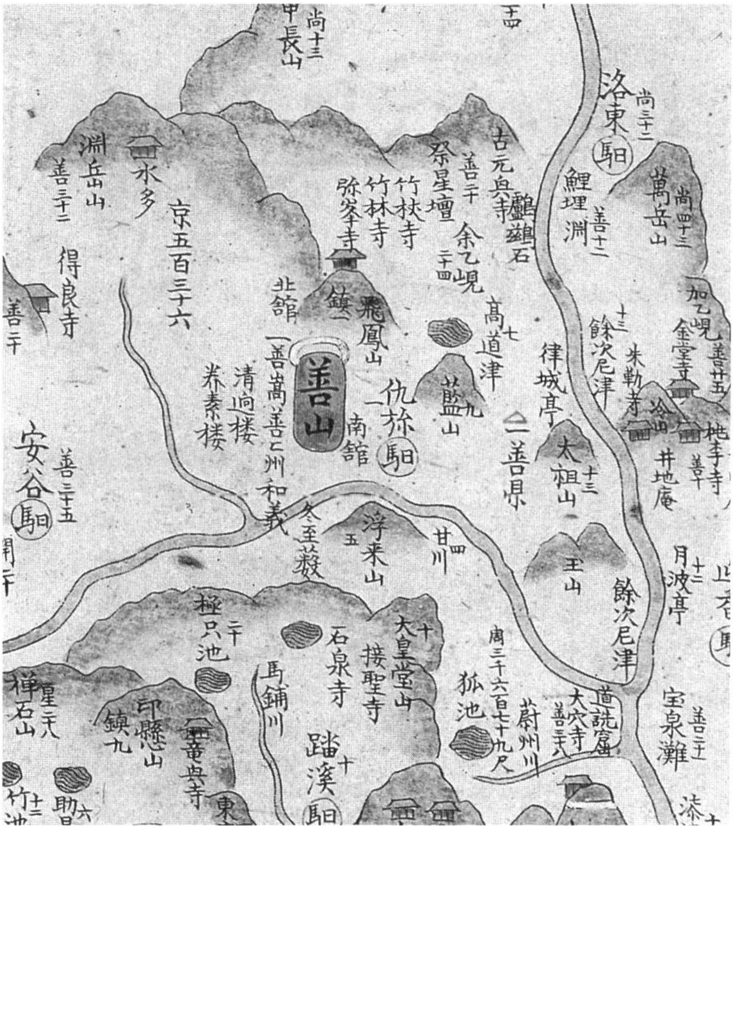

15세기의 선산

18세기 중반의 유명한 지리학자 이중환李重煥은 그의 명저《택리
지擇里志》에서 "조선 인재의 절반은 영남에 있고, 영남 인재의 절반은
일선(선산의 고지명)에 있다"고 선산을 평한 바 있다. 물론 이 말은 조
선 왕조 전 시기에 걸쳐 선산이 관료를 많이 배출했다는 것을 의미하
지는 않는다. 그렇지만 15세기에 관한 한 선산은 인재의 고장이었다.

15세기 후반 선산 출신의 저명한 관료학자 김종직金宗直은《이존
록彝尊錄》에서, 길재의 문하로 "학동들이 구름같이 몰려들었다"고
소회한 바 있다. 이들 가운데 그의 부친 김숙자金叔滋가 포함된 것은
잘 알려진 사실이다. 15세기에는 선산 관아와 향교가 있던 영봉리
출신으로 과거에 급제한 자들이 많이 배출되었다. 이들 가운데 전
가식, 유면, 정지담, 하위지는 문과에서 당당히 장원한 재원이었다.
그 때문에 김종직은 영봉리를 '장원방壯元坊'이라 불렀다.

길재의 '불사이군'의 충절은 이후 선산 유학에 큰 영향을 끼쳤
다. 사육신 하위지河緯地와 생육신 이맹전李孟專이 이곳 출신인 것
도 이러한 분위기와 관련이 있다. 그리고 평생에 걸친 길재의 정주

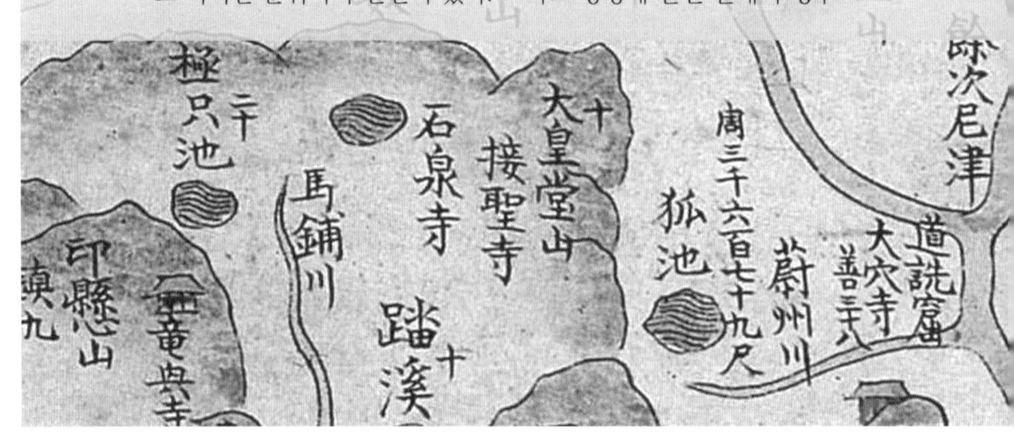

학 침잠은 이후 이 지역이 성리학의 본향이 되는 데 결정적인 영향
력을 행사했다. 16세기 중반 이후 확립된 조선 성리학의 도통道統은
흔히 정몽주－길재－김숙자－김종직－김굉필·정여창－조광조－이
언적－이황으로 연결된다. 그런데 위의 8대 연원 가운데 길재로부
터 김굉필金宏弼에 이르는 무려 4대의 학자들이 모두 선산과 직·간
접적으로 연결을 맺고 있던 인물들이었다. 15세기 선산은 성리학의
메카였던 셈이다.

그런 탓에 임진왜란 직후인 17세기 전반 해평 출신의 학자이자
관료 최현崔晛은 《일선지一善志》를 편찬하면서, 그 말미에 '선현先
賢' 조를 따로 설정해둘 정도였다. 거기에는 김주, 길재와 같은 고려
말의 저명 인물을 비롯해서, 하위지·김숙자·이맹전·김종직·김굉
필·김응기·정붕·박영·김취성·김취문·박운·성운·최응룡 등 19명
이 수록되어 있다. 15세기와 16세기를 풍미했던 당대의 관료와 학
자들 대부분이 망라되어 있는 셈이다. 15세기의 문향 선산은 이렇
게 탄생했던 것이다.

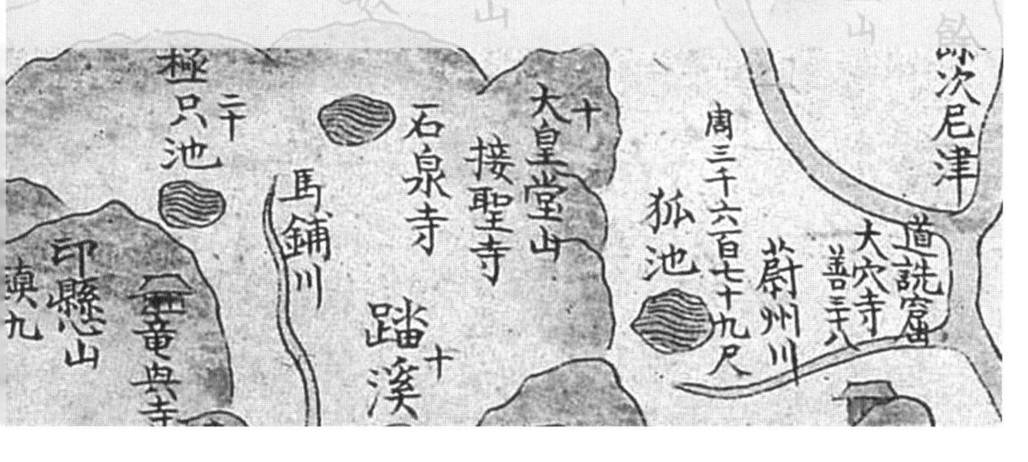

성리학의 정치적 실현을 위한 초석 **김굉필**

조광조의 회상

1519년(중종 14) 7월의 어느 날이었다. 중종이 갑자기 경연관을 소집했다. 조정의 신망을 한 몸에 받고 있는 조광조趙光祖에게 더 높은 지위를 부여하는 문제를 논의하기 위해서였다. 경연관의 말단 관리인 김명윤은 조광조의 공을 높이 평가하며 다음과 같이 말했다.

"김종직金宗直과 김굉필金宏弼은 이 세상을 바로잡을 뜻이 있었지만 모두 일을 이루지 못하고 죽었습니다. 그러나 지금 조광조는 크게 분발하여 허물어진 사림의 기풍을 일으켰습니다. 이는 김굉필이 하지 못한 일을 조광조가 시행함을 의미하는 것이니 그의 공이 크지 않습니까?" 예전에 김종직과 김굉필은 세상을 바로잡고 사림의 기풍을 일으키려는 뜻을 가지고 있었어도 이를 실현하지 못했지만, 이제 조광조가 그 일을 이룰 것이라는 발언이었다.

당시 조광조는 사헌부 대사헌으로 있으면서 권력의 중심에서 중종 대의 개혁정치를 이끌던 조정의 핵심 인물이었다. 그러나 조광조의 이런 야심찬 행보에 비해 그 스승 김굉필(1454~1504)은 갑자사화

甲子士禍(1504년) 때 붕당을 조성했다는 죄목으로 처형되었고, 김굉필의 스승인 김종직은 그보다 앞서 무오사화戊午士禍(1498년) 때 송장이 된 몸으로 다시 형벌을 받는 수모를 겪어야 했다.

생각해보면 그 당시는 사림들에게 고난의 세월이었다. 김종직, 김굉필, 조광조를 비롯한 사림들은 자신의 학문인 성리학을 현실 세계에서 실현하고자 힘쓴 사람이었고, 성리학이 조선 왕조의 건국 이념인 이상, 이를 실현하려는 노력은 당연한 것이었다. 그러나 건국 초기였던 15세기에는 각종 제도와 문물을 정비하여 국가의 틀을 갖추는 데 몰두하느라, 개인의 수양에서 정치의 장에 이르기까지 각 단계별로 성리학이 제대로 실현되기를 기대하는 것은 무리였다.

게다가 세조가 조카인 단종의 왕위를 찬탈하여 즉위함으로써 성리학의 명분론은 심각한 타격을 입었다. 성리학의 위기는 그 후에도 계속되어 세조를 뒤이은 연산군의 악정이 있었고, 중종반정이 있었다. 중종의 즉위는 '바른 것으로 되돌린다'는 의미의 반정反正이었지만, 무력으로 왕위를 뺏었다는 점에서는 세조와 마찬가지였다. 성리학의 이념을 개인의 수양 단계부터 철저히 실천하고 명분과 절의를 중시하는 사림으로서는 이런 사태를 그냥 묵과할 수 없었다.

이처럼 무력과 비리가 난무하는 현실 정치를 처음으로 비판하고 나선 사람이 밀양 출신 학자인 김종직이었다. 세조 대에 문과에 급제하고 성종 대에 고위직을 역임한 김종직은 〈조의제문弔義帝文〉을 지어 세조의 왕위 찬탈을 비판했다. 이 글은 진나라 말기에 항우에게 죽임을 당한 초나라 황제인 의제를 조문하는 형식이었지만, 내

면적으로는 의제를 단종에, 항우를 세조에 빗대어 세조의 집권을
비판하는 것이었다.

사건은 성종이 사망하고 연산군이 즉위한 직후 《성종실록》을 편
찬하는 과정에서 시작되었다. 김종직의 제자인, 청도 출신 김일손金
馹孫이 사관의 자격으로 실록 편찬에 참여했는데, 그의 사초에서
〈조의제문〉이 발견되었던 것이다. 사실 이즈음 시작된 소릉昭陵 복
위 운동도 세조를 비판하는 의미가 있었다. 소릉은 문종의 왕비이
자 단종의 모후인 현덕왕후의 무덤인데, 그녀의 친정 가족이 단종
의 복위를 도모하자 세조가 그 무덤을 파헤치고 종묘에 있던 신주
마저 철거했던 것이다. 그런데 연산군이 즉위하면서 소릉을 복위시
켜야 한다는 주장이 제기되던 중에, 세조와 그 측근 신하들을 비판
하는 김일손의 사초가 문제를 악화시켰다. 그러자 세조 대 이후 권
력을 장악한 정치세력들은 무오사화를 일으켜 많은 사림들을 죽음
으로 몰고 갔다. 앞서 보았듯이 김종직의 무덤이 파헤쳐졌고, 그 제
자인 김일손은 사형, 정여창鄭汝昌은 종성으로, 김굉필은 희천으로
귀양을 갔다. 함양 출신인 정여창은 김굉필과 동문수학한 동료였는
데, 끝내 귀양지에서 사망했다.

갑자사화는 그로부터 6년 후에 발생했다. 중종의 왕비이자 연산
군의 생모인 윤비가 폐위되었다가 사약을 받았다는 소식이 연산군
에게 알려지면서 발생한 사건이었다. 연산군은 생모를 친정으로 쫓
아내고 사약을 내리는 일에 관여했던 모든 관리의 죄를 물었고, 이
를 계기로 무오사화 때 겨우 살아남았던 사림들이 다시 피해를 입

었다. 귀양지에서 사망한 정여창에게 추가로 형이 가해졌고, 유배지에 있던 김굉필, 박한주, 이수공 등이 사형을 받았다.

스승 김종직의 학문을 계승하다

그럼 김굉필은 어떻게 해서 김종직과 조광조의 연결 고리가 될 수 있었을까? 김굉필은 증조부 때부터 현풍에 살았지만 그가 태어난 곳은 서울 정릉동이었다. 또한 부인 박씨와 결혼한 이후 처가인 합천군 야로현에 살기도 했고, 서울의 호현방에도 집을 두었다. 김굉필은 이처럼 여러 연고지를 다니며 각지의 학자들과 교류했다.

김굉필이 김종직을 만난 것은 과거에 합격하기 전이었다. 부모의 상 때문에 고향에 머물던 김종직은 청년 김굉필을 만나 《소학小學》을 가르쳐주었고, 이후 두 사람은 돈독한 사제 관계를 맺었다. 성종대 말년에 김굉필은 천거를 받아 참봉이 되었고, 군자감 주부, 사헌부 감찰을 거쳐, 1497년(연산군 3)에 형조좌랑에 임명되었다. 형조좌랑은 그가 누린 최고위 관직이다.

김굉필이 서울 출신인 조광조를 만난 곳은 유배지인 평안도 희천이었다. 부친 조원광이 어천찰방이 되자 그의 임지를 따라갔던 조광조가 희천으로 김굉필을 찾아간 것이다. 조광조가 김굉필에게 교육을 받은 기간은 오래되지 않지만, 이 만남은 이후 사림의 학통을 형성하는 데 중요한 계기가 되었다.

1518년(중종 13) 조광조는 국왕에게 자신의 학문적 연원을 다음과 같이 언급했다.

"김굉필이 비록 벼슬로 이름을 떨치지는 못했지만 오늘날 선비 중에 그의 학업을 듣고 배우기를 원하는 사람이 많습니다. 이것이 바로 김굉필의 공적입니다. 김종직이 처음 길재吉再에게 수업을 받았는데, 길재는 바로 정몽주鄭夢周의 문인입니다. 따라서 김종직이 학문을 전한 연원은 근원이 있는 것입니다."

정몽주-길재-김종직-김굉필-조광조로 이어지는 사림의 학통은 바로 조광조에 의해 확립된 바, 조광조는 자신이 추진하는 개혁 정책이 스승 김굉필의 학문과 절의를 실현하는 것이라고 주장했던 것이다.

김 문 식

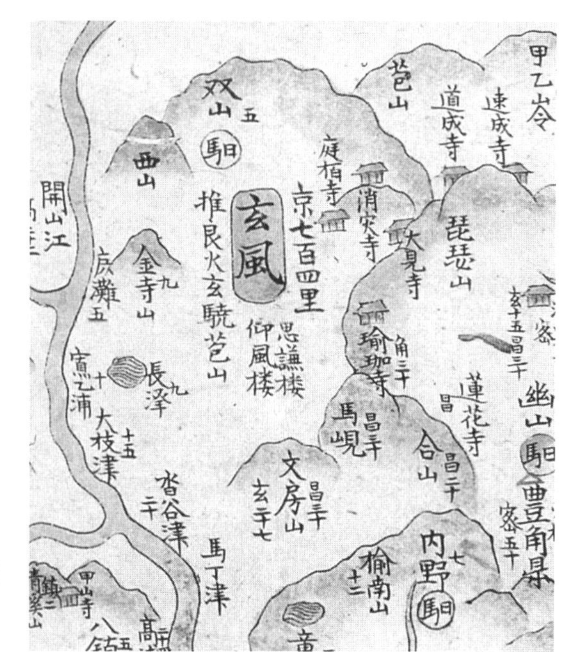

김굉필의 학문과 덕행을 추모하기 위해 지방 유림
의 공의로 세워진 도동서원(위)
현풍지도 출전《東輿備攷》(경북대출판부, 1998) (아래)

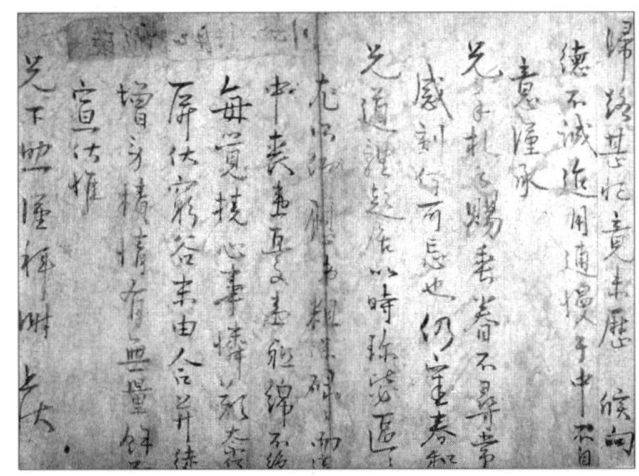

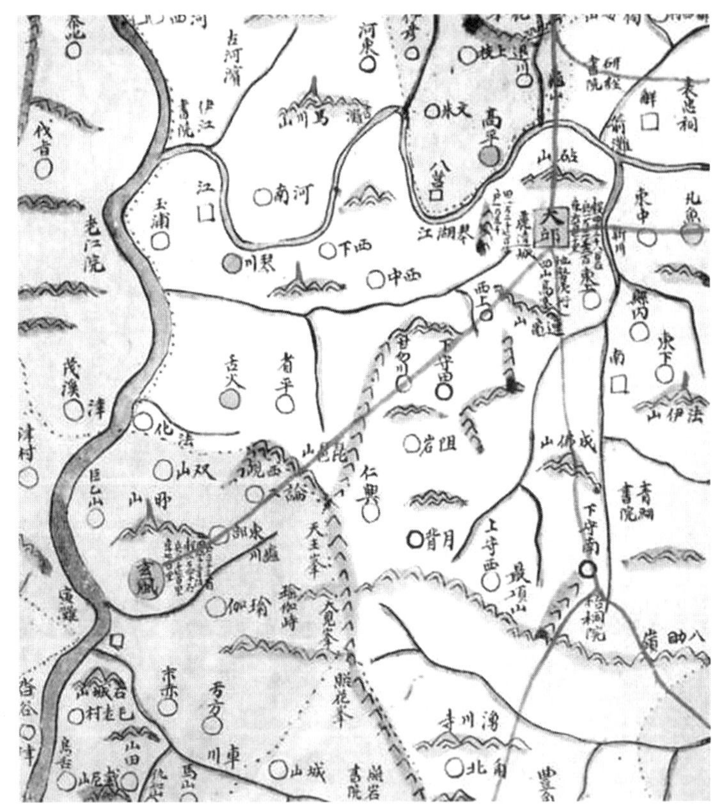

김굉필의 진적(위)
현풍과 대구. 김정호 작. 《여지도》. 1834.
출전 《한국의 옛 지도》(영남대박물관,
1998) (아래)

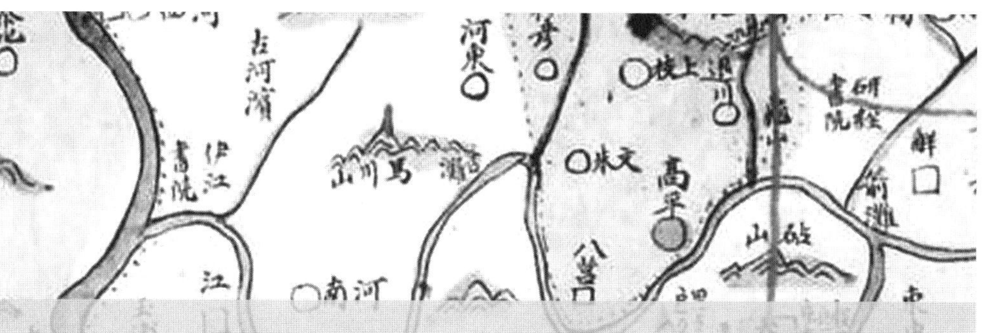

김굉필의 《소학》 실천

젊은 시절 김굉필은 구속받기를 싫어하고 제멋대로 행동하는 사람이었다고 한다. 그는 길에서 놀기를 좋아했고 지나가는 사람들을 보면 장난삼아 회초리를 휘두르곤 했는데, 이 때문에 그가 나타나는 것을 본 사람들이 미리 길을 피했다는 일화가 전해진다.

그러던 김굉필이 본격적인 학문의 길로 들어선 것은 스승 김종직을 만나면서부터였다. 김종직은 그에게 《소학》을 가르치면서 "학문에 뜻을 두면 이 책에서 출발해야 하며, 주렴계周濂溪의 인품도 여기서 벗어나지 않았다"고 말했다. 스승의 가르침에 마음을 움직인 김굉필은 서른 살이 될 때까지 《소학》만 읽고 그 내용을 실천하기에 힘썼다. 그는 평소에도 늘 의관을 갖추어 입었고, 새벽닭이 우는 소리에 일어나 부모님께 문안 인사를 올리고 밤늦게까지 학문에 전념하였다. 그리고 부인 이외에는 일체의 여색을 가까이 하지 않았고, 정치를 물으면 "《소학》을 읽는 동자[小學童子]가 어찌 대의를 알겠는가"라고 대답할 뿐이었다고 한다.

다음은 김굉필이 《소학》에 관해 지은 시인데, 이를 읽은 김종직

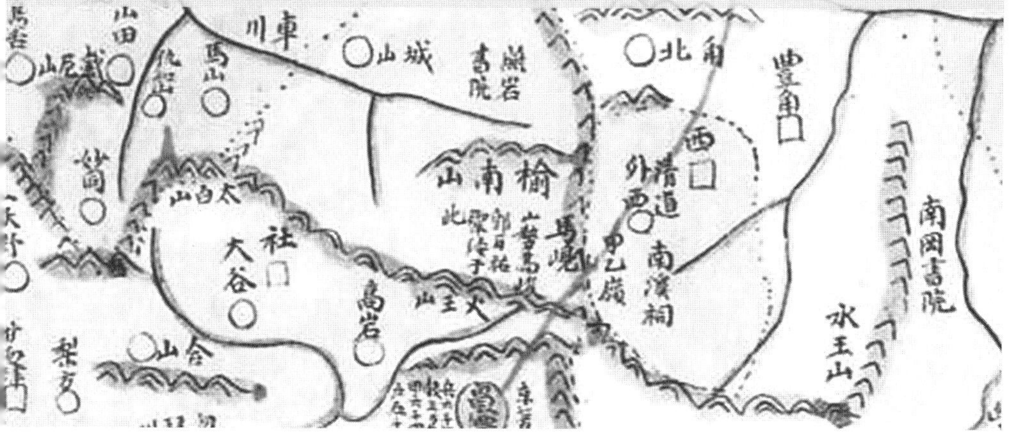

은 그가 원나라 허형許衡 이후 처음으로 성인이 되는 기본을 깨달았
다고 평하였다.

業文猶未識天機　문장을 업으로 했지만 천기를 알지 못하다가
小學書中悟昨非　소학 책 안에서 예전의 잘못 깨달았네

김굉필의 《소학》 실천은 생애의 마지막 순간까지 계속되었다. 갑
자사화로 인해 사형이 집행되던 날, 그는 목욕을 하고 의복을 갖추
어 입었으며, 신발이 벗겨지자 다시 신었다고 한다. 그리고 그는 손
으로 수염을 가다듬어 입에 물었는데, 이는 "신체발부身體髮膚는 부
모에게 받은 것"이므로 수염까지 상해를 받을 수 없다는 《소학》의
가르침을 실천하기 위해서였다.

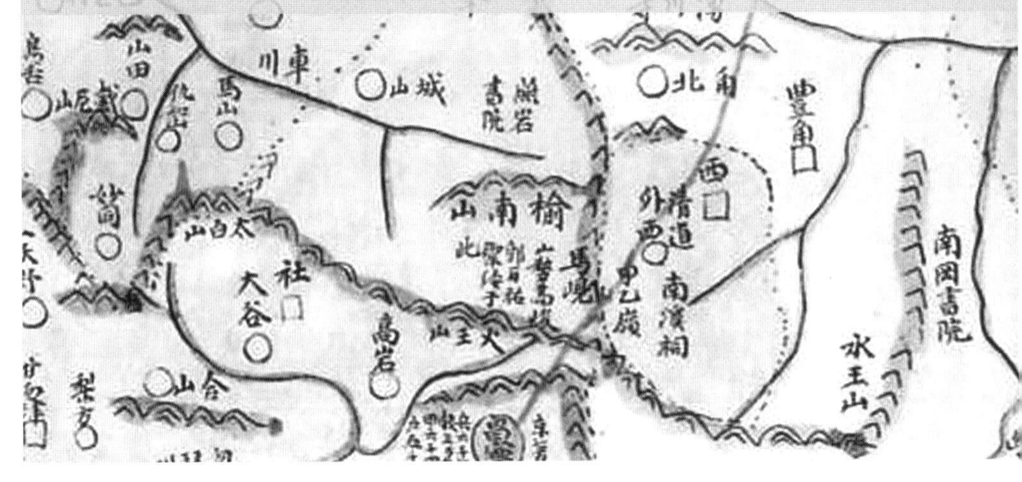

조선의 시각으로
성리학을 해석하다 이언적

현실 정치에 참여한 관료학자

회재 이언적晦齋 李彦迪(1491~1553)은 조선전기 정치·사상사에서 자신의 성리학 이론을 숙성해 낸 첫 세대 학자이며, 동시에 그 이론의 정치적 실현을 위해 일생 동안 노력한 인물이었다. 동시대의 서경덕徐敬德이 서민풍의 대표적인 재야학자였다면, 이언적은 참여 정신에 투철한 관료학자였다.

이언적은 조선 역사상 정치적 파란이 가장 심했던 시기인 16세기 사화기士禍期에 일생을 보냈다. 중종 9년(1514) 별시에 급제하여 관직을 시작한 이언적은, 당시 사회의 온갖 비리들은 왕권 중심의 공도정치 실현을 통해서 개혁될 수 있다고 믿었다. 정통 성리학자답게 그는 참된 왕정 실현이 가능하리라는 확고한 신념을 가지고 벼슬길에 나아갔다.

그의 이러한 입장은 선배들인 기묘사림己卯士林과는 일정한 차이가 있었다. 당시 훈구척신계勳舊戚臣系의 전횡으로 야기된 사회적 문제에 대해 사림파의 대응은 크게 두 가지 방향으로 나타났다. 하나는 향촌사회를 안정시키는 방도를 직접 강구하는 것이었다. 이러한 움직임은 성종 대 김종직金宗直을 중심으로 한 향사례鄕射禮·향음주례鄕飮酒禮의 보급운동으로 나타났고, 그 후 조광조趙光祖를 중심으로 한 기묘사림에 의해 향약鄕約 보급운동으로 이어졌다. 그러나 이러한 활동은 기묘사화己卯士禍(1519년)가 발발함으로써 실패로 끝났다. 다른 하나는 중앙의 왕정을 바로잡고자 하는 것이었다. 이러한 움직임은 연산군 대의 폭정을 경험하면서 구체화된 것으로, 천하의 모든 일은 임금의 마음에서 비롯된다는 인식 아래《대학大學》에 기초하여 군주를 성학聖學의 세계로 이끌어야 한다는 것이다. 이언적의 관심은 바로 여기에 있었다.

이언적은 성학의 기초로《소학》을 중시했지만 치세治世의 근본적인 해결책은《대학》에서 구했다. 21세 때인 중종 6년에 지은 〈문진부問津賦〉와 기묘사화 발발 2년 만에 국왕의 부름을 받고 이에 응하면서 지은 〈이윤伊尹이 탕왕湯王에게 다섯 번 나아간 것을 논함〉에서 그의 이러한 사상이 잘 드러난다. 즉 폭군 걸桀의 개과천선을 위해 나아가기를 멈추지 않은 이윤의 뜻을 새삼 헤아리면서, 이윤처럼 나의 군주를 요순堯舜이 되게 하고, 그 백성이 요순시대와 같이 살 수 있게 하는 것이 벼슬에 나아가는 도리라 믿었던 것이다.

이 같은 그의 정치론은 여러 차례 국왕에게 개진되었는데, 그 대표적인 것이 중종 34년(1539)에 작성한 〈일강십목소一綱十目疏〉였다. 중종이 중국의 진덕수眞德秀도 이를 능가하지 못할 것이라고 찬

탄한 바 있던 이 상소에서, 그는 그간의 잘못된 정치는 국왕의 성학이 아직 지극하지 못하기 때문이라고 지적했다. 그리고 국왕의 학문적 성취에 가장 방해가 되는 요인으로 권간(權奸)과 궁금(宮禁)의 발호를 들고 이들의 척결을 역설했다. 이 상소는 《대학》에 본원을 두는 한편, 김안로金安老의 전횡에 휘말린 중종에 대한 엄격한 비판의 뜻을 담고 쓰여진 것이었다. 그는 김안로의 기용을 극력 반대하다 파직되는가 하면, 천거과薦擧科의 복설, 정치기강의 쇄신과 같은 과감한 주장을 개진하기도 했다. 그러나 그의 정치적 실천은 훈구척신계가 주도하는 현실 속에서 제대로 펼쳐질 수 없었다.

그리하여 그는 명종 집권 초기 윤원형과 같은 척신들의 정국운영에 정면으로 대응하기보다는, 군주가 공론에 입각하여 정국을 운영하도록 개도해야 한다는 소극적인 입장을 견지했다. 훗날 인종이 되는 세자의 교육을 강조하고, 또 《소학언해본》을 간행하여 문정왕후文定王后와 국왕이 익혀야 한다고 권면했던 것이 그러한 사례이다.

이러한 그의 현실인식은 을사사화乙巳史禍(1545년) 당시 사림파의 영수로서 훈척세력에게 적극적으로 대처하지 못했다는 비판의 소지를 야기하기도 했다. 이언적은 사림파에 대한 척신계의 대대적인 탄압 국면에서 그것의 절차상의 잘못을 지적하고, 사림파가 인종에게 전심을 다한 것은 인신의 의리에서 비롯되었다는 점을 들어 사화의 부당성을 간접적으로 비판했을 뿐이었다.

훈구척신 주도의 정국하에서 사림의 위학爲學 자세와 출처관은 일치하지 않았다. 이언적은 사림정치의 이상 실현을 위해 노력한 이 시기 대표적인 관료학자였지만, 김일손金馹孫·조광조 등과는 달리 온건한 자세를 끝까지 견지했다. 그가 사화에 직면하여 처음부터 강경하게 대응하지 못한 것은 그의 온건한 성품 탓이었지만, 설사 강경하게 대응했다손 치더라도 대세를 뒤집을 수는 없는 노릇이었다. 실제로 사화기 그의 신중한 태도는 사림파의 피해를 축소시키는 역할을 담당했다. 그러나 그의 이러한 온건한 태도는 그가 이 시기 사림파의 영수였다는 점에서 일부 사림들로부터 비판을 받기도 했다. 그러나 그의 정국에 대한 인식과 자세는 본질적으로 훈척 세력과는 양립될 수 없었다. 그 때문에 을사사화 직후인 명종 2년(1547) 양재역 벽서사건으로 이기·윤원형 등의 탄핵을 받아 함경도 강계로 유배가기에 이르렀던 것이다.

조선인의 관점에서 성리학을 재해석하다

이언적은 유배지 강계에서 세상을 떠나는 명종 8년까지 6년여 동안 학문 연구에 주력하여 《구인록求仁錄》·《대학장구보유大學章句補遺》와 같은 중요한 저술을 많이 남겼다. 그의 학문의 핵심은 주희朱熹의 주리론적 입장을 정통으로 확립하는 것이었다. 그것은 그가 27·8세 때에 조한보曹漢輔와 서신으로 문답한 〈태극논변太極論辨〉에서 이미 두드러지게 나타났다. 이 논변은 훗날 이황李滉이 "우리 도의 본원을 밝히고 이단의 그릇된 주장을 물리쳤으며, 정미함을 꿰뚫고 상하를 관철하여 그 주장이 조금도 흠잡을 데 없이 바른 도道에서 나왔다"고 탄복한 탁월한 논문이었다. 이렇게 볼 때 그는 이미 청년기에 성리학 전반에 대한 높은 수준의 이해를 하고 있었다.

　이언적의 경학 연구에 있어서의 특징은 자주적·독창적이라는 점에 있었다. 그는 주자의 설이라 할지라도 자기의 관점과 다를 경우 취하지 않았다. 《대학장구보유》가 그 한 예이다. 그는 주자가 필생의 노력으로 편찬한 사서四書 주석서 가운데 하나인 《대학장구大學章句》를 자의대로 편차를 뜯어 고치고 새로운 해석을 내렸다. 이러한 활발한 저술 활동을 통해 이언적은 경세가로서 뿐만 아니라 우주론·심성학心性學 등에서 자주적이고 독창적인 면모를 보인 16세기의 대표적인 철학자로 우뚝 서게 되었다.

이 수 환

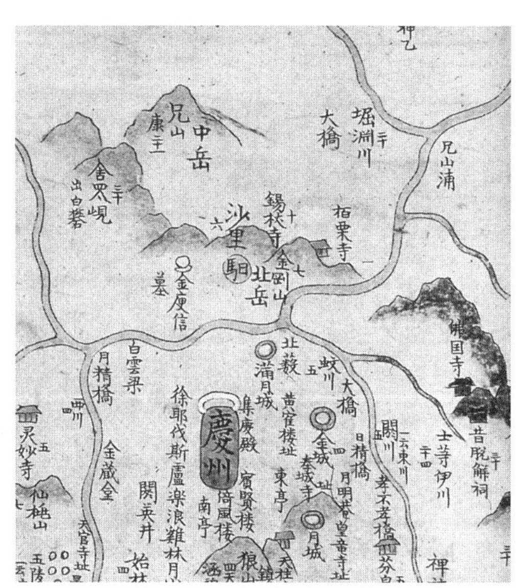

경주 월성 양동마을의 기와집. 이언적의 씨족인 여강 이씨와 월성 손씨가 모여 사는 동족 마을이다. 중요민속자료 제189호로 지정되었다. (위)

경주, 안강 지도. 출전 《東輿備攷》 (경북대출판부, 1998) (아래 왼쪽)

경주시 안강읍에 있는 옥산서원 전경. 1672년 경주부윤 이제민이 지방 유림의 뜻에 따라 창건하였고, 대원군이 서원을 훼철할 때에도 존속되었다. (아래 오른쪽)

양동마을에 있는 무첨당(위)
이언적이 거처하던 독락당 내 계정(아래)

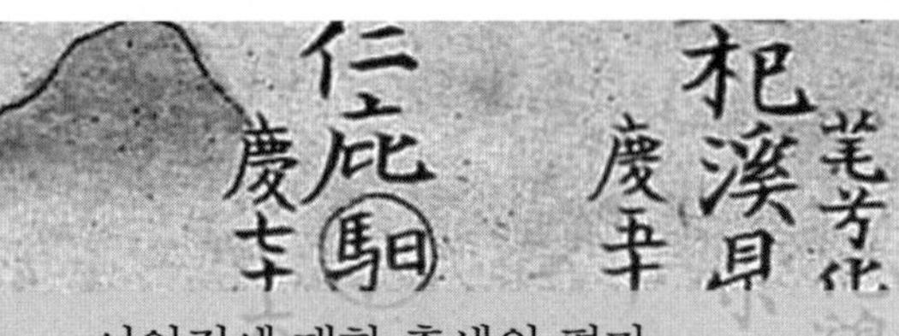

이언적에 대한 후세의 평가

이황은 이언적의 행장을 쓰면서 그의 학문을 다음과 같이 평했다.

> "선생은 따로 이어 받은 곳도 없이 스스로 이 학문에 힘써 남모르는 사이에 날로 나타나고 덕행이 부합했으며, 뚜렷이 문장으로 드러나고, 훌륭한 말을 후세에 남겼다. 이러한 분을 우리나라에서 구한다면 그와 짝할 만한 사람은 아마도 있지 않을 것이다."(《퇴계집》, 〈회재선생행장〉)

이황은 선배 학자인 조광조와 이언적의 행장을 쓰면서 학문적 저술이 없는 조광조에 대해서는 당혹감을 느낀데 반해, 성리학에 관한 방대한 저술을 남긴 이언적에 대해서는 위와 같이 극찬하였다. 조선 왕조 사회에서 절대적인 권위를 누렸던 퇴계철학은 회재철학을 기반으로 해서 나왔다고 할 수 있다.

이러한 이언적의 학문과 사상은 200여 년이 지난 영조·정조 대에 와서 다시 주목받기 시작했다. 특히 정조는 세손世孫 시절부터 《대학》에 대해 특별한 관심을 갖고 선현들의 관련 업적을 섭렵한 끝에, 이언적의 《대학장구보유》와 《속대학혹문續大學或問》을 높이 평가하여 존경의 뜻을 표시했다. 정조는 "(주자 이후) 후학으로 받들어 잇는 자들이 모두 반드시 주자의 견해를 얻은 것이 아니나, 선정先正의 《대학》이해는 바로 주자를 선학善學했다고 할 수 있다"고 평했다.

정조는 옥산서원玉山書院에서 빌려온 《속대학혹문》을 돌려보내면서, 〈회재선생 《속대학혹문》의 서문에 제題하여〉라는 글을 직접 지어 서원에 보관하게 했다.

나아가기는 어렵고 물러나기는 쉽다 **이황**

홀로 선을 지키는 것은 사람의 도리가 아니다

퇴계 이황退溪 李滉(1501~1570)은 경상도 예안현 온혜리에서 아버지 이식李埴과 어머니 춘천 박씨 사이에서 태어났다. 이황은 이식의 전처 의성 김씨와 후처 춘천 박씨 사이에서 태어난 7남 1녀 가운데 막내로서, 특별한 스승 없이 삼촌 이우李堣와 모친 박씨의 독려 속에서 가학家學을 이었다.

34세의 나이로 문과에 급제한 초기에 이황은 임금의 부름이 있으면 적극적으로 벼슬에 나아가는 편이었다. 그러나 후기에는 부름이 있어도 사양했으며 비록 나아가더라도 오래 머물러 있지 않았다. 후학들은 그의 이러한 자세를 "나아가기는 어렵고 물러나기는 쉽다難進易退"라는 말로 표현했다. 이황은 벼슬살이 자체를 거부하지는 않았다. 오히려 "만약 홀로 선善을 지키고자 세상을 잊는다면 하늘의 이치를 누가 밝히며 사람의 도리는 누가 바로 잡겠는가?"라고 하여, 입신출세를 일부러 회피할 필요는 없다고 보았다. 실제로 그는 작고할 때까지 약 90종의 관직에 140여 회에 걸쳐 임명되었다는 통계가 있다.

그러나 중년 이후인 명종 대에는 정치 현실은 윤원형, 이기 등 노회한 무리들이 조정을 장악하고 있어서 정치적 이상을 실현시킬 가능성이 거의 없었다. 친형 이해李瀣와 장인 권질權礩을 비롯한 가까운 사람들이 정치적 희생물이 되어 비명에 죽었으며, 그의 온건한 성격이나 병약한 체질도 벼슬살이에서 마음이 멀어지게 하는 요인이 되었다. 이러한 우여곡절 속에서 이황은 자신이 여생을 바쳐 힘써야 할 과업은 바로 제자를 기르고 학문을 강론하는 데 있다고 판단했다. 그리고 남은 인생 동안 "나아가기는 어렵고 물러나기는 쉬운" 학자의 길을 걸었다.

따라서 이황에 대한 역사의 평가도 조선 성리학을 집대성하고 영남 유학의 방향을 설정한 학자로서의 업적에서 그 의미를 찾는 것이 보통이다. 실제 그가 관직에 머물렀던 기간은 결코 짧지 않았고, 〈왜국 사신을 물리치지 말 것을 청하는 상소〉나 〈무진년에 올리는 여섯 조목의 상소〉와 같은 뛰어난 정치 감각을 보여주는 글도 적지 않다. 그렇지만 대개는 이황을 정치가보다는 학자와 교육자로서 기억한다.

진정한 용기는 잘못을 고침에 인색하지 않다

이황이 제자를 기르고 학문을 강론하는 삶을 살기로 확실하게 마음먹은 시점은 풍기군수 직을 버리고 고향으로 돌아온 50세 되던 해였다. 이후 많은 문인학자들이 그의 문하에 모여들어 도학과 문장을 논했으니, 조선 중기 유학계의 중요한 학술적 단서가 이로써 형성되었고, 지금까지 전해오는 수많은 일화와 미담이 이로써 생겨났다. 그 가운데 가장 많이 알려진 것은 전라도 광주 출신으로 26세 연하의 선비 고봉 기대승高峯 奇大升(1527~1572)과의 성리논쟁이다.

이황이 59세 되던 해에 시작되어 8년간에 걸쳐 계속된 이 학술논쟁을 통상 '사칠논쟁'이라고 부른다. 좀 어려운 말로 표현하면 인간에게 순수한 도덕적 품성[四端]과 인간적 감정[七情]이 어떤 관계에 있으며 어떻게 작용하는가에 관한 고도의 철학적 논쟁이다. 이 논쟁은 또한 인간을 순수한 도덕 실천자로 볼 것인가, 아니면 인간적 감정의 소유자로 볼 것인가라고 하는 인간관의 문제이기도 했다. 이 논쟁을 통하여 '사단칠정' 이외에도 주요 철학적 주제들이 두루 언급됨으로써 이후 한국 성리학의 전개와 흐름에 크나큰 영향을 끼쳤다. 그런 점에서 '사칠논쟁'을 한국학술사에 있어서 최대의 논쟁이라고 부른다. 두 사람 간에 오갔던 토론의 내용은《양선생왕복서》라는 이름으로 남아 있다.

'사칠논쟁'의 의의는 논쟁하는 자세에서 모범을 보였다는 점에서도 중요한 의의가 있다. 이황과 기대승은 흔들림 없이 주관을 견지했지만, 논쟁이 가열되면 될수록 더욱더 상대방을 배려하고 존중했다. 그 결과 논쟁을 진행하면서 두 사람은 나이 차이를 잊고 인간적으로나 학문적으로 서로를 깊이 인정하고 신뢰하게 되었다. 그렇기 때문에 국왕 선조가 이황에게 유능한 인재를 추천하라고 했을 때, 그는 고향의 수많은 제자들을 제쳐두고 기대승을 첫 번째로 천거했던 것이다.

이황은 제자들에게 꾸준히 공부할 것을 주문했다. 자신도 34세에 문과에 급제했으니 빠른 편이 아니었다. 그는 천성적으로 성실하게 공부하는 스타일이었다. 공부할 때도 양반다리를 하고 앉는 것보다는 꿇어앉는 것이 좋다고 했다. 그렇기 때문에 단번에 익히려고 하거나 애쓰지 않고도 알 수 있다고 하는 학설에 대해서는 매우 비판적이었다. 당시 중국과 조선에서 한창 주목을 받고 있던 왕양명王陽明의 '지행합일설' 을 그가 강력하게 비판한 것도 이러한 이유 때문이었다.

이황의 제자들은 향리인 예안과 안동을 중심으로 서울, 경남, 호남, 호서 등 전국에서 모여들었다. 이처럼 그는 생존 시에 거국적인 존경을 받았으며, 동서 분당 이전에 생애를 마쳤다. 따라서 이른바 '영남학파의 영수' 라는 칭호는 엄격히 말하면 그가 죽은 후에 벌어진 정치적 상황의 산물이라고 할 수 있다. 이러한 거국적 존경은 높은 학문적 성취뿐만 아니라 스승으로 자처하지 않았던 겸손하고 원만한 인품에서 기인한 것이다. 우리는 '사칠논쟁'이 한창이던 때 기대승에게 했던 다음 말에서 그의 이러한 면모를 살필 수 있다.

"진정한 강함과 진정한 용기는 굳센 기운이나 억지 주장에 있는 것이 아니라, 잘못을 고침에 인색하지 아니하고 옳은 말을 들으면 즉시 승복함에 있다."

김 종 석

1913년의 도산서당 전경. 도산서당은 퇴계가 60세 되던 1560년(명종 15)에 완공하였다. 염정하고 담박한 마음을 사랑하였던 주인의 인품이 느껴진다.(위)
도산서당 편액(아래)

몽천. 도산서당 옆의 산 아래에 있는 작은
샘으로 퇴계 당시부터 있었는데 주역 蒙괘
에서 글자를 따서 蒙泉이라 이름하였다. 蒙
괘에는 時中의 의미가 담겨 있다.(위)
안동, 예안지도. 출전《東輿備攷》(경북대출
판부, 1998) (아래)

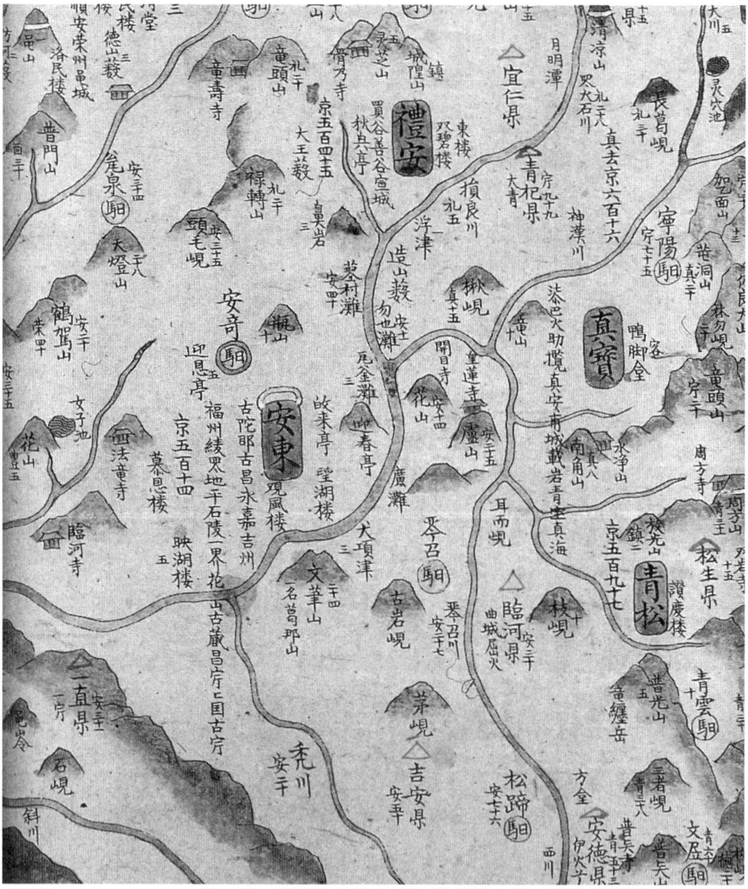

"마음을 편안하고 고요하며 담박하게恬靜苦淡"

이 말은 퇴계가 맏아들 준寯이 집경전 참봉이 되어 벼슬살이를 하고 있을 때, 그에게 주었던 목민관의 마음가짐에 관한 말이다. 준은 녹봉 가운데 쓰고 남은 것을 가지고 몇 가지 물건을 사서 아버지에게 보내드렸다. 이것을 받은 퇴계는 아들에게 다음과 같은 편지를 보냈다.

"관아라는 곳이 본래 빠듯하여 지급받은 녹봉이나 식물食物이 남는다 해도 결코 많을 리가 없다. 그런데도 이렇듯 물건을 사서 나에게 보냈으니 마음이 편치 못하다. 사소한 것이라도 물건을 보내는 것은 벼슬하는 사람의 도리가 아니다. 이것이 습관이 되면 후일 수습하기 어려울까 두렵구나."

퇴계가 특히 경계한 것은 국록을 먹는 공직자의 부정이었다. 공직자의 부정은, 그것이 아무리 사소한 것일지라도, 통합을 지향하는 국민의 희망과 기대심리를 일시에 와해시킨다는 짐에서 심각한 것이다. 퇴계는 공직자가 부정을 저지르는 가장 큰 원인을 부모와 처자식에 대한 분별없는 사랑 때문으로 보았다. 사랑 자체는 선한 것이지만 분별없는 사랑은 사회에 심각한 악이 될 수도 있다. 따라서 그는 아들 준에게 이 점을 누누이 강조했다. 공직자가 가족에 대한 이기적인 사랑에서 벗어날 수 있는 방법, 퇴계는 그것을 염정한 마음가짐과 담박한 생활 태도라고 일렀다.

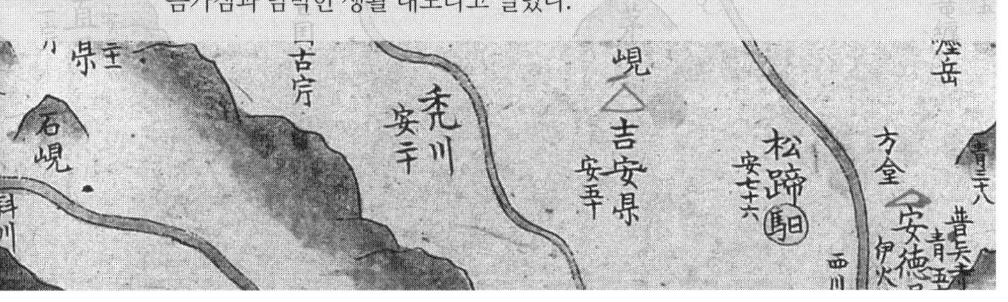

방울과 칼을 찬 선비 **조식**

"전하의 나라 일이 이미 잘못되어서 나라의 근본이 망했고
하늘의 뜻이 가버렸으며 인심도 떠났습니다. 비유하면 백 년
동안 벌레가 속을 먹어 진액이 이미 말라버린 큰 나무가 회
오리바람과 사나운 비가 어느 때에 닥쳐올지 까마득하게 알
지 못하는 것과 같으니 이 지경에 이른 지가 오래됩니다.
(……) 자전(문정왕후)께서는 생각이 깊으시기는 하나 깊숙한
궁중의 한 과부에 지나지 않고, 전하께서는 어리시어 다만
선왕의 외로운 후계자[孤嗣]이실 뿐이니, 천 가지 백 가지의
천재天災와 억만 갈래의 인심을 무엇으로 감당하며 무엇으
로 수습하시겠습니까?"《남명집》, 〈을묘사직소〉)

목숨을 걸고 올린 상소

16세기를 대표하는 선비 남명 조식南冥
曹植(1501~1572)은 1555년 단성현감을 제수 받은 후에 올린 사직 상

소문에서 위와 같이 당시 정치·사회의 위기의식을 날선 문장으로 과감하게 지적했다. 특히 문정왕후를 과부로 표현하고, 명종을 고사孤嗣로 표현한 부분은 문정왕후의 수렴청정을 직선적으로 비판한 것이었다. 조식은 일개 처사處士에 불과했지만 말 한마디로 목숨을 날릴 수 있는 절대군주 앞에서도 이처럼 당당하게 발언하는 선비였다.

조식이 살아간 시대는 사화士禍의 시기였다. 50년간 지속된 사화로 말미암아 지방에서 학문적·사회적 기반을 바탕으로 중앙 정계 진출을 모색하던 사림파는 훈구파의 반격을 받아 좌절을 맛봐야 했다. 을사사화 이후 사화의 끝이 보이는 듯했으나, 명종의 즉위와 문정왕후-윤원형으로 이어지는 외척정치의 횡행은 국가의 기강 문란과 왕실 친인척을 비롯한 권세가들의 정치 독점을 강화시켰다. 그는 이런 현실에서 선비가 서야 할 길은 비판의 목소리를 있는 그대로 전달하는 것으로 여겼다. 국왕에게 불경한 표현이 될지언정 현실의 모습을 바로 지적해주는 것이 선비의 몫이라 판단했다.

당시 이 상소문으로 조정은 발칵 뒤집혔다. "군주에게 불경을 범했다"는 이유로 그를 처벌하자는 주장도 제기되었지만, 상당수의 대신이나 사관들은 "남명이 초야에 묻힌 선비여서 표현이 적절하지 못한 것이지 그 우국충정은 높이 살만 하다"거나, "남명에게 죄를 주면 언로가 막힌다"는 논리로 그를 적극 변호함으로써 파문을 가라앉힐 수 있었다. 왕실의 비행을 적극적으로 지적한 재야 선비의 발언을 존중한 당시 조정의 분위기는 오늘날도 주목할 만하다.

서릿발 같은 비판과 직언을 쏟아내다

조식은 1501년 외가인 경상도 삼가현 토동에서 태어났다. 당대에는 물론 조선 후기까지 이황과 함께 영남학파를 대표하는 양대 산맥으로 인식되었으나, 1623년 인조반정으로 서인이 정권을 잡으면서 북인의 숙청이 이루어졌고, 북인의 핵심인 정인홍이 조식의 수제자였던 까닭에 그에 대한 폄하도 뒤따르게 되었다. 조선 후기 내내 그의 존재가 역사 속에서 잊혀진 것이다. 그러나 1980년대 후반 이후 조식에 대한 연구가 조금씩 이루어지면서 그의 이름이 알려지기 시작했다. 최근에는 '남명학연구원' 등 조식과 남명학파를 중점적으로 연구하는 연구 단체들이 활발한 연구 활동을 전개하면서 그의 학문과 현실관이 당대 및 현대에까지 미치는 의미가 매우 크다는 점이 밝혀지고 있다.

조식은 무엇보다 학문에 있어서 수양과 실천의 중요성을 강조했다. 경敬과 의義는 바로 남명사상의 핵심이다. 그는 '경'을 통한 수양을 바탕으로, 외부의 모순에 대해 과감하게 실천하는 개념으로서의 '의'를 신념화했다. 그의 이러한 모습은 '경'의 상징으로 성성자惺惺子(항상 깨어 있음)라는 방울을, '의'의 상징으로 칼을 차고 다닌 모습에서 확연히 나타난다. 그는 칼에 "안으로 자신을 밝히는 것은 경이요, 밖으로 과감히 결단하는 것은 의이다內明者敬 外斷者義"라고 새겨놓았다. '방울과 칼을 찬 학자,' 언뜻 연상하기 힘든 선비의 캐릭터지만, 그는 이러한 모습을 실천해나갔다. 조정에 문제점이 있을 때마다 상소문을 통해 과감하게 지적했고, 왜구의 침략에 대비하여 후학들에게는 강경한 대왜관對倭觀을 심어주었다. 임진왜란 때 정인홍, 곽재우, 김면, 조종도 등 그의 문하에서 의병장들이 다수 배출된 것도 그의 가르침이 결코 헛되지 않았음을 보여준다.

18세기의 실학자 이익은 조식과 이황을 비교하면서, "상도上道는 인仁을 숭상하고 하도下道는 의義를 주로 하며, 이황의 학문이 바다처럼 넓다면 남명의 기질은 태산처럼 높다"고 함축적으로 대비시켰다. 이황의 인仁이 문치를 말하는 선비에 어울린다면, 조식의 의義는 상벌에 엄격한 무인에 어울리며, 그가 차고 다녔던 칼의 이미지와도 맥을 같이한다. 그의 칼은 안으로는 자신에 대한 수양과 극기로 향했고, 밖으로는 조정 관료들과 외적들에게 향해 있었다. 칼로 상징되는 그의 이미지는 과감하게 현실의 부조리와 모순을 극복해 가는 실천적인 학자의 모습 바로 그것이었다.

조식의 학문은 학자의 철저한 자기관리와 적극적인 현실대응으로 집약된다. 중앙 정치가 정쟁과 권력독점으로 인해 새로운 정치비전을 제시해줄 수 없을 때 그는 그 대안으로 보다 객관적이고 냉철하게 현실을 판단할 수 있는 비판세력의 현실참여를 적극 주장했다. 엄격한 자기관리를 통해 비판자의 안목을 키우고 원칙과 양심에 비추어 옳은 것이라면 그 대상이 국왕이라도 결단코 주저하지 않았던 것이다. 그가 죽음에 이르면서도 현실비판자로 살아간 처사處士로 불려지기를 원했던 것도 이러한 자신의 소신을 지켜나간 것이었다.

500여 년이 지난 요즘, 언론사와 방송사 간의 싸움이 점입가경으로 치닫고 있다. 국가와 국민의 이익보다는 방송사와 언론사의 입장만을 쏟아 붓는 프로그램과 기사들이 상당수를 차지할 뿐 냉철하게 현재의 문제점을 진단하고 방향성을 제시해주는 내용은 보기가 힘들다. 대개는 사후약방문 식으로 이미 터져버린 사건에 대해 해설하는 방식이다. 시대를 고민하고 국정의 방향을 제시하는 정치인, 학자, 언론인을 찾기도 그리 쉽지 않다. 조식처럼 서릿발 같은 비판과 직언을 쏟아내는 지식인, 그리고 그것을 수용해주었던 조정의 분위기, 이것이 16세기 조선사회를 이끌 수 있었던 하나의 힘은 아니었을까? 그의 칼을 이 시대에 다시 빌려오고 싶다.

신 병 주

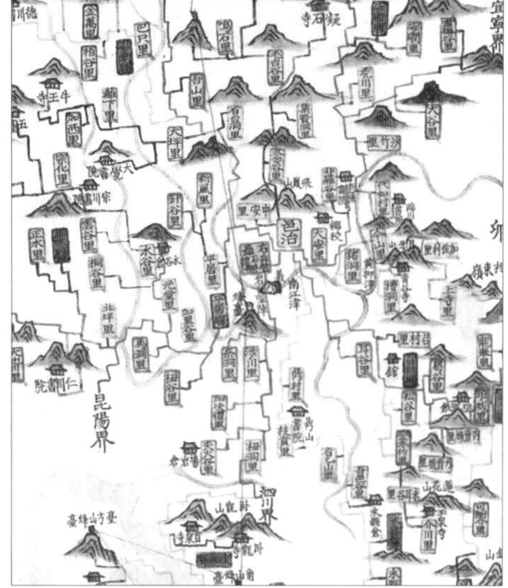

조식의 초상(위 왼쪽)

진주와 삼가 일대. 《영남지도》. 18세기 중엽. 지도의 맨 왼쪽 위의 시천리에 조식 배향 서원인 덕천서원이 보인다. 출전 《한국의 옛 지도》(영남대박물관, 1998)(위 오른쪽)

서울 장의동 시절 조식은 청송당의 주인 성수침 등과 교유했다. 〈청송당〉, 정선 그림(가운데 왼쪽)

조식은 만년에 지리산이 보이는 덕산에 산천재를 짓고 후학들을 양성했다.(가운데 오른쪽)

《남명집》 중 이황에게 답한 편지 부분. 조식은 당시 학자들 간의 이론논쟁을 비판했다.(아래 왼쪽)

《남명집》 중 〈을미사직소〉 부분. 당시 조정의 문제점을 직설적으로 비판했다.(아래 오른쪽)

좌퇴계 우남명

"평생 마음으로 사귀면서 지금까지 한 번도 만나질 못했습니다. (……) 요즘 공부하는 자들을 보건대 손으로 물 뿌리고 빗자루질 하는 절도도 모르면서 입으로는 천리를 말하여, 헛된 이름이나 훔쳐서 남들을 속이려 합니다. (……) 선생 같은 어른이 꾸짖어 그만두게 하시지 않기 때문입니다. (……) 십분 억제하고 타이르심이 어떻습니까"(《남명집》, 〈퇴계에게 드리는 편지〉, 1564년)

위 편지는 서두에서 남명이 퇴계와 한 번도 만나지 못한 아쉬움을 보였지만, 실제로는 성리학 이론논쟁의 문제점을 지적하고자 퇴계에게 충고의 형태로 쓴 편지이다. 이 둘은 영남학파를 대표하는 양대 산맥으로 인식되고 있다. 퇴계의 근거지 안동·예안은 경상좌도의 중심지였고, 남명의 근거지 합천·진주는 경상우도의 중심지였기에 낙동강을 경계로 '좌퇴계左退溪 우남명右南冥'으로 나뉜 것이다.

남명은 퇴계의 이론 중심적인 성리학을 비판했고, 퇴계는 남명의 학문에 대해 "신기한 것을 숭상한다"거나 "노장적 경향이 있다"고 하여 은근히 신경을 자극했다. 두 사람은 현실인식에도 차이를 보였다. 명종 대 후반 이후 퇴계는 출사하여 경륜을 펴는 것도 학자의 본분을 넘어서지 않는 것으로 여겼지만 남명은 그렇지가 않았다. 그는 자신의 시대를 모순이 절정에 이른 '구급救急'의 시기로 인식하고 끝까지 재야의 비판자, 처사로 남을 것을 다짐했다. 왜적에 대한 입장에서도 둘의 눈은 달랐다. 퇴계가 회유책를 견지한 데 비해 남명은 강력한 토벌책을 주장했다. 퇴계의 성리학이 일본에 큰 영향을 주고 남명의 문하에서 최대의 의병장이 배출되었던 것도 우연이 아니었던 셈이다.

경상도 임란 의병의 연출자 겸 총감독 **김성일**

임란 의병의 총감독

역사에 웬만큼 관심을 가진 사람이라도 김성일鶴峰 金誠一(1538~1593)이 임진왜란 당시 경상도 의병 활동의 총감독이자 연출자였다는 사실을 잘 알지 못한다. 그도 그럴 것이 김성일은 임진왜란 직전에 왜국의 사정을 살피기 위해 통신사 부사副使로 파견되었다가 돌아와, 정사正使인 황윤길과는 달리 왜적의 침략 가능성을 부인하였기 때문이다. 그러나 그의 보고와는 달리 곧이어 왜적이 대거 침략해왔고, 경상도의 여러 고을은 순식간에 무너졌으며, 국왕 선조는 의주를 향해 기약 없는 피난길에 올라야 하는 그야말로 조선 왕조 최대의 위기를 맞이하게 되었다. 우리는 이를 잘 알고 있다. 아니, 이것만을 알 뿐이다.

김성일은 왜적의 침략과 더불어 경상도 초유사招諭使로 급파된다. 말하자면 경상도에서 왜적을 방어하는 총책임을 떠맡은 셈이다. 그는 임지에서 흩어진 민심을 수습하는 한편, 뜻있는 선비와 백성들을 창의倡義의 대열에 나설 수 있게 격려하고 지원했다. 경상도에서의 임란 의병은 여기서 시작된다. 그러나 의병 활동에는 많은 어려움이 있었다. 그것은 왜적과의 싸움이 아니라 지방 수령들의 방해 때문이었다. 이들은 왜적에 대항해 싸우지도 않고 도망했다가 의병들이 공을 세우자 이를 가로채고 심지어는 역적으로 보고하기까지 했다. 이러한 수령의 방해는 의병 활동을 위축시키거나 원천적으로 불가능하게 했다.

그럼에도 불구하고 경상도 의병은 혁혁한 전공을 세웠다. 그래서 우리는 의병을 임란 극복의 주역으로 꼽는 것을 주저하지 않는다. 그것이 어떻게 가능할 수 있었을까? 임진왜란이라는 역사무대 위의 주연과 조연은 분명 의병과 관군들이었지만, 이들은 상호 협력하기보다는 대립·갈등하고 있었다. 이들을 국난 극복의 주역으로 이끈 이가 바로 김성일이었다. 그는 의병진에 군량과 무기를 지원함은 물론 지방 수령들의 방해를 막아주고, 나아가서는 갈등과 대립을 상호 협력하는 관계로 이끌어 나갔다. 이로써 관군을 조연의 자리에만 머물게 하지도 않았고, 의병 활동을 개별 분산적인 것으로 방치해두지도 않았다.

김성일은 지리산에 도망해 있던 판관 김시민에게 진주성의 전략적인 중요성을 깨우쳐주며 죽음으로써 지킬 것을 명했고, 곽재우·정인홍·김면 등의 의병부대를 의령·합천·거창 등지에 포진시키고, 이정李瀞에게는 적진 쪽으로 나아가 함안에 전초기지를 구축하게 했다. 이러한 그의 조치로 경상도의 의병과 관군은 진주성에서의 1차 대첩을 승리로 이끌 수 있었고, 낙동강과 그 서쪽을 굳게 지킬 수 있었다. 이것은 왜적의 보급로 차단과 호남 진출을 좌절시킴과 동시에 이순신의 해상 활동을 측면에서 지원한 것이기도 했다. 우리는 여기서 감독으로서의 그의 진면목을 보게 된다.

김성일은 임진왜란 발발 이듬해인 1593년 5월 29일 진주 공관에서 아들 혁과 함께 전염병으로 별세했다. 난이 평정된 뒤 그에게는 선무원종공신 1등과 이조참판이 추증되고, 숙종 연간에는 이조판서와 문충文忠이라는 시호가 내려졌다.

거짓 보고? 그 역사적 진실

많은 사람들은 김성일의 이러한 임란 공적에는 크게 관심을 갖지 않지만, 이른바 '거짓 보고'에 대해서는 맹목적으로 집착하고 있다. 따라서 이를 회피하고서는 그를 제대로 이야기할 수가 없다. 그가 왜적의 침략 가능성을 부인했던 것은 결과적으로 틀린 것이었다. 이를 두고 후대의 평가는 분분하다. 왜국의 실정을 제대로 파악하지 못한 우활迂闊함을 지적하기도 하고, 혹은 당파심에만 급급했기 때문이라고도 한다. 그러나 문제는 여기서 끝나지 않는다. 자칫 나라가 망할 뻔했다는 패전의 책임론까지 거론된다. 이것은 이이李珥의 소위 '십만양병설'과 뚜렷이 대비되면서 더욱 증폭되었다.

우리는 많은 문제를 '당파싸움'으로 치부해버린 채 역사적 진실에 대해서는 애써 외면해왔다. 이 같은 역사 이해를 당쟁사관이라 할 수 있다. 아무튼 우리는 여기에 오랫동안 길들여져 왔다. 그러나 조금만 논리적으로 따져보면 이 같은 인식이 얼마나 허황된 모순인지를 금방 알아차릴 수 있다. 이제 이렇게 반문해보자.

김성일이 황윤길과 함께 왜적의 침략을 이구동성으로 떠들었다면, 어떻게 되었을까? 우리의 상상대로 침략에 대한 만반의 준비를 갖추었을까? 오늘날 우리는 '전쟁'이라는 말 한마디에 발칵 뒤집혀지는 세상에 살고 있다. 그런데도 당시의 우리 선조들은 가렴주구를 일삼던 지배층을 믿고 한 치 오차도 없이 완벽한 전쟁 준비를 했을 것으로 굳게 믿고 있다. 우리가 오랫동안 배우고 익혔던 '충성'교육은 이를 큰 무리 없이 받아들이게 한다. 그러나 이것은 진실이 아니다.

왜적이 쳐들어오기 전에 이미 많은 백성들은 제도의 문란과 관리들의 부정부패로 말미암아 유리걸식하는 상황이었다. 이보다 훨씬 이전에 이황李滉은 이것이 장차 나라가 망하는 화근이 될 것이라고 경고한 바 있다. 이 같은 상황에서도 전쟁에 대한 준비가 가능했을까? 그것은 오직 백성들을 혹사하는 일일 뿐이었다. 또 이로써 만반의 준비를 갖추었다 한들 그것이 무슨 의미가 있었을까? 김성일은 정사 황윤길의 말이 너무 지나쳐 왜적이 이르기도 전에 백성이 먼저 무너져버릴 것을 우려했다. 류성룡柳成龍의 《징비록》에도, 이항복李恒福의 《당후일기》에도 그렇게 기술되어 있다. 아무튼 그의 이같은 우려는 왜적의 침략과 더불어 현실로 나타났다.

더욱 중요한 것은 왜적의 침략에 대한 대비가 없지 않았다는 사실이다. 이순신의 거북선도 그러하고, 경상도 지역을 중심으로 한 대대적인 축성築城과 병기兵器 수리가 그것을 증명해준다. 김성일은 이를 비판하면서 진정한 대비책은 민심을 얻는 일이라고 주장했다. 국왕 선조 또한 무리한 전쟁 준비가 도리어 국력을 약화시키고 백성의 원성만을 초래하여 왜적과의 싸움에 패배를 자초한 것이라고 자책하고 있었다. 임란 초기 관군의 일방적인 패배는 바로 '민심'을 크게 잃었기 때문이었다. 민심을 잃고 무엇을 할 수 있을 것인가! 더구나 주연과 조연이 갈등하고 있는 오늘날의 역사무대는 김성일과 같은 연출자와 감독을 더욱 절실하게 필요로 한다. 오늘의 위정자들이여, 깊이 새길지어다!

정 진 영

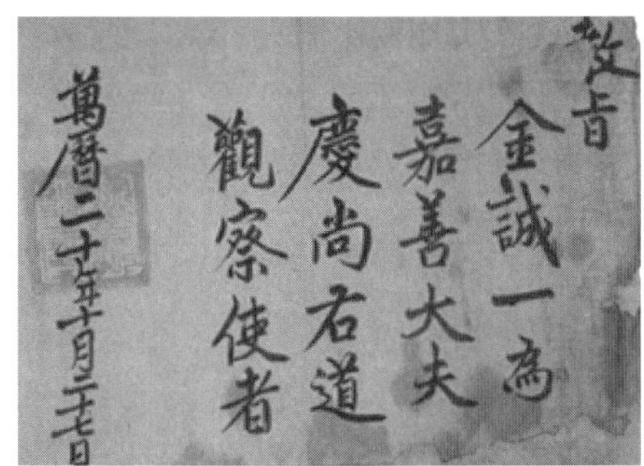

김성일의 도학을 숭앙하여 세운 임천서원 전경(위 왼쪽)

김성일이 풍치와 경관이 뛰어난 낙동강안 청성산 중턱에 세운 석문정사. 그는 이곳에서 후학을 가르치고 수양에 힘썼다.(위 오른쪽)

김성일이 1592년 12월 24일 경상우도 관찰사로 경남 산청에 있으면서 안동 본가의 부인 정부인 권씨에게 보낸 한글편지. 그가 진중에서 부인에게 최후로 보낸 비장한 영결永訣의 편지이다.(가운데 왼쪽)

임진왜란이 발발하자 선조가 김성일을 경상우도 관찰사로 임명한 교지(가운데 오른쪽)

조선통신사의 모습.〈인조 14년 通信使 入江戶城圖〉. 1636년 통신사 임광, 부사 김세렴 일행이 에도성에 들어가는 모습(아래)

김성일, 중국의 역사왜곡을 비판하다

김성일의 저서 중에 《해사록海槎錄》이라는 책이 있다. 이 책은 임진왜란 2년 전인 1590년 통신사로 일본에 건너가 활동하던 7개월 동안의 일들을 기록한 것이다. 이 가운데는 중국 명나라 《대명일통지大明一統志》의 우리나라 역사와 문화에 대한 기사를 조목조목 비판한 부분이 있다. 《대명일통지》는 중국 중심의 세계관 속에서 우리를 그들의 주변국으로 다루어놓은 것이니, 무성의함은 물론이고 오류와 왜곡으로 점철되어 있다 해도 과언이 아니다. 그럼에도 불구하고 조선의 학자들은 왕조의 건국 과정에 대한 긍정적인 기사에 만족하여 풍속의 일부를 제외하고는 문제 삼지 않았다. 그런데 일본의 종진宗陳이라는 학자가 김성일에게 《대명일통지》 속의 조선 관계 기사에 대해 질문을 했다. 그는 잘못된 부분을 일일이 지적해주고 이를 기록해두었다.

《대명일통지》는 조선은 주나라 기자가 세운 나라이고, 진시황이 중국을 통일할 때 그 지배에 들어갔으며, 위만과 한사군漢四郡, 그리고 위진魏晉시대를 거친 이후에야 고구려 땅이 되었으며, 이 역시 당이 쳐서 빼앗았다는 등의 내용으로 전개된다. 김성일은 여기에 대해 이미 요임금과 같은 시기에 나라를 세운 단군조선이 있었고, 진시황의 시대에는 결코 그 지배하에 들어간 사실이 없으며, 위만과 한사군은 우리 영토의 일부에 불과했고, 당은 우여곡절 끝에 고구려의 평양성을 함락했으나 끝내 그 영토를 차지하지 못했음을 힘주어 역설하고 있다.

오늘날 중국의 '고구려사' 약탈이 문제가 되고 있다. 그러나 《대명일통지》는 왜곡에도 불구하고 고구려가 엄연히 중국이나 그 속국이 아님을 보여준다. 21세기는 문화의 시대라 한다. 이러한 시대에는 영토보다 역사의 약탈이 훨씬 더 매력적이다. 역사 전쟁은 앞으로 더 빈번해질 것이다. 그런데도 우리는 여기에 대한 대비가 없다. 또 다시 누군가를 희생양 삼아 우리 모두의 책임을 회피해버릴 것인가?

항상 조용하고 묵묵하게 **류성룡**

생각은 마음의 밭을 가는 것

임진왜란 와중에 대북大北세력의 탄핵을 받아 영의정에서 물러난 류성룡은 당시를 돌이킬 때마다 모멸감에 치를 떨곤 했다. 그가 왜적과 끝까지 항전할 생각은 않고 강화를 모색했다느니, 조선에 대한 명나라의 오해를 풀기 위한 변무사辨誣使를 기피했다느니 하는 공격은 차라리 현실대응의 견해차로 치부할 수 있는 일이었다. 그런데 언관들이 그가 안동뿐만 아니라 단양·광주에 대규모의 농토를 매입했다고 모함하며 부정축재자로 몰아붙인 일은 참기 어려웠다. 그는 자신의 결백을 애써 항변하고 싶었지만, 평생 "항상 조용하고 묵묵하게 처신해야 한다常默最妙"를 좌우명으로 삼고 살아온 그인 만큼 결국 입을 다물고 말았다. 대신 진실은 밝혀지는 법이라는 말을 곱씹으며 혼자서 화를 삭였다. 결국 그의 결백은 선조 34년(1601) 이항복 등의 추천으로 청백리淸白吏에 책록됨으로써 밝혀지게 되었다.

서애 류성룡西涯 柳成龍(1542~1607)은 21세 때인 1563년 형 류운룡柳雲龍을 따라 도산서당으로 가 이황李滉에게 처음 학문을 배웠다. 이것이 인연이 되어 그는 뒤에 김성일金誠一과 함께 퇴계학파의 양대 산맥을 구축했다. 그가 학파 내부에서 서애계西厓系라는 독자적 계파를 형성할 수 있었던 것은 그 나름대로 확립한 차별화된 현실인식과 대응방식이 크게 작용했다. 그는 당시 선배 조목趙穆 등 일련의 동문들이 '심학心學'의 탐구에만 매달리고 있는 데 대해 못마땅하게 생각했다. 물론 심학은 이황이 자신의 학문의 출발이라 표방했을 정도로 퇴계학을 이해하는 필수적인 조건이기는 했다. 그러나 그것은 어디까지나 학문의 근원을 파악하는 단서일 뿐이라는 것이 그의 판단이었다. 여기에만 집착할 경우 자칫 원론에 치우쳐 현실적용에서의 유용한 측면을 간과할 수 있기 때문이다.

류성룡은 그 대안으로 '사학思學'을 제시했다. 생각[思]은 마음[心]의 밭[田]을 가는 것이다. 농부는 마음만 먹는다고 경작할 수 있는 것이 아니다. 또한 농토만 경작한다고 수확이 보장되는 것도 아니다. 그것을 복합적으로 가능하게 하는 것이 바로 생각이다. 마음이 가슴이라면 생각은 머리다. 가슴은 생명을 보장하지만, 머리는 손발을 필요에 따라 움직이게 한다. 가슴이 정적靜的이라면 생각은 동적動的이다.

요컨대 그의 '사학'은 바로 퇴계학의 근원의 천착에서 한걸음 더 나아가 현실적용을 지향하고 있는 셈이었다. 현실적이고 실용적이며 합리적인 경세가로서 그의 면모는 여기에서 확립되었다. 이황도 마음을 구하여 체험해서 얻는 것이 생각이요, 가슴 깊숙한 곳에 자리 잡고 있는 마음을 바르게 드러내 밝히는 것이 생각이라 설명한

바 있다. 따라서 조목이나 류성룡은 다 같이 스승의 학문세계를 충
실히 계승한 제자였지만, 원론적 '심학'과 실용적 '사학'의 관점에
서 추구하는 방향이 각기 달랐다.

온후하면서도 의연한 정치가

류성룡은 온후하면서도 의연하
여 함부로 침범할 수 없는 기상을 갖추고, 엄하면서도 친근감을 숨
기지 않는 등 전반적으로 온유한 풍모를 보였다고 한다. 그는 선·악
의 분별에 분명하면서도 극단적 언동을 자제했으며, 남의 잘못을
보고도 오히려 포용하려 노력했다. 이 같은 그의 자세가 실용적이
면서도 합리적인 현실대응 자세를 형성하는 배경이 되었다. 특히
그는 중국 주나라의 신하가 되기를 거부하고 수양산에서 굶어 죽은
백이伯夷·숙제叔齊의 행위가 반드시 옳은 것만은 아니었다며 경직
된 현실대응 자세를 비판하기도 했다.

류성룡이 관직에 있을 동안 사림세력은 척신戚臣 정치의 잔재청
산 방법을 둘러싸고 강·온의 입장차를 보이며 대립하다 결국 동인
東人·서인西人의 붕당을 형성하며 분열했다. 그는 과거청산에 적
극적인 동인에 속했지만 척신뿐만 아니라 개혁에 미온적인 서인
세력까지 싸잡아 소인으로 몰아붙이는 강경론자들의 처사에는 동
조하지 않았다. 거기에는 서인을 정계에서 축출하고 동인의 배타
적 독점 권력을 추구하려는 속셈이 엿보이기도 했기 때문이다. 그
러면 서인이 반발할 것이고 결국에는 정치적 파탄이 초래될 것은

뻔한 일이었다. 선조 22년(1589)의 기축옥사己丑獄事는 그렇게 해서 일어났다.

대신 그는 동인·서인 가운데 소인은 배제하고 군자들만을 상호 발탁하여 조제調劑하는 방안을 제시했다. 그래야 정치적 건전성뿐만 아니라 정치세력의 공존과 견제가 보장될 수 있다고 보았다. 이른바 탕평책蕩平策을 제기한 것이다. 이는 합리성과 실용성을 추구하는 그의 '사학'의 산물이기도 했다. 그러나 그의 주장은 오히려 강경론자들의 반발을 사 동인이 다시 남인南人·북인北人으로 분화하는 촉매가 되고 말았다.

그의 공존을 지향하는 타협적 자세는 북인들이 임진왜란 당시 그를 "강화를 주장해 나라를 잘못 이끌었다主和誤國"고 몰아붙여 실각하도록 하는 원인이 되기도 했다.

물론 국난극복을 위해서는 죽음을 무릅쓰고 적과 싸우는 충의지사가 절대적으로 필요하다. 그러나 7년간이나 계속된 전란으로 국가가 파탄의 지경에 이르고 백성이 도탄에 빠진 상황이라면 전쟁만을 고집할 수 없는 노릇이다. 더구나 국가경영과 함께 전쟁수행의 책임을 진 영의정의 위치에 있다면 그것을 고려하지 않을 수 없다.

이러한 점에서 어쩌면 그는 충·역의 이분법적 논리만 지배해 온 우리 역사의 또 다른 희생자인지도 모른다. 명실상부한 부국강병을 위해 이순신李舜臣과 권율權慄과 같은 숱한 인재들을 조정에 천거했던 그의 선견지명이나, 인조반정仁祖反正으로 북인이 몰락

한 뒤 서인과 공존 및 견제체제를 유지한 남인의 생명력을 제공
한 그의 정치철학의 합리성, 은퇴한 뒤에도 굶주린 백성들의 처지
를 함께 실감했던 그의 보국안민의 자세는 모두 역사의 뒤안길에
묻힌 채 말이다.

설 석 규

옥연정. 류성룡이 퇴직한 후 가난한 삶을 살았던 곳으로 후손들에 의해서 증축되었다.(위)
병산서원. 류성룡을 배향한 서원(가운데 왼쪽)
《징비록》 초본. 순변사 이일이 상주에서 고니시 유키나가 군에게 패한 소식을 전하는 내용
(가운데 오른쪽)
임진왜란 당시 조선국 상신 류성룡이 이 차자를 인정한다는 명나라 장군의 필첩(아래 왼쪽)
하회마을 전경(아래 오른쪽)

청백리의 삶

河上傳家只墨庄　　강기슭 집안에 전해오는 것은 서책뿐이고
兒孫疏礪不充腸　　어린 손자는 나물밥으로도 배를 채우지 못하네
如何將相 三千日　　10여 성상 한결같이 정승 지위에 있으면서도
倂缺成都 八百桑　　후손에게 물려줄 재산조차 마련하지 못했든가

　이 시는 정경세鄭經世가 관직에서 은퇴한 스승 류성룡을 찾아갔다가 손자와 마루에 앉아 저녁을 먹는 선생의 모습을 보고 지은 것이다. 이 시 내용의 사실여부가 근래에 들어와 종종 학계에 논란의 대상이 되곤 한다. 의문을 제기하는 측은 아무려면 정승이 받는 국록이 얼만데 영의정으로만 6년 남짓 재직한 사람이 그렇게 곤궁하게 살 수 있느냐는 것이다. 더구나 그가 상속받은 재산만 해도 노비가 26명에 농토도 2백 마지기가 훨씬 넘었는데 말이다. 그러니 그가 죽을 먹으며 빈곤하게 살았다는 것은 과장이라는 주장이다.
　그러나 이러한 의문은 당시가 임진왜란 직후라는 사실을 감안하면 쉽게 풀린다. 너나없이 굶주리고 있는 판국에 류성룡의 곳간이 찰리가 없다. 노비도 식솔이다. 그들도 먹여 살려야 한다. 누구에게나 산해진미는 그림의 떡일 수밖에 없다. 정승을 지낸 그라고 예외는 아니다. 할아버지와 밥상을 함께 했던 손자 류원지柳元之는 어릴 적 배고픈 기억을 그의 어머니의 고생에 투영해 회상하기도 했다. 백성과 배고픔을 함께 한 할아버지의 모습을 되새기면서 …….

의義를 실천한 구국의 영웅 곽재우

의병의 기치를 높이 들다

흔히들 전쟁이 영웅을 낳는다고 한다. 우리나라 역사상 가장 큰 피해를 끼친 임진왜란 때 해전에서 활동한 이순신李舜臣이 대표적이다. 그러나 실제 전투와 피해는 육지가 훨씬 심각했다. 일본군의 침략으로 관군이 무참히 무너지는 상황에서 분연히 일어나 끝까지 싸워서 조국을 구한 인물이 바로 홍의장군紅衣將軍 망우당 곽재우忘憂堂 郭再祐(1552~1617)다.

당초 모든 성이 연달아 함락되자, 여러 진의 장수와 방백들은 모두 깊은 산 속으로 숨어 감히 싸울 생각을 하지 않았다. 이에 곽재우가 울분을 참지 못하고 성토하기를, "벼슬아치나 백성들이 왕조의 보살핌을 받은 지가 200년이나 되었다. 그럼에도 나라가 위급하게 되자 모두 스스로 보전할 계책만 세우고 임금의 어려움을 돌아보지 않는다. 이제 나라도 일어나지 않는다면 이 나라 300 고을에서 남자가 한 사람도 없는 것이니, 어찌 만고의 수치가 아니겠는가"라 했다.(조경남,《난

임진왜란 때 전국 최초로 의병을 일으킨 곽재우가 창의의 심정을 토로한 말이다. 그렇지만 그의 창의 과정은 결코 순탄하지 못했다. 패주하거나 도망한 지방관이나 장수들이 그를 도와주기는커녕 도리어 모함했기 때문이다. 곽재우는 전란 초기 초계현의 흩어진 장졸들을 모으고, 신반현의 창고 곡식을 끌어내 군량을 확보하고자 했다. 그때 합천군수 전현룡은 경상감사 김수와 경상우병사 조대곤에게 도적들의 난동이라 보고하고, 곽재우와 의병에 가담한 일행들을 잡아들이도록 촉구했다.

경상도 방어의 총책임자인 감사 김수는 변변한 대응 한번 하지 못한 채 지리산 깊은 산중의 운봉으로 피신했다. 비겁하기 짝이 없는 김수의 태도에 울화가 터진 곽재우는 감사 처단을 주장하는 격문을 띄웠다. 김수 또한 곽재우를 역적으로 몰아 맞받아치는 등, 양측은 일촉즉발의 위기로 치달았다.

향토 방위와 국가 보위를 위해 나선 곽재우의 순수한 열정이 그만 감사와 병사에 의해 역적의 행동으로 내몰리고 만 것이다. 이때 곽재우를 곤경에서 구해준 이가 초유사로 임명되어 경상도로 급히 달려온 김성일金誠一이었다. 김성일은 전날 그의 부친 곽월郭越이 사간司諫으로 재직할 때 응교應敎를 지낸 사간원의 동료로서, 곽재우의 구명에 적극성을 보였을 뿐만 아니라, 감사와의 갈등을 중재해주었다. 김성일은 삼가 등지에서 모여든 의병들을 그의 부대에 배속시켜주기까지 했다. 고령 출신 의병장 김면金沔과 인근 지역의 사족들도 그의 구명에 힘이 되어주었다. 박사제朴思齊 등은 여러 읍에 통문을 돌려 여론을 환기시켰고, 의주 행재소에 머물던 국왕 선조에게 사람을 파견하여 구명을 위한 신원소를 올렸다. 이러한 다방면의 노력 덕택에 그는 무사히 의병 활동을 수행할 수 있었다.

혁혁한 전과, 험난한 관로

경북 현풍 솔례가 고향인 곽재우는 현풍 곽씨로, 1552년 경남 의령 세간리 외가에서 태어났다. 아버지는 황해도 관찰사를 역임한 곽월이었다. 목사를 역임한 외조부 강승두姜承斗는 의령의 대표적인 사족이었다. 외가에서 자란 그는 의령을 의병의 본거지로 삼았다. 그는 1578년 아버지가 동지사冬至使로 명나라에 갈 때 따라간 적이 있었다. 그때 아버지가 선물로 받은 붉은 비단으로, 임진왜란 당시 옷을 지어입고 선두에 서서 스스로 "하늘이 내린 붉은 옷의 장군"이라는 의미의 '천강홍의장군天降紅衣將軍'이라 칭했다.

곽재우는 16세에 단성 출신 김행金行의 딸과 결혼했다. 김행이 당대의 성리학자 조식曺植의 사위인 관계로, 곽재우는 조식의 외손서였던 셈이다. 그리고 성주 출신의 성리학자 김우옹金宇顒과는 동서사이였다. 낙동강 좌우에 걸쳐 형성된 곽재우 집안의 혈연과 지연, 그리고 사족으로서의 경제적 기반은 그가 의병을 일으키고 유지하는 데 큰 힘이 되었다. 거경행의居敬行義를 중시한 조식의 강직성과 실천성 또한 그의 의병 활동에 큰 영향을 끼쳤다.

곽재우 부대는 지역 사족들과의 긴밀한 제휴, 협조 속에서 활동했다는 점에 그 특징이 있다. 그는 우선 자신의 노복을 의병에 채워넣고 가산도 선뜻 내어놓았다. 군량조달 책임자로 임명된 매형 허언심許彦深도 노복을 내놓았으며, 군기를 맡은 허자대許子大, 선봉장 심대승沈大承, 돌격장 권란權鸞 등도 같은 행동을 취했다. 이처럼 곽재우 부대의 핵심인물 17인은 의령과 삼가를 지역적 기반으로 한 사족들이었다. 이들 부호들은 앞을 다투어 소를 잡고 쌀을 내어 군사를 먹였다. 이러한 지역민들의 호응으로 곽재우 부대는 강한 결속력과 전투력을 보유할 수 있었다.

임진왜란은 평범한 야인으로 생을 마감했을지도 모를 곽재우를 조선을 대표하는 의병장으로 우뚝 솟게 하는 계기가 되었다. 특히 곡창지대인 전라도로 진격하던 일본군 제3군을 물리친 의령 정암진 전투는 전란 초기의 전황을 결정짓는 중대한 전투였다. 이 전투에서 전쟁 발발 이래 최초로 패배를 경험한 일본군은 결국 낙동강을 우회해서 전라도로 진공할 수밖에 없었다. 이 사실을 탐지한 곽재우는 과감하게 선제공격을 감행하여 낙동강변의 영산, 창녕, 현풍 등지를 수복했다. 이 때문에 일본군은 낙동강 수로를 포기하지 않으면 안 되었고, 결국 전라도 진격에 필요한 시간을 많이 허비해버리고 말았다. 곽재우 부대는 낙동강 우안뿐만 아니라 전라도라는 최대의 곡창지대를 무사히 지켜냄으로써, 조선 관군과 명의 원군이 반격을 가할 시간적·경제적 여력을 제공해주었다. 전란 초기의 이와 같은 혁혁한 전과를 인정받아 그는 경상좌도 방어사에 임명되어 현풍의 석문산성을 축조했으며, 정유재란 때는 경상도의 방어 책임을 맡아 창녕의 화왕산성을 굳게 지켰다.

그렇지만 곽재우의 관로는 험난함의 연속이었다. 대의와 의리를 중시하는 그의 강경한 성품 탓이었다. 그는 불의를 보고는 참지 못하는 성격이었다. 그는 1585년 별시別試에 2등으로 당당하게 급제한 적이 있었다. 그렇지만 책문의 내용이 국왕 선조의 뜻에 거슬려 파방罷榜되면서부터 관직과는 한없이 멀어졌다. 일생동안 29회에 걸쳐 관직이 내려졌지만 그는 14차례만 응했을 뿐이며, 그 기간도 길지 않았다.

종전 이후 곽재우는 산성 수축, 육군의 양성, 선혜법宣惠法의 시행을 촉구하는 국정 쇄신책을 건의했다. 하지만 첨예한 붕당의 역학관계 속에서 건의가 수용되지 않자, 그는 곧장 병을 핑계로 귀향해버렸다. 이 때문에 사헌부의 탄핵을 받고 전라도 영암으로 귀양을 가게 되었다. 해배解配 이후 그는 현풍 비슬산에 들어가 솔잎을 먹으면서 절식絶食을 하는가 하면, 영산현의 낙동강 가 창암진에 망우정忘憂亭이란 정자를 짓고 여생을 보냈다. '망우'는 근심을 잊고 살겠다는 뜻인데, '망우당'이란 당호는 여기에서 유래한다. 그러나 그는 그르쳐만 가는 나라에 대한 근심을 결코 잊지 않았다. 정국 현안에 대해 끊임없이 제기한 여러 상소에서 그러한 관심의 일단을 읽을 수 있다. 그의 호는 '망우'지만, 실제로는 '불망우不忘憂'였던 셈이다.

김 강 식

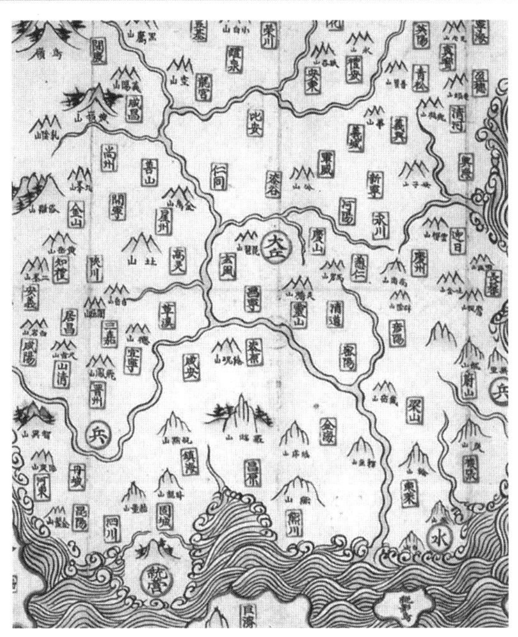

정암진. 솥뚜껑을 닮은 바위라는 데서 붙여진 이름이다. 이곳은 서부 경남으로 통하는 교통의 요충인데, 임진왜란 당시 곽재우가 최초의 승리를 거둔 곳으로 유명하다.(위)

현고수. 경남 의령군 유곡면 세간리에 있는데, 이곳은 곽재우의 외가이다. 이 나무는 그가 군사를 불러 모으기 위해 북을 매달아 쳤던 곳이다.(가운데)

정암루와 정암교. 의령읍으로 들어설 때 제일 먼저 만나는 정암나루는 임진왜란 때 곽재우 의병이 대승을 거둔 곳으로 유명하다.(아래 왼쪽)

경상도 병영과 수영. 통영의 모습이 자세하다. 《해좌승람》. 19세기 후반. 출전 《한국의 옛 지도》(영남대박물관, 1998)(아래 오른쪽)

한국 단학의 선구자

곽재우는 한국 도교의 대표적인 인물로 꼽힌다. 당시가 성리학 일변도의 사회였지만, 도가사상을 수용하는 지식인들이 아주 없었던 것은 아니다. 피비린내 나는 사화와 당쟁을 겪으면서 은둔 지식인을 중심으로 심신 연마의 수단으로 도교가 유행했다. 곽재우가 바로 그런 인물이었다. 18세기 전반에 살았던 홍만종洪萬宗은 한국 역사상 대표적인 단학인丹學人 40여 명을 소개한 《해동이적海東異蹟》에서 곽재우를 그 중 한 사람으로 꼽았다. 〈조식잠調息箴〉과 〈양생명養生銘〉은 도교에 관한 그의 대표적인 글이다.

"온갖 생각을 끊어버리면 음의 기운이 사라지고, 헛된 인연을 단절하면 양의 기운이 자라난다. 음의 기운이 다하고, 양의 기운이 순수해지면 단丹이 성숙된다. 단이 성숙되면 신이 날아다니는 선의 지계地界가 된다"(《망우당전집》1, 〈유묵〉)

이처럼 곽재우는 단학에 조예가 깊었다. 그것은 현실정치의 한계를 뼈저리게 느낀 다음, 자신이 수련에 정진한 결과였다. 조식調息은 숨을 고른다는 뜻으로 단전호흡을 말한다. 그는 자신이 체험한 선의 경지를 다음과 같이 시로 표현했다.

아래로 장강長江이요, 위로는 산인데
망우정 한 채 그 사이에 자리했네
망우선자가 시름을 잊고 누웠는데
밝은 달과 맑은 바람 마주보며 한가로이 지낸다

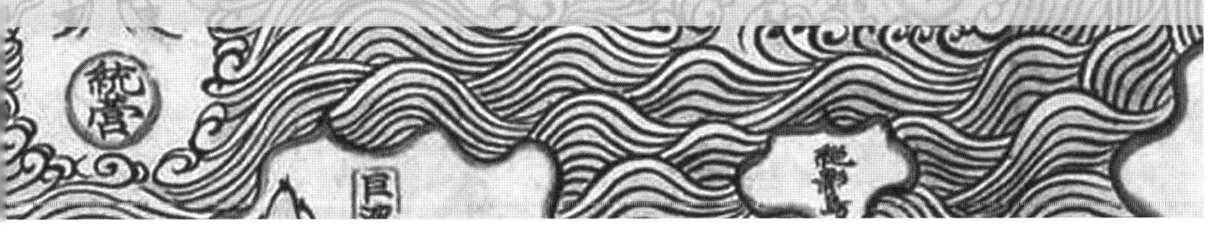

유·불 조화와 불국토를 지향한 승병장 **사명당 유정**

갑오년(1594) 봄에 스님이 적진에 들어가자 왜장 가토 기요마사加藤淸正가 "조선에 보배가 있는가"라 묻기에, "조선에는 없다. 보배는 일본에 있다"라고 대답했다. 왜장이 다시 "어찌 그런가"라 하므로, 스님이 "우리나라에서는 네 머리를 보배로 보고 있으니 이는 일본에 있는 것이다" 하자 왜장은 깜짝 놀라며 탄복했다.(허균, 〈자통홍제존자 사명대사석장비문〉)

임란 최고의 승병장

위 인용문은 사명당 유정四溟堂 惟政(1544~1610)이 임진왜란 당시 적진에 들어가 왜장 가토 기요마사와 담판을 짓는 과정에서 나온 대화이다. 그는 적의 장수도 탄복시키는 법력 높은 스님이자 탁월한 승병장이었을 뿐 아니라 경륜 높은 경세가였다. 사명당은 사실 이순신 장군만큼이나 공이 큰 인물이었지만, 그동안 신비화된 인물로 먼저 알려짐으로써 그의 일생에 대한 진면목이 가려진 측면이 많았다.

사명당은 1544년 풍천豊川을 본관으로 한 밀양의 양반가 임수성任守成의 아들로 태어났다. 속명은 응규應奎, 자는 이환離幻, 호는 사명당 또는 송운松雲, 법명은 유정이라 했다. 7세를 전후하여 할아버지에게 《사략》을 배우는 등 어려서부터 매우 총명했다.

사명당은 1558년(명종 13) 어머니가 죽고, 이듬해 아버지가 죽자 김천 직지사로 출가하여, 신묵화상信默和尙을 은사로 머리를 깎고 불자로서의 새로운 삶을 시작했다. 그 뒤 1561년 부활된 승과에 급제하여 선종의 중심이었던 봉은사에 머무르면서 당대의 많은 학사·대부들과 교분을 쌓게 된다. 1575년(선조 8) 봉은사 주지로 천거되었으나 사양하고, 묘향산 보현사의 서산대사 휴정休靜의 문하에 들어가 3년 동안 수업한 후, 다시 금강산 보덕사로 옮겨 3년을 정진했다. 그리고 얼마 후 해인사에 잠시 머무르다가 팔공산·금강산·청량산·태백산 등을 다니면서 선禪을 닦았다. 그 뒤 오대산 영감사에 머무르고 있던 중, 1589년 정여립의 역모사건에 연루되어 강릉부 옥에 갇히게 되었으나 강릉 선비들이 억울함을 호소하여 풀려났다.

사명당은 금강산 표훈사에서 안거하던 중 1592년 임진왜란을 맞이하게 된다. 왜적이 침입하자 스승 휴정의 부름을 받고 의승병을 모아 순안으로 가서 휴정과 합류하여 전투에 참여한다. 사명당은 1593년 팔도도총섭八道都總攝의 지위를 휴정으로부터 물려받아 승병 2천여 명을 이끌고 평양성과 중화 사이의 길을 차단함으로써, 평양성 탈환에 혁혁한 전공을 세웠다. 임진왜란 초반 밀리기만 하던 전세를 뒤집는 가장 중요한 분기점이었던 평양성 전투에서 결정적인 공을 세운 것이다. 그는 3월 서울 근교의 삼각산 노원평 및 우관동 전투에서도 크게 전공을 세웠다. 선조는 그에게 선교양종판사禪教兩宗判事를 제수했다. 이처럼 전쟁의 초반 의승병을 모아 조직하고 전쟁에 참여한 그 중심에 바로 사명당이 서 있었다.

사명당은 그 뒤 네 차례에 걸쳐 적진에 들어가 왜장 가토와 회담을 가졌다. 1595년에 올린 〈을미상소문乙未上疏文〉에는 그의 애국충정이 절절하게 나타나 있다. 그는 상소문에서 "나라는 백성을 근본으로 삼고, 백성은 먹을 것을 하늘로 삼는다"라고 하여 도탄에 빠진 민중들과 삶을 함께 하며 갖게 된 심각한 현실인식을 적나라하게 토로했다. 또한 전장터에서의 경험을 토대로 자주국방의 대책을 제시한 것은 매우 현실적이며 실천적이었다. 그는 경세가였던 것이다.

전란의 상처를 수습하다

그는 전쟁이 소강상태를 유지하고 있을 때, 왜적을 막아내기 위한 국방 문제에 깊은 관심을 가지고 산성의 수축과 개축에 힘을 다했다. 그가 수축한 산성은 팔공산성·금오산성·용기산성·악견산성·이숭산성·부산성 및 남한산성 등이다. 그리고 군기 제조에도 힘을 기울여 해인사 부근의 야로에서 활촉 등의 무기를 만들었고, 투항한 왜군 조총병을 비변사에 인도하여 화약제조법과 조총사용법을 가르치도록 했다. 한편 사명당은 사찰 전답과 산성 주변을 활용하여 정유재란이 끝날 때까지 군량미 4천여 석을 비축하는 공을 인정받아 선조로부터 가선대부 동지중추부사의 벼슬을 제수 받았다.

1604년 오대산에서 스승 휴정의 부음을 받고 묘향산으로 가던 중, 선조의 부름에 의해 일본과의 강화를 위한 사신으로 임명되었다. 1604년 11월부터 다음해 5월까지 일본으로 건너가 성공적인 외교성과를 거두고, 전란 때 잡혀간 3천여 명의 포로를 데리고 1605년 5월에 귀국하여 국왕에게 복명했다. 조선통신사를 다시 파견하기 시작한 것은 이 이후의 일이었다. 이해 10월 묘향산에 들어가 비로소 휴정의 영전에 절하고 상을 치루었다. 그 뒤 병을 얻어 해인사 홍제암에서 요양하다가 1610년 8월 26일 "자연의 큰 변화에 순응하련다"라 설법하고 결가부좌한 자세로 입적했다. 제자들이 다비하여 해인사 홍제암 옆에 부도와 비석을 세웠다. 비석은 자통홍제존자사명대사석장비慈通弘濟尊者四溟大師石藏碑인데, 비문은 《홍길동전》의 작자이자 사명당과 형제같이 친하게 지낸 당대 풍운아 허균이 찬술했다.

숭유억불을 국시로 하여 승려가 천시되던 상황이었지만, 당시 국왕을 비롯한 유가들은 사명당에 대하여 높게 평가했다. 임란 당시 선조는 사명당 유정에게 승직과 벼슬을 내렸으며, 광해군은 그의 사후 진정한 의승이라 칭송하면서 장례 물품을 직접 내렸다. 허균은 사명당과 매우 가까운 사이로 사후 비문을 지었고, 이덕형李德馨은 그와 시문을 주고받았으며, 류성룡 역시 그와 평소 많은 교분을 맺었다. 1714년 밀양에 사명당을 향사하는 사우 표충사表忠祠를 건립하자는 최초 논의가 밀양의 양반들로부터 시작되어 1738년(영조

14) 국가로부터 사액사우로 인정받게 된 것도 맥락을 같이한다. 유
불儒佛 통합적 선교禪敎 일체 사상가로 평가되는 사명당 유정은 유
가와 불가에서 함께 높이 숭앙할 정도로 그 이름이 큰 것이었다.

장동표

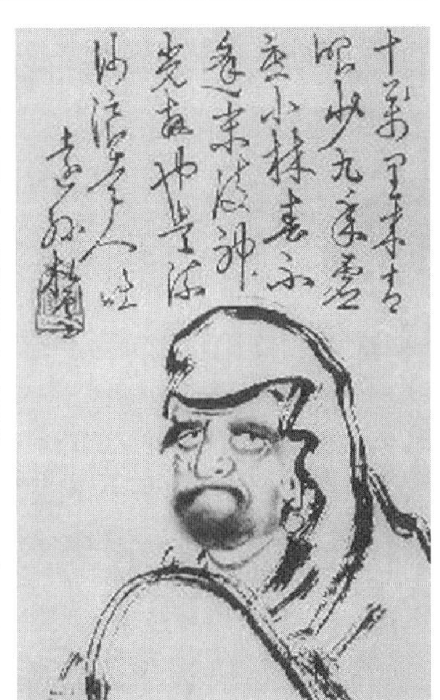

표충사 이건분쟁 관련 고문서(위)
표충사 경내에 있는 사명당 유정의 영정(아래 왼쪽)
달마도. 사명당이 강화 사신으로 일본 경도京都에 머물 때 오초悟初라는 일본 승려가
달마도를 그려와 찬讚을 청하기에 써준 글씨이다.(아래 오른쪽)

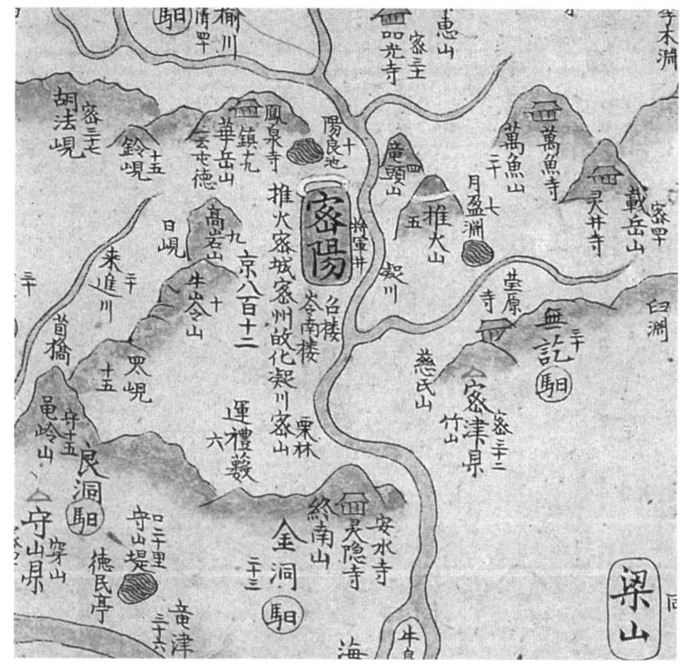

밀양시 무안사 고나리에 복원한 사명당의 생가(위 왼쪽)
표충사 사적비문(위 오른쪽)
밀양지도. 출전《東興備攷》(경북대출판부, 1998) (아래)

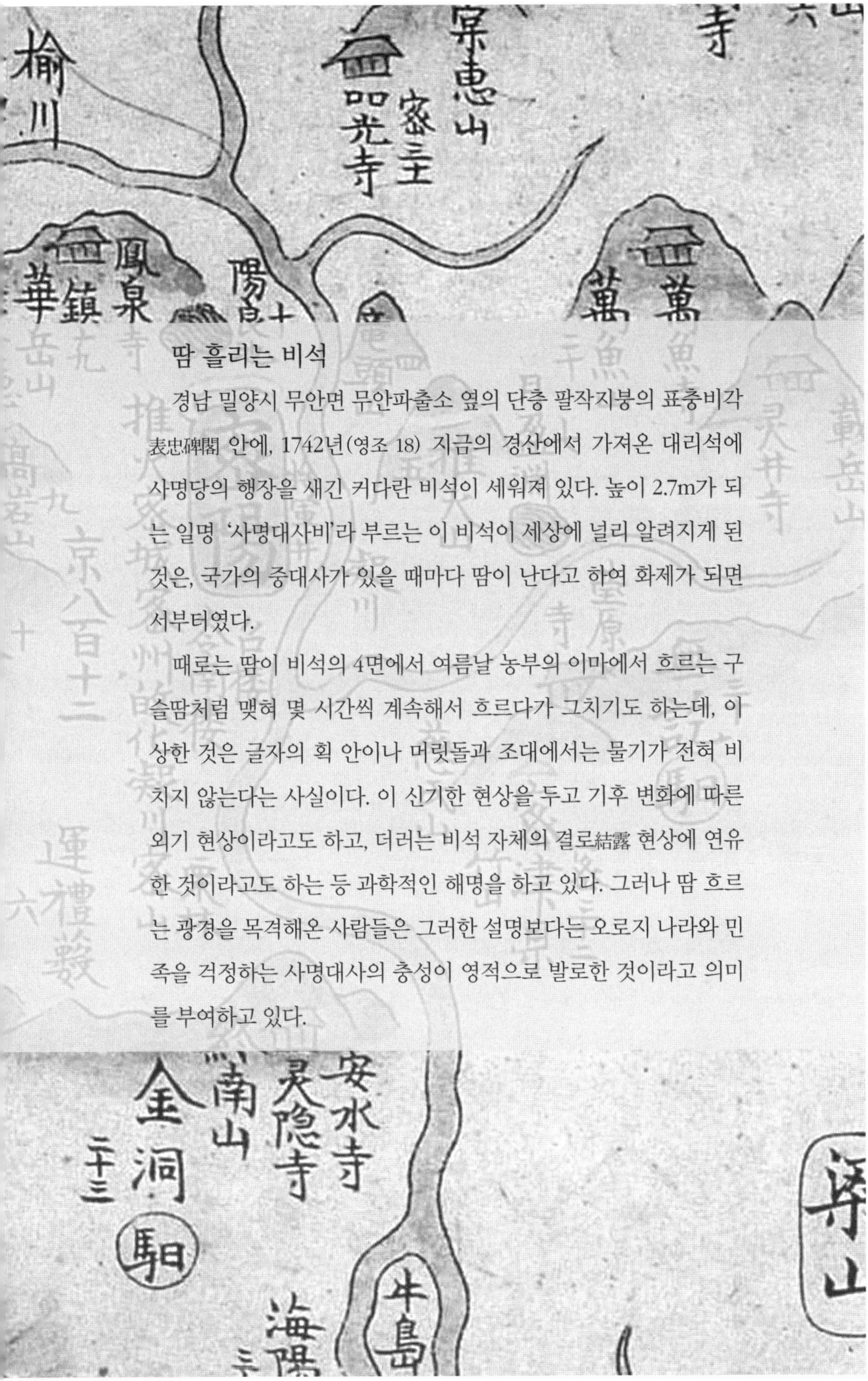

땀 흘리는 비석

경남 밀양시 무안면 무안파출소 옆의 단층 팔작지붕의 표충비각表忠碑閣 안에, 1742년(영조 18) 지금의 경산에서 가져온 대리석에 사명당의 행장을 새긴 커다란 비석이 세워져 있다. 높이 2.7m가 되는 일명 '사명대사비'라 부르는 이 비석이 세상에 널리 알려지게 된 것은, 국가의 중대사가 있을 때마다 땀이 난다고 하여 화제가 되면서부터였다.

때로는 땀이 비석의 4면에서 여름날 농부의 이마에서 흐르는 구슬땀처럼 맺혀 몇 시간씩 계속해서 흐르다가 그치기도 하는데, 이상한 것은 글자의 획 안이나 머릿돌과 조대에서는 물기가 전혀 비치지 않는다는 사실이다. 이 신기한 현상을 두고 기후 변화에 따른 외기 현상이라고도 하고, 더러는 비석 자체의 결로結露 현상에 연유한 것이라고도 하는 등 과학적인 해명을 하고 있다. 그러나 땀 흐르는 광경을 목격해온 사람들은 그러한 설명보다는 오로지 나라와 민족을 걱정하는 사명대사의 충성이 영적으로 발로한 것이라고 의미를 부여하고 있다.

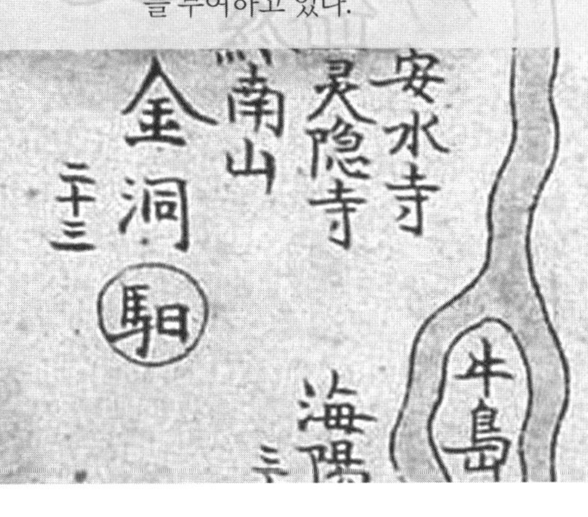

성리학적 세계관을 실천한 도학자 **정구**

방대한 저술을 남기다

한강 정구寒岡 鄭逑(1543~1620)는 다른 사람에게 책을 빌려보고 돌려주지 않은 적이 있었다. 교산 허균蛟山 許筠에게 역사책인 《사강史綱》을 빌려보고 10년이 넘도록 돌려주지 않은 것이 그것이다. 이에 허균은 정구에게 편지를 보내 "옛사람의 말에 빌려간 책은 언제나 되돌려주기는 더디다 했는데, 더디다는 말은 1년이나 2년을 가리키는 것입니다. 《사강》을 빌려드린 지가 10년이 훨씬 넘었습니다. 되돌려주시기 바랍니다. 저도 벼슬할 뜻을 끊고 강릉으로 돌아가 그 책이나 읽으면서 소일하려고 감히 말씀드립니다"라며 돌려주기를 독촉했다.

정구는 저술에 남다른 점이 있었고, 그의 학문은 가히 전방위적이었다. 성리서性理書가 있는가 하면 지리서도 있고, 의학서가 있는가 하면 문학서도 있다. 어쩌면 그는 서적편찬을 평생의 과업으로 삼았는지도 모른다. 서적을 편찬하자면 다양한 책들을 참고해야 하는 게 당연한 일이었고, 때로는 주위 사람들에게 빌리기도 했을 것이다. 허균의 책을 빌려보고 미처 돌려주지 못한 것도 이 과정에서 있었던 일인 듯하다.

관동지방의 인문지리서인 《관동지》를 만들 때는 이런 일도 있었다. 임진왜란이 일어나 군무軍務로 대단히 바쁜 시기에 정구는 조금의 여가라도 있으면 관동지방의 지지地誌를 만들었다. 그의 제자 최현崔晛이 그 이유를 물었다. 이에 그는 "완급은 진실로 다르지만 마땅히 해야 할 일을 겨를이 없다고 해서 놓아두고 지나칠 수는 없다. 지금 서적이 거의 다 흩어져 없어졌으니, 만약 보고 들은 것을 수습해두지 않는다면 장차 후세에 보일 만한 것이 없을 것이다"고 했다. 군사적인 일과 지방지 편찬이 그 완급의 측면에서 다르기는 하지만, 전쟁으로 인해 흩어지고 있는 자료들을 수집·정리해두지 않으면 훗날 그 지방을 다스리는 데 많은 문제가 발생한다는 것이다.

정구가 다양한 서적을 편찬하면서도 가장 심혈을 기울였던 부분은 역사서와 지방지였다. 64세 때 편찬한 《치란제요治亂提要》에서 밝히고 있듯이 역사서는 나라를 다스리는 자가 과거의 역사를 통해 오늘날 취할 것과 버릴 것을 바로 알게 하기 위해 편찬했다. 그리고 지방지 편찬에는 참으로 집요한 측면이 있었다. '안민安民'과 '선속善俗', 즉 백성을 제대로 다스리고 풍속을 교화하는 일이 이를 통해 이루어진다고 보았기 때문이다. 그는 1580년 창녕현감을 시작으로 동복현감, 함안군수, 통천군수 등 여러 지역의 지방관으로 부임하게 되는데, 가는 곳마다 그 지방의 문화를 지방지로 정리하여, 도합 7권이나 되는 지방지를 남겼다. 이 가운데 지금까지 남아 있는 것은 1587년 함안군수로 재직하면서 오운吳澐 등과 함께 편찬한 《함주지

咸州志》가 유일하다.

주자의 삶을 체현하려 한 도학자

　　　　　　　　　　　　　　한편 정구는 주자학에 깊이
침잠했다. 주자와 관련된 운곡雲谷·무이산武夷山·백록동白鹿洞·회
암晦庵에서 마지막 자를 따 《곡산동암지谷山洞庵志》를 편찬하는가
하면, 〈무이구곡도武夷九曲圖〉를 보고 느낀 점을 기록하기도 하고,
《무이지武夷志》를 읽고 독후감을 쓰기도 했다. 특히 주자의 〈무이구
곡시〉에 차운을 한 〈무흘구곡시〉 10수는 그가 얼마나 주자를 그리
워하면서 주자학을 철저하게 체현하려 했는지를 알게 한다.

　〈무흘구곡시〉는 정구가 배향되어 있는 회연서원晦淵書院 뒤편 봉
우리인 봉비암에서부터 대가천의 물줄기를 거슬러 오르며 김천시
증산면 수도산의 용추에 이르기까지 절경 아홉 구비를 설정하여 노
래한 것이다. 그는 대가천 맑은 물소리에서 진리의 소리를 들었다.
이 시의 서시에서 밝힌 “주부자께서 일찍이 깃들었던 곳[紫陽況復曾
棲息], 만고에 길이 흐르는 도덕의 소리여[萬古長流道德聲]”라고 한
데서 충분히 알 수 있다. 조선 땅에서 주자를 만나고 있는 것이다.
〈무흘구곡시〉의 첫 수는 이러하다.

　　　첫째 구비 여울목에 고깃배 띄우니　一曲灘頭泛釣船
　　　석양 부서지는 냇가에 실 같은 바람 감도네　風絲繚繞夕陽川
　　　뉘 알리오, 인간 세상의 근심 다 버리고　誰知捐盡人間念

박달나무 삿대 잡고 저문 연기 휘저을 줄을 唯執檀槳拂晚煙

  이 시에는 정구의 성리학적 자연관이 내포되어 있다. 성리학적 자연관이란 자연의 질서를 인간의 수양 논리로 이해하는 것을 말한다. 봉비암 아래로 흐르는 물을 거슬러 오르면서 인간의 다양한 감각적 욕망에서 발생하는 인욕人欲을 막고 물의 근원을 찾아 인간 심성의 근원을 회복하자는 것이었다. 인간 세상의 근심을 모두 버리고자 한 것이다.

  정구의 성리학적 자연관은 오늘날 우리에게 시사하는 바가 크다. 여름이면 수려한 자연을 찾아 고성방가로 산천의 고요를 찢어내다가 급기야 환경오염에 일조를 하고 돌아오는 소위 문명인들의 반문화적 작태, 여기에 그의 성리학적 자연인식은 강한 비판력을 행사한다. 정구의 무흘구곡 유적은 1782년 김상진金相眞이 그린 〈무흘구곡시〉가 남아 있어 그 원형을 유추해볼 수 있다.

  정구는 역사서와 지리서를 편찬하면서 민족의 현실을 철저하게 인식했고, 주자학에 집요한 관심을 보이면서 성리학적 자연관으로 인간과 자연의 관계를 깊이 탐험해 들어갔다. 그러나 오늘날 한강학寒岡學 연구는 갈 길이 멀다. 이황李滉과 조식曺植의 제자라는 사실을 지나치게 인식하여 한강학의 어떤 부분은 퇴계를 계승했고, 또 어떤 부분은 남명을 계승했다는 수준에 그친다. 그러나 한강은 퇴계의 한강이 아니듯이 남명의 한강도 아니다. 남명이 퇴계를 비판한 근거로 든 구담천리口談天理가 한강에게는 없으며, 퇴계가 남명을 비판할 때 즐겨 거론한 노장적老莊的 기미 역시 한강에게는 없다. 그러면서도 그는 역사적 현실과 주자학의 재인식을 통해 학문적 독보를 이룩하면서 퇴계학파와 남명학파를 통틀어 가장 많은 342명의 제자를 길러냈다. 따라서 한강학 연구는 아직 출발선에서 그리 멀지 않은 곳에 있다고 해도 과언이 아니다.

정우락

입암. 무흘구곡 가운데 제4곡에 해당한다. 정구는 여기서 "사곡 백 척 바위에 구름이 걷히니, 바위머리의 화초가 바람에 살랑거리네"라고 노래했다. (왼쪽)
용추. 무흘구곡 가운데 마지막인 제9곡에 해당한다. 정구는 여기서 "원두에 묘한 곳이 있다고 말하기 어려우니, 이곳을 버리고 어디서 별천지를 물으랴?"라고 노래했다. (오른쪽)

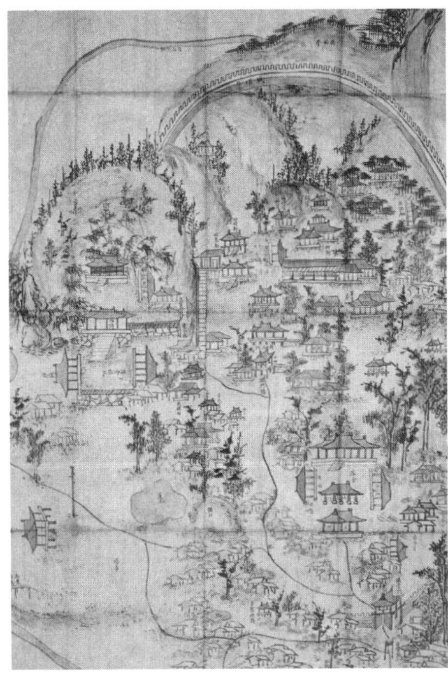

회연서원. 정구가 41세 때 지은 회연초당이 발전한 것으로, 사후 제자들에 의해 서원이 설립되었고(1622), 1690년(숙종16) 12월 사액되었다.(위)

성주읍기도星州邑基圖. 서울대 도서관 소장(아래 왼쪽)

봉비암과 회연서원. 무흘구곡의 1곡에 해당한다. 그림은 김상진이 1782년에 그린 것이다.(아래 오른쪽)

저는 뜻만 큰 것이 아니라 요순의 기상이 있습니다

한강이 7세 때의 일화이다.

백씨 참찬공 정괄이 일찍이 손님과 함께 앉아 있는데 7세의 한강이 붉은 띠를 두르고 나와 그 손님에게 절을 했다. 그러자 손님이 이렇게 말했다.

"너는 무슨 벼슬을 했느냐?"

한강이 대답했다.

"우리 가문은 대대로 대부의 벼슬을 해왔으니, 저는 마땅히 금빛 나는 옷과 붉은 옷을 입을 수 있습니다. 이 때문에 시험 삼아 입어본 것일 뿐입니다."

이에 백씨가 크게 꾸짖으며, 이렇게 말했다.

"이 아이가 뜻만 커서 그렇습니다."

한강이 다시 말했다.

"제가 뜻만 큰 것이 아니라 요순의 기상이 있기 때문입니다."

한강은 책읽기를 산 오르기에 비유하여 이렇게 말한 적이 있다.

"대개 독서는 산을 오르는 것과 같다. 산을 오름에 있어 반도 가지 않아서 그만두는 사람도 있고, 두루 돌아다니기는 하나 그 정취를 알지 못하는 사람도 있다. 반드시 그 산수의 정취를 알아야 비로소 산을 올랐다고 말할 수 있을 것이다."

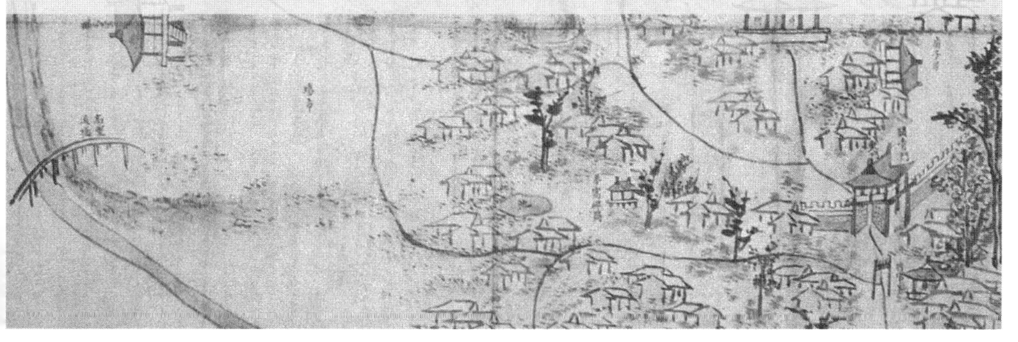

앞만 보며 내달린 정계의 돌격장 정인홍

1908년 조선의 마지막 군주인 순종 2년에 한 무리의 관료들이 사면 복권되었다. 그 명단에서 단연 눈에 띄는 인물이 영의정 정인홍이었다. 인조반정仁祖反正 직후 89세 노구였음에도 불구하고 형장의 이슬로 사라진 지 280여 년이 지난 후의 일이었다. 참으로 파란만장한 삶을 살다 간 산림의 학자요 비운의 정치가였다.

강개한 산림 장령, 능력 있는 의병장

선비로서 그가 지녔던 강직한 기개는 사헌부에 재직하던 시절에 잘 드러났다. 사헌부의 장령 벼슬은 비록 그 품계는 당하관이나 그 직권은 한 나라의 풍기風氣를 관장하던 자리인지라, 여간 이름 있는 선비가 아니고서는 임용되기 어려웠다. 산림에 묻혀 학문에 침잠하던 산림학자인 그가 장령에 임명되어 상경하자, 평소 그의 맑은 이름을 듣고 있던 사람들이 그의 풍채를 보려고 모여들었다고 한다.

그는 임진왜란을 거치면서 더욱 그 위망을 떨치게 되었다. 그는 58세라는 적지 않은 나이에 동문인 김면金沔·곽재우郭再祐 등과 의

병을 일으켜 거창·합천·의령으로 이어지는 전선을 분담하여 지킴
으로써 경상우도 지역을 보전했을 뿐만 아니라, 전라도로 넘어가는
길목을 봉쇄함으로써 전라도를 온전히 보전하는 데 큰 공을 세웠다.
그가 왜란 기간 동안 의병을 확고히 장악하고 장기적으로 저항할 수
있었던 것은 그만큼 그 지역에서의 지위가 확고했기 때문이었다.

스승으로부터 물려받은 칼
정인홍(1535~1623)의 자는 덕원德
遠이요, 호는 내암, 본관은 서산이다. 그의 눈은 별처럼 빛나 사람을
쏘아보면 압도하는 기세가 있어서 감히 마주서지 못했다고 한다.
11세 때는 인근 해인사에 들어가 글을 읽고 있었는데, 한 벼슬아치
가 들렀으나 태연히 앉아 글만 읽고 있다가 벼슬아치가 방에 들어
와 좌정하자 그제야 일어서서 인사를 하는 것이었다. 벼슬아치가
운자韻字를 내어 글을 짓게 하니 곧 응했다.

　　　한 자 남짓한 한 그루 소나무가 탑 서쪽에 있네
　　　탑은 높고 소나무는 낮아 서로 가지런하지 않구나
　　　지금 소나무가 탑보다 낮음을 말하지 마소
　　　소나무가 자라난 다음 날엔 탑이 되려 낮아지리니

그 벼슬아치가 승지를 역임한 양희梁喜였다. 양희는 정인홍의 영
특함에 반하여 그를 사위로 삼기에 이르렀다.

정인홍은 15세 때 남명 조식南冥 曹植에게 나아가 인격과 학문을 닦았다. 23세에 생원시에 합격하여 선비로서 최소한의 체면치레를 한 후에는 과거를 포기하고 산림에 묻혀 학문 연구에 전념함으로써 스승의 길을 따랐다. 후일 조식은 그를 높이 평가하고 깊이 신뢰하여 "정인홍이 있으니 나는 죽지 않을 것이다"라 하면서 자신이 아끼던 칼을 물려주어 전심傳心의 증거로 삼았다.

대북정권의 선봉에 서서

정인홍이 본격적으로 당인으로 활동하기 시작한 것은 55세 때인 1589년 '기축옥사己丑獄事'를 거치면서였다고 보여진다. 기축옥사는 정여립鄭汝立이 역모를 꾸미다 탄로가 나자 자결했던 사건을 빌미로 만연된 옥사였다. 정인홍은 이 사건으로 그의 절친한 동문인 최영경崔永慶을 잃었으며, 자신도 삭탈관작되는 불운을 겪었다. 이를 계기로 그는 옥사를 만연시킨 서인西人과 이를 방관한 남인南人에 대해 적개심을 가지게 되었다.

서인과 남인에 대한 그의 공격은 임진왜란이 끝난 직후 시작되었다. 먼저 그의 제자 문홍도文弘道로 하여금 남인의 영수였던 류성룡柳成龍을 탄핵케하여 삭탈관작시킴으로써 남인정권의 퇴조에 결정적 계기를 만들었다. 남인이 퇴조한 가운데 북인이 대북大北·소북小北으로 자체 분열되는 틈을 타고 서인정권이 들어서자, 정인홍은 기축옥사를 문제 삼아 서인 공격의 포문을 열었다. 경상우도 사림의 대규모 상소운동으로 정철鄭澈과 성혼成渾에게 타격을 입히면서 결국 서인정권도 몰락시켰다.

그의 면모는 선조 말년 소북정권을 공격할 때도 유감없이 발휘되었다. 이때 유영경柳永慶을 공격하다보니 자연히 선조의 전위傳位에 대해서까지 말이 미치게 되었다. 이에 선조로부터 "인홍이 세자로 하여금 속히 전위를 받게 하려고 한다"는 진노를 사서 유배에 처해짐으로써 그의 시대도 끝나는 듯이 보였다. 그러나 바로 얼마 뒤 선조가 갑자기 사망하고 광해군이 즉위함으로써 정세는 극적으로 역전되었고, 정인홍은 광해군의 신임을 한 몸에 받는 존재로 부각되었다.

이와 같이 정인홍은 상대당의 집권을 무너뜨리는 데 대단한 위력을 발휘했다. 이러한 면을 보면 이이가 용병에 비유하여 그를 "돌격장에 적합하다"고 한 평이 대단히 적절했다는 생각이 든다.

고립을 자초한 초강수의 연속

정인홍은 77세 때 정국에 파란을 몰고 온 사건을 또 일으켰다. 이른바 '회퇴변척晦退辨斥' 사건이었다. 그는 대북의 학통을 강화하기 위해 자신의 스승인 조식을 추숭하는 데 만족하지 않고, 이미 문묘에까지 종사되어 초당적인 추앙을 받던 회재 이언적晦齋 李彦迪과 퇴계 이황退溪 李滉을 공척하고 나선 것이다. 이 무모한 행위로 인한 피해는 너무나 컸다. 자신은 성균관 유생들에 의해 청금록靑衿錄에서 삭제되는 수모를 당했으며, 남인은 물론이거니와 서인으로부터도 맹비난을 당함으로써 고립을 자초했다.

이에 기반이 취약한 정권을 유지하기 위한 방책으로 채택한 것이 역적 토벌의 논리로 철저히 무장하고, 항상 위기감을 고조시킴으로써 공포분위기 속에서 정국을 이끄는 것이었다. 그는 모역사건 때마다 일벌백계의 강경론을 주장함으로써 정국을 항상 긴장상태로 몰아갔다. 수차에 걸친 역옥을 거치면서 드디어 역모의 칼날은 영창대군永昌大君과 인목대비仁穆大妃에게로까지 겨누어지게 되었다.

그는 영창대군에 대해서는 스스로 역모에 가담한 것도 아니니 은혜를 온전하게 해야 한다는 주장을 분명히 했다. 그리고 역적 토벌의 논리가 종착지인 폐모론廢母論을 향해 치달았을 때, "자모子母의 명의名義는 하늘에서 내린 것으로 바꿀 수 없다"라 하여 반대 의사를 분명히 했다. 그러나 역모사건에 대한 강경일변도의 대응으로 정국을 경색시킨 책임만은 면하기 어렵다고 보여진다. 이이첨李爾瞻과 같은 소인배에 속았다는 후세인의 변호도 구차스럽기는 마찬가지인 것이다.

결국 그는 서인에 의한 인조반정이 일어났을 때 형장의 이슬로 사라지면서 89년의 파란만장한 삶을 마감했다. 자신이 지키고자 한 신념과 사랑한 군주를 위해 변명하지 않고 깨끗하고 당당하게 한 목숨 내놓은 것이다. 후일 저승에서 만났을 광해군 앞에서는 아마 그 누구보다도 떳떳했을 것이다.

우 인 수

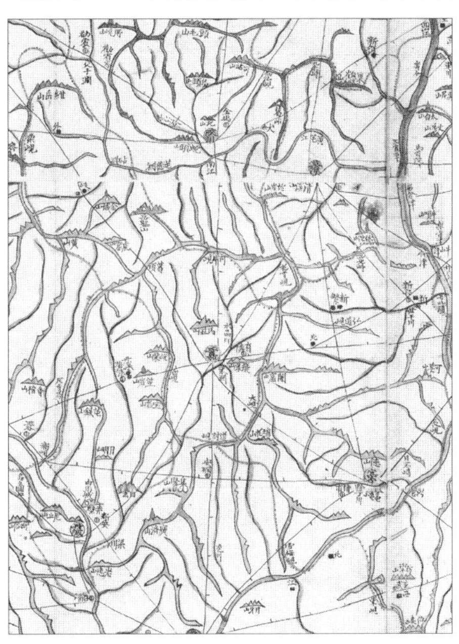

묘소전경. 조그만 묘비석과 두 기의 문인석이 지키고 있는 정인홍의 무덤(합천군 가야면 소재)(위)
부음정 전경. 정인홍이 은거하여 학문을 닦고 후학을 가르치던 곳이다.(합천군 가야면 소재)(가운데)
부음정 현판(아래 왼쪽)
함천, 삼가, 진주 지도. 김정호.《大東全圖》. 1861년 이후. 출전 《한국의 옛 지도》(영남대박물관, 1998)(아래 오른쪽)

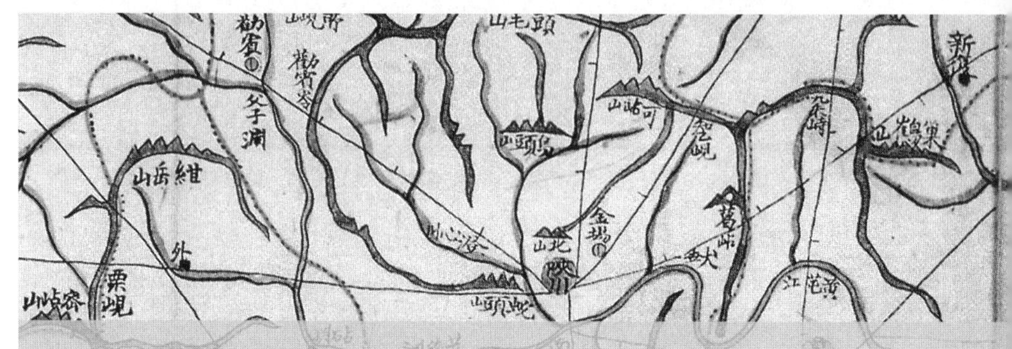

정인홍에 대한 평가

정인홍은 조식의 수제자로서 경상우도 학계를 대표했다. 그는 인조반정으로 인한 광해군 정권의 몰락과 함께 처형당했고, 이이첨과 함께 간흉의 대표적인 존재로 역사에서 철저히 매장되었다. 그가 객관적이고 공정한 역사적 평가를 받기 시작한 것은 근래의 일이다. 다만 옛 당인들의 시각에서 그를 간흉으로 매도하는 주장은 단연코 거부해야 하겠지만, 그렇다고 그를 또 다른 극단으로 추켜세우려는 시각도 마땅히 경계해야 할 것이다.

《선조수정실록》에는 정인홍에 대한 사신史臣의 평을 다음과 같이 전하고 있다.

"유년 시절에 조식에게서 글을 배웠다. (……) 조식은 항상 방울을 차고 다니며 주의를 환기시키고 칼끝을 턱 밑에 괴고 혼매한 정신을 일깨웠는데, 말년에 이르러 방울은 김우옹金宇顒에게, 칼은 정인홍에게 넘겨주면서 이것으로 심법心法을 전한다고 했다. 정인홍은 칼을 턱 밑에 괴고 반듯하게 꿇어앉은 자세로 평생을 하루같이 했다. (……) 그의 독서讀書는 고사에 정밀하고 해박함이 조식보다 뛰어났으며, 더욱이 시비를 변론하고 공격하는 작문에 소질이 있어 주위 사람들이 잘못을 알지만 강한 것이 무서워 대항하지 못했다."

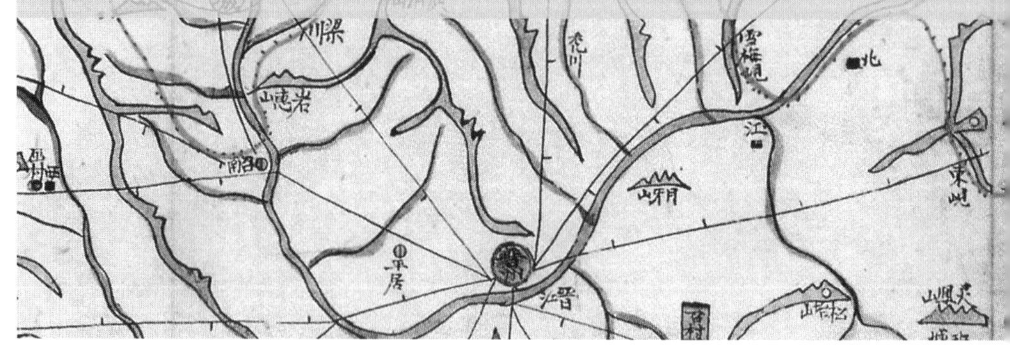

소녀 시인

7년 동안이나 지속된 임진왜란이 끝나기가 무섭게 북쪽에서는 또다시 여진족의 발호가 시작되어, 17세기 벽두는 불안한 나날의 연속이었다. 남쪽 왜적의 침공에 대비하랴, 북쪽 오랑캐의 침략을 저지하랴, 수많은 무지렁이 농군들이 군인으로 징발되어 변방에 투입되었다. 안동 검재에 살던 한 젊은 농부도 군인으로 차출되었다. 살아 돌아올 기약 없는 험난한 여정을 앞에 두고 젊은 아내는 울부짖었고, 70세 노모는 정신을 잃고 쓰러졌다가 간신히 일어나 떠나는 아들의 다리를 붙잡았다. 떠나는 이들과 전송하는 이들로 온 마을이 떠들썩하던 그 무렵, 13세의 어린 소녀는 그때의 슬픈 심정을 시로 담아냈다.

백발 늙은이 병들어 누웠는데, 머나먼 변방으로 아들 떠나보내네
아들을 변방으로 떠나보내니, 어느 날에나 돌아올 수 있으리
(……)

백발 늙은이 병을 무릅쓰고 일어났지만
일어섰다간 다시 넘어지네
지금도 이럴진대, 옷자락 끊고 아들 떠난다면 어찌 할 것인가
《백발 늙은이[鶴髮詩]》

어린 소녀 시인 안동 장씨(1598~1680)는 노량해전을 대미로 7년간에 걸친 대전쟁, 임진왜란이 막 끝나가던 1598년 11월, 아버지 경당 장흥효敬堂 張興孝(1564~1633)와 어머니 안동 권씨 사이의 외동딸로 검재에서 태어났다. 아버지는 학봉 김성일金誠一의 문인으로 당대 학자로 인정받았으며, 많은 제자들이 그의 집을 드나들었다. 그러한 집안 분위기 탓일까, 어린 소녀는 사랑방을 기웃거리면서 아버지의 가르침을 곁눈으로 배웠다. 아버지는 퇴계 학풍을 이어받은 학자답게 '몸을 삼가고[愼獨]' '항상 공경하는 자세[敬]'를 제자들에게 강조했다. 총기 있던 소녀는 10세 정도 되는 어린 나이에 《소학》과 《십구사략》을 깨쳤고, 13세가 되어서는 〈백발 늙은이〉, 〈몸가짐을 조심하다[敬身吟]〉, 〈소소한 빗소리[蕭蕭吟]〉와 같은 주옥 같은 시들을 지었다. 글씨도 곧잘 써서 그녀가 쓴 초서체 '적벽부'는 당대 서예가 정윤목이 "기풍과 필체가 호기로워 우리나라 사람의 글씨와는 다르다"고 평할 정도였다.

현모양처의 길

그녀는 나이 19세 되던 1617년 영해 나랏골에 살

던 재령 이씨 가문의 이시명李時明과 결혼했다. 남편은 이미 광산 김씨와 결혼해서 1남 1녀를 둔 27세의 청장년이었다. 남편과는 여덟 살 차이, 게다가 재취로 들어간 자리였으니 새색시가 받아들이기에는 쉽지 않은 환경이었다. 그러나 새색시는 전부인 소생 6살배기 상일을 제 자식처럼 여겼다. 자식 공부를 위해 어린 상일을 남쪽으로 5리 남짓 떨어진 남경훈南慶薰 선생 집으로 매일 같이 업고 다니는 열의를 보였다. 새 며느리의 처신을 지켜보던 시아버지 이함李涵은 그제야 "저 어미 잃은 아이는 어미를 잃은 것이 아니고 죽은 어미가 살아온 것이다"고 동리 이웃들에게 자신 있게 말할 수 있었다.

이후 그녀는 6남 2녀를 낳아 모두 훌륭하게 키웠다. 태기가 있는 동안 그녀는 과일, 채소와 같은 하찮은 물건일지라도 모양과 빛깔이 온전하지 않거나 바르지 않은 것은 입에 대지 않았다. 하루는 동네잔치로 동리 이웃들이 모두 모여 기생을 부르고 음악을 베푸는가 하면, 처용무를 펼치는 일이 있었다. 마침 임신 중이던 그녀는 종일토록 머리를 숙이고 눈을 뜨지 않았다. 그 소식을 접한 친정아버지는 "너는 내게 배운 바를 저버리지 않았구나"며 탄복해 마지않았다고 한다. 그런 노력 덕택이었을까, 그녀는 전부인과 자신의 소생 7남 3녀를 모두 한결같이 훌륭한 인물로 키웠다. 그 중에서도 둘째 휘일徽逸, 셋째 현일玄逸, 넷째 숭일崇逸은 경상도를 대표하는 학자로 명성을 날렸으며, 그의 손자 이온李穩, 이재李栽, 외현손 이상정李象靖 또한 문명이 높았다.

그녀는 친정에 계신 부모가 항상 걱정이 되었다. 시댁으로부터

200여 리 떨어진 친정에는 돌보아 드릴 자식 하나 없이 늙어가는 부모가 살아 계셨다. 외동딸을 멀리 영해로 시집보낸 친정 부모의 적적함은 이루 말할 수 없었을 것이다. 그 때문에 그녀는 부모님께 문안을 여쭙고자 한 해 한 번씩 친정 나들이를 했다. 아버지가 환갑이 되던 해인 1624년 한 살 연장이었던 어머니가 세상을 떠났다. 홀로 남게 된 아버지와 차마 떨어질 수 없었던 그녀는, 시아버지와 남편의 허락 하에 친정에 2년을 더 머물면서 아버지를 모셨다. 계모를 맞아 친정의 대를 잇는 일에도 소홀하지 않았다. 1633년 아버지가 69세의 나이로 세상을 떠나자, 그녀는 계모와 4남매를 시집으로 데려와 삶의 터전을 마련해주었다. 그리고 시집 근처에 외가의 사당을 짓고 조상 제사를 받들게 했다. 그녀는 그곳에서 친정 동생들에게 공부를 가르치고, 그들의 시집, 장가를 주선했으며, 이후 동생들이 고향 검재에서 일문을 형성할 수 있는 기반을 마련해주었다.

그리고 아버지 살아 계실 제, 아들 상일, 휘일, 현일 삼형제를 외조부에게 보내어 학문을 익히도록 했다. 이러한 어머니의 배려로 슬하의 아들 7형제 모두가 문명으로 현달해, '안릉가 7룡'으로 알려졌다. 특히 셋째 갈암 이현일葛庵 李玄逸(1627~1704)은 영남을 대표하는 산림으로 천거되어, 1692년(숙종 18) 이조판서를 역임했으며, 남인과 서인의 정쟁이 한창이던 현종─숙종 연간(17세기 중·후반)에 남인의 영수로서 크게 활약한 바 있다. 이현일 대에 이르러 재령 이씨의 명성이 세상을 울리게 된 상황에서, 그녀는 자식들이 자만에 빠져 혹여 행신을 그르치지 않을까 늘 근심했다. "너희들이 비록 글

잘 한다는 명성은 있지만, 나는 귀중하게 생각지 않는다. 다만 한 가지 선행이 있다는 말을 들으면 나는 문득 기뻐하며 잊지 않고 있을 따름이다"며 늘 자식들의 방만과 나태를 경계했다.

그녀에게도 시련은 따랐다. 그녀가 39세가 되던 1636년(인조 14) 병자호란이 발발했다. 청나라 기병의 기습공격을 맞아 국왕 인조는 광주의 남한산성에 은거하면서 저항했다. 경상도를 비롯한 각지에서는 근왕병을 결성하고 남한산성으로 진격을 개시했지만, 인조는 그만 삼전도에서 청 태종에게 항복하는 아픔을 겪게 되었다. 미증유의 위난에 직면하여 아녀자의 몸임에도 불구하고 그녀는 동리 이웃들에게 의병 창의를 역설했다. 남편 이시명도 의병에 가담했다. 하지만 조선은 오랑캐로 여기던 만주 청나라에게 굴복을 당했고 이시명은 이러한 현실에 낙담하여 세상의 연을 끊고 살 것을 결심했다. 이후 그는 영양 석보에 은거하면서 숭정처사崇禎處士로서 한 평생을 보냈다. 그녀는 출세와 영달을 포기하고 실의에 빠진 남편에게 용기를 북돋워주었다. 학문에 전념할 것과 제자 양성을 권하면서, 남편의 절의를 드러내고 양심에 따라 사는 학자의 아내로서 헌신했던 것이다. 7남 3녀의 어머니로, 학문적 명성이 자자한 수재 자식들을 둔 어머니로 누구에게나 칭송을 받는 다복한 그녀였지만, 딸 둘과 막내 운일을 먼저 보내는 아픔을 겪기도 했다.

한평생을 근신과 공경으로 조용하게 살면서, 세상으로부터 '여중군자女中君子'라 칭송받던 장씨는 73세가 되던 해에 생애를 담담하게 되돌아보면서 자신의 심사를 〈드물고도 드무네[稀又詩]〉라는 시로 표현했다.

세상에 나서 칠십까지 사는 것은 예부터 드문 일인데

人生七十古來稀

칠십하고도 세 살을 더 사니 드물고도 드무네

七十加三稀又稀

드물고도 드문 중에 자식들도 많으니　　稀又稀中多男子

드물고도 드문 중에 또 드물고도 드무네　稀又稀中稀又稀

　　장씨는 1680년 83세를 일기로 자식들이 지켜보는 가운데 영양 석보에서 조용히 세상을 떠났다. 셋째 아들 현일은 "내가 노둔하고 우매하여 지극한 가르침을 따라 실행할 수 없었다. 그러나 평소 야비한 말과 버릇없이 구는 말을 내 입에 올려 말하거나 남에게 함부로 하지 않은 것은, 실로 어머니께서 어릴 때부터 금지하고 경계한 탓이다"고 〈정부인 안동 장씨 실기〉에서 그 고마움을 회고했다.

안 귀 남

경당 장흥효를 배양한 경당서원(위)
영양군에 있는 재령 이씨 집성촌 두들마을(중간)
팔룡수첩. 안동 장씨가 소녀 때 지은 시를 남편 이시명이 글을 쓰고, 며느리가 8마
리의 용을 수놓아 이시명과 7형제의 위업을 기렸다.(아래)

안동 장씨의 재능

　장씨는 혼담이 오간 18세 이후 어렸을 때부터 배워왔던 서화며 글씨들을 모두 버렸다. 10대 초반에 이미 상당한 문재를 드러냈지만, 결혼한 이후에는 붓을 잡은 적이 없었다. 손자 이온과 이재에게 학문을 권하는 시를 쓴 67세 때까지 그녀는 시를 쓰지 않았다. 남편 이시명도 그녀의 나이 46세가 되어서야 어린 시절의 시작 〈성인을 읊다[聖人吟]〉와 〈소소한 빗소리〉 등을 볼 수 있었을 뿐이다. 그녀의 작품에 감복한 남편은 시들을 모아 단아한 행서체로 《전가보첩傳家寶帖》이라 이름 붙였고, 둘째 며느리는 시아버지와 일곱 아들을 상징하는 여덟 마리의 용을 그곳에 수놓았다. 가문에서 전승되는 《팔룡수첩八龍繡帖》이라는 서책이 이것이다. 13세 때 지은 〈소소한 빗소리〉는 다음과 같다.

창문 밖 솔솔 내리는 빗소리	窓外雨蕭蕭
솔솔 내리는 빗소리 자연스럽기도 하네	蕭蕭聲自然
자연스런 소리 내 듣고 있으니	我聞自然聲
내 마음도 빗소리처럼 자연스러워지네	我心亦自然

영남이 없으면 나라가 없다 **이담명**

극단적인 평가를 받은 정치인

'기사환국己巳換局'으로 남인이 재차 정권을 잡게 된 숙종 15년(1689)은 예송禮訟 논쟁으로 촉발된 서인과 남인의 치열했던 정치적·사상적 대립의 30년 세월이 바야흐로 막바지를 넘어가던 시기였다. 남인들에 대한 철저한 보복을 주장했던 노론의 영수 송시열宋時烈과 김수항金壽恒이 사형에 처해지고 그들의 당파 또한 중앙 정계로부터 철저하게 거세된 숙종 18년 4월, 대사헌 이담명李聃命은 당시 노론 정파를 사실상 이끌던 민정중閔鼎重의 사사賜死를 청하는 상소를 숙종에게 올렸다.

> "아버지의 원수와는 한 하늘 아래에서 같이 살지 않는 법이고, 임금에게 무례한 짓을 한 사람을 보면 매가 참새를 쫓듯 해야 하는 법입니다. 민정중은 신 한 사람만의 사사로운 원수가 아니라 진실로 국가의 간사한 역적입니다."(《숙종실록》숙종 18년 4월 16일)

위의 상소 바로 뒤에는 신랄한 어조로 그를 비난하는 서인계 사관의 사평이 실려 있다.

"이담명의 아비 이원정李元禎이 경신역옥庚申逆獄(1680년) 때에 국문을 받다가 형장에서 죽었다. 그때 담당관이 민정중이었으니 그가 원한을 품는 것은 당연한 일이다. 그러나 감히 사사로운 원수의 보복을 군주에게 말했으니, 그 또한 방자함이 심하다."

민정중은 폐서인까지 당했다가 왕비로 복귀한 비운의 왕비 인현왕후仁顯王后의 부친 민유중閔維重의 형이었다. 숙종의 처삼촌이기도 했던 그에게 감히 이담명이 사형을 요구했으니, '갑술환국甲戌換局'(숙종 20년, 1694)으로 재집권에 성공한 노론 측에서 볼 때 그는 도저히 용서받을 수 없는 인물이었을 것이다.

인물평이 평을 받는 사람의 됨됨이뿐만 아니라 평자의 눈에 따라 달라지는 것임은 요즈음의 일만이 아니다. 17세기 중·후반 한창 당쟁이 과열되던 시기에 관료 생활을 했던 이담명(1646~1701)에 대한 평가는 극에서 극을 달린다. 그를 평한 사관史官이 정치적으로 그와 전혀 다른 입장에 있던 서인이라는 점을 감안한다 해도, 그렇게 극단으로 평이 갈리는 것은 그만큼 그가 정쟁의 소용돌이의 한가운데서 있었다는 것을 의미한다. 더군다나 그의 부친 이원정(1622~1680)은 '정변을 일으키는 책임자'라는 의미의 '변국제조變局提調'

라 불리우리 만치 당쟁에 깊숙이 개입되어 있었으니, 그 아들에 대한 서인·노론 측의 평이 오죽했으랴!

이담명의 본관은 광주廣州, 자는 이로耳老, 호는 정재靜齋로 서인과 남인의 정쟁이 불거지기 시작한 인조 24년(1646)에 태어나, 양 정파의 정쟁이 과격 양상으로 치닫던 시기에 생장하고, 그 와중에서 죽어간 인물이다. 그의 선조들은 조선 초기 이래 일찍이 성주로 내려와 영남의 유수한 사족 가문으로 성장했으며, 그 또한 성주에서 태어나 칠곡에서 자랐다. 그가 살던 17세기 중·후반의 시기는 성주와 칠곡이 막 구별되어 딴 살림을 시작하던 때였다. 그는 숙종 6년(1680) 이른바 남인들이 대거 축출된 '경신옥사'에서 부친을 여의고, 이곳저곳을 떠돌아다니며 마음을 한 곳에 붙이지 못했다. 그러다가 1687년 봄 칠곡 돌밭石田의 옛 집으로 돌아가 그곳에 정착하게 되었다. 서울에서 관직 생활을 하는 도중에도 그는 자주 고향으로 발걸음을 옮기곤 했다.

조선 사회에서 학자와 정치인을 딱히 구별하는 것은 쉽지 않은 일이지만, 지금의 기준으로 이담명을 분류하자면 그는 정치인에 더 가까웠다. 어려서 미수 허목眉壽 許穆에게서 학문을 배우고 남들로부터 똑똑하다는 이야기를 듣던 그는, 공부도 게을리 하지 않아 마침내 1670년 문과에 급제, 관직 생활을 시작했다. 그는 군주가 중심이 되어 정치를 이끌어야 하며, 바른 정치를 위해서는 군주의 마음이 먼저 발라야 한다고 생각했다. 그리고 바른 선비들을 가까이 해서 군주의 덕성을 길러야 한다고 믿었다. 그래야만 인심이 떠나지 않게 된다는 것이었다.

　이런 생각들은 유학을 배운 사람이라면 누구나 자연스레 갖게 되는 것들이었다. 다만 관료들의 정치적 판단에 좀 더 무게를 두었던 서인들과 비교할 때, 남인들의 정치철학은 군주의 덕치와 솔선수범을 좀 더 강조하는 경향이 있었을 뿐이다. 근기 지방을 중심으로 두터운 관료층을 형성하고 있던 서인들보다는 지방 출신의 한계를 갖고 있던 남인, 특히 영남 출신 남인들이 군주 중심의 정치 운영을 주장하는 것은 어쩌면 당연한 귀결이었는지도 모른다.

영남을 대변한 정치가

이담명이 경상감사로 재직 중이던 숙종 16, 17년의 일이다. 그가 감사 생활을 시작했던 그 무렵은 수백 년 내에 찾아보기 어려웠던 참혹한 기근이 든 때였다. 전 지구를 강타한 혹한기, 곧 '17세기의 위기'가 조선 사회에도 들이닥친 것이다. 냉해로 인한 피해, 흉년, 기근, 영양실조, 전염병의 확산, 사망자의 속출이라는 전근대적 기근 양상이 본격화되었다. 감사직을 시작하던 무렵 이러한 대재난을 맞았으니, 이담명에게는 일대 시련기였던 셈이다.

　그렇지만 이담명은 경중을 헤아려서 신속하게 일을 처리하는 수완이 있는 사람이었다. 그는 부임하자마자 흉작이 특히 심했던 지역들을 파악하고 구호 대상 인구를 산출하여 필요한 진휼곡을 분급하도록 지시했다. 그렇지만 구호곡을 마련하는 것이 문제였다. 새

곡식은 아직 나오지 않은 시기였고, 그간 쌓아둔 곡식들은 대부분 중앙으로 상납해야만 하는 전세곡이어서 손을 댈 수 없었기 때문이다. 그는 백성들에게 베풀 곡식이 우선이라는 점을 강조하면서 전세곡을 풀어 민간에 나눠주었다.

일의 긴박성에 따라서 원칙은 언제든 바뀌기 마련이다. 그렇지만 조정으로부터 사전 재가없이 추진된 무모하기 짝이 없는 이러한 진휼 행위는 그의 정치적 입지를 뒤흔들어놓을 수도 있는 민감한 사안이었다. 더구나 그는 서인 측으로부터 늘 감시를 받고 있던 요시찰 인물이 아니었던가! 백성들에게 파격적으로 은혜를 베푼 이 사건 때문에 그는 결국 경상 감사를 사퇴하면서까지 자신의 행위를 변명해야만 했다. 영남에서는 대동법 실시를 적극적으로 주장한 이원정의 공로를 기려 공덕비를 세웠다. 그리고 아들 이담명이 경상 감사 재직 시 관직 생활을 담보로 진휼 노력을 기울였던 일을 기려 '영사비永思碑'를 세워 주었다. "영남이 없으면 나라가 없다"는 신념으로 영남사람들에게 베푼 이들 부자의 선정이 지역민으로부터 인정받은 것이다.

이담명은 홍주 목사부터 전라도 관찰사에 이르는 다양한 외관 수령직을 맡았는가 하면, 내직으로는 예조참판과 대사헌에 이르기까지 다양한 관직을 편력했다. 그와 가까웠던 사람들은 그가 "마음과 기상이 고요했다"고 평한다. 그렇지만 그의 수많은 정적들은 "변론이 명쾌하기로 이름이 높았다"고 비아냥거린다. 이담명은 어려서부터 병치레를 많이 해서 스스로 약용에 관심이 많았다. 그 때문에 건강에 관심을 많이 기울였으며, 나이가 들어서는 오히려 젊음을 누렸다고 한다. 조카 이세원은 그의 삶 전체를 두고 다음과 같이 평했다. "양생養生하는 자는 주어진 나이보다 더 수를 누리고, 다른 사람을 살리는 자는 음덕陰德이 있는 법이다. (……) 삼촌이 여기에 해당한다."

이담명 부자는 서·남인의 피비린내 나는 정쟁의 한가운데에 서 있었던 인물들이었다. 그 때문에 거듭되는 유배 생활과 구금의 아픔을 맛보아야만 했다. 남인을 정치적으로 대변하고 특히 영남의 정서를 충실히 반영했던 이들 부자의 맹렬했던 정치 활동은, 훗날 그의 후손들이 관직에 나아가는 것을 어렵게 만들었다. 송시열, 김수항, 그리고 민정중과 같은 노론의 영수들과 직접 맞서 대결한 전력을 집권 노론들이 결코 좌시할 수 없었기 때문이다. 활인活人의 음덕도 매서운 정치바람 앞에서는 베풀 틈이 없었던 것이다.

김 무 진

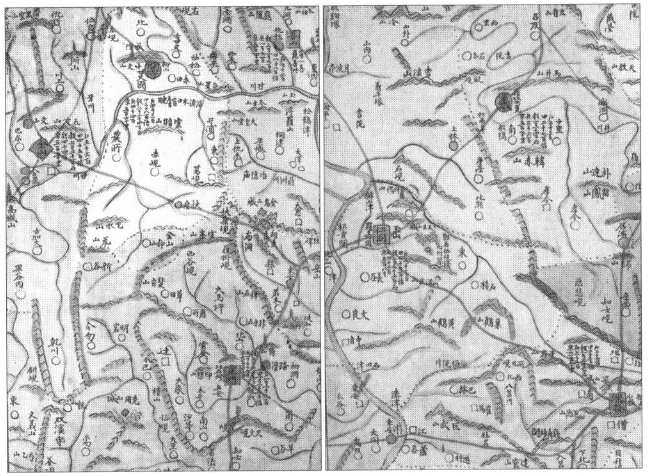

정재 이담명이 영사비永思碑. 경상도 관찰사로 있을 때 선정을 베풀어 도민들이 그 업적을 기리기 위해 칠곡군 왜관읍 석전리에 세웠다.(위 왼쪽)
이조판서를 지낸 이담명의 아버지인 이원정李元禎의 신도비(위 오른쪽)
성주와 칠곡. 김정호 작. 《여지도》. 1834. 출전 《한국의 옛 지도》(영남대 박물관, 1998) (가운데)
칠곡군 왜관읍 석전리에 있는 광주 이씨 재실 전경(아래)

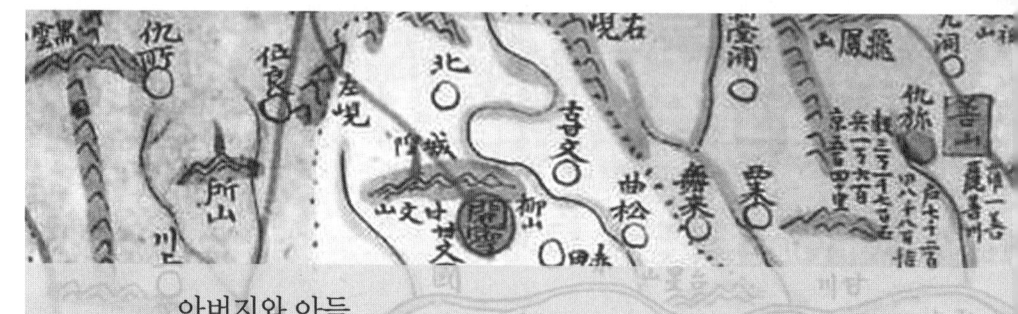

아버지와 아들

천하를 다스리는 제왕이건 초야에 묻혀 지내는 필부이건 간에 부모 없이 태어나는 경우란 없다. 그런데 이담명의 삶에서 부모의 의미는 각별한 것이었다. 그가 문과에 합격한 후, 군주 앞에서 최종 성적을 가리던 전시殿試를 치르던 때의 일이었다. 그만 그의 답안 격식이 문제가 되었다. 그때 시관試官으로 배석한 부친 이원정이 자신의 경험을 들어 큰 문제가 없음을 주장했다. 아들이 합격하느냐 못하느냐 하는 기로에 서 있을 때 아버지가 간여하여 아들을 합격시켰던 것이다. 이러한 부자가 정적들의 눈에는 곱게 보일 리 없었다. 그 때문에 서인들은 이담명을 "자못 슬기롭고 영리하다"고 하면서도 "그의 아비를 도와 모략을 꾸미는 자"라고 혹평했다.

결국 숙종6년(1680년)의 '경신대출척'에서 아버지는 장살杖殺되고 자신은 관직에서 쫓겨났다. 역적의 아들이 되어버린 그가 1689년의 '기사환국'으로 남인이 재집권하게 되자 가장 먼저 풀어야할 숙제가 바로 아버지의 신원이었다. 그는 이후 서인, 특히 노론들과의 격렬했던 정쟁의 한가운데 서 있었다. 그리고 남인이 최종적으로 실세한 1694년의 '갑술옥사'에서 결국 화를 입어 유배생활에 들어가게 되었다. 아버지의 일이 자신의 일이었던 바, 자신도 같은 처지에 놓이게 된 것이었다.

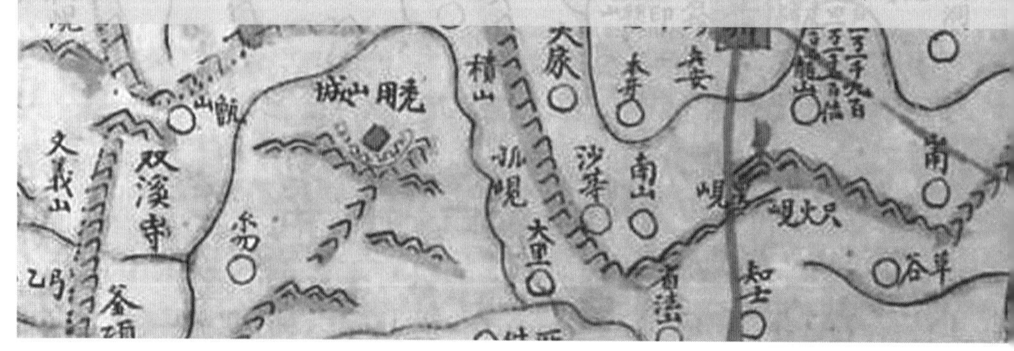

조선시대 울릉도·독도의 파수꾼 **안용복**

울릉도로 출어한 어부, 안용복

지금 우리는 과거 어느 때보다도 한국 역사의 정통성 문제에 대해서 국내외로부터 거센 도전을 받고 있다. 중국의 '동북공정'과 고구려사 왜곡, 일본 총리의 야스쿠니 신사 참배와 독도 분쟁 같은 역사적 현안들이 당면 문제로 다가오고 있기 때문이다. 그 가운데 가장 치열하다고 할 수 있는 것이 독도 문제이다.

일찍이 소국을 형성했던 우산국[울릉도]은 512년(지증왕 13) 신라의 이사부에 의해 정복되면서 우리의 역사 권역으로 포섭되었다. 고려 이래 울릉도는 울진현에 편제되었고, 조선 왕조에 들어와서도 강원도 울진현에 소속되어 있었다. 그러나 태종 대 이후 공도空島 정책을 실시하면서 울릉도와 독도는 빈 섬으로 방치되었다. 틈을 엿보던 일본인들은 임진왜란 이후 독도와 울릉도에 슬금슬금 드나들게 되었다. 1618년에는 돗토리 현의 상인 2명이 에도의 막부로부터 '도해渡海 면허권'을 획득하여 고기를 잡고 나무를 베어 가는 일이 벌어졌다. 일본은 울릉도와 독도를 다케시마竹島와 마쯔시마松島

라 부르면서 영토 침탈에 대한 강한 야욕을 드러내고 있었다.

이런 상황에서 우리의 주의를 크게 끄는 인물이 바로 안용복安龍福(1658~?)이다. 그는 일개 어부의 몸으로 두 차례나 도일, 일본 관리들과 담판을 벌인 끝에 일본으로 넘어갈 뻔한 울릉도와 독도를 되찾아온 사람이다. 안용복은 도대체 어떤 사람이길래 이렇듯 대담한 행동을 할 수 있었을까? 현존하는 그의 호패에 따르면, 그는 1658년에 출생했으며 자그마한 키(4척 1촌)에 가무잡잡한 피부, 그리고 마마 자국으로 얼굴이 심하게 얽은 외모를 가진 인물이었다. 그는 부산 좌천동에서 살았으며, 좌수영 소속 능로군으로 복무한 경력이 있는 어부였다. 능로군은 전선戰船에서 노를 젓는 수졸을 말한다. 그는 일찍이 왜관에 출입하게 되면서 일본말을 익혔다고 한다. 일본 측 기록에 따르면 그의 성격은 "맹렬하고 강폭했다"고 한다. 그는 일본 돗토리 현 태수를 대면할 때 고위 관리로 위장, 양국 간의 외교현안을 대등하게 다룬 '간 큰 남자'이기도 했다.

안용복은 숙종 19년(1693) 봄 박어둔朴於屯을 비롯한 40여 명의 어부들과 함께 고기를 잡고자 울릉도에 들어갔다. 그곳에는 이미 일본 돗토리 현의 어부들이 고기를 잡고 있었다. 이곳에서 양국 어부들 사이에 시비가 벌어졌고, 안용복·박어둔 두 사람은 일본 어부들에 의해 오키도隱岐島로 납치되어 갔다. 안용복은 그곳에서 "조선 사람이 조선 땅 울릉도에서 고기잡이를 하는데 무슨 까닭으로 우리를 잡아 왔느냐"고 도주島主에게 따졌다. 안용복의 당돌한 항의를 받게 된 도주는 상관인 돗토리 현 태수에게 이들을 이송시켰다. 사건을 보고받은 태수는 당대 일본의 최고 실권자인 관백關白에게 처리 방안을 문의했다. 그리하여 "울릉도와 독도는 일본 땅이 아니기 때문에 일본 어민들의 출어를 금지시키겠다"는 도쿠가와 막부의 서계書啓를 받아낼 수 있었다.

그러나 대마도주의 생각은 달랐다. 황금어장인 울릉도와 독도의 편입에 지대한 관심을 갖고 있던 대마도주는 안용복으로부터 막부의 서계를 빼앗는가 하면, 50일을 더 억류시켰다. 부산포의 왜관으로 이송한 뒤에도 40일이나 더 구금한 뒤에야, 동래부로 넘겼다. 동래부에서 안용복은 서계 강탈 사건에 대해 소상하게 보고했지만, 동래부사는 도리어 그를 '월경 죄인'으로 몰아 감금해버렸다. 상황이 유리하게 돌아간다고 판단한 대마도주는 귤진중橘眞重을 사신으로 파견, 울릉도가 일본의 '죽도'라고 주장하면서 조선 어민들의 출어를 금지해 달라는 엉뚱한 요구를 하게 되었다. 그렇지만 '죽도설'이 대마도주의 계략이었음을 간파한 조선 조정의 대응으로 일본 측의 요구는 먹혀들지 않았다.

단신으로 외교적 성과를 일궈내다

감옥에서 풀려난 안용복은 일본인들의 이와 같은 작태에 분개했다. 그리하여 일본 측과 직접 담판을 짓기로 결심하고 숙종 22년(1696) 봄 울산을 출발, 울릉도로 향했다. 그곳에서 일본 어부들을 만난 안용복은 울릉도와 독도가 우리 땅이라는 점을 지적하면서 따져들었다. 안용복의 기세에 놀란 일본 어부들이 독도를 거쳐 일본으로 도망치자, 그는 다시 이들을 추적하여 오키도에 이르렀다. 그곳에서 안용복은 서계 내용을 상기시키면서 울릉도·독도 어로의 불법성을 강력하게 항의했다. 그렇지만 도주는 돗토리 현 태수에게 보고하겠다고만 했을 뿐 열흘이 지나도록 아무런 반응을 보이지 않았다. 그리하여 안용복은 사전 통고도 없이 돗토리 현으로 곧장 내달렸다.

돗토리 현 청사에서 태수와 마주 앉은 안용복은 울릉도가 조선 땅이라는 사실을 확인하는 막부의 서계를 3년 전에 받았다는 점, 대마도주가 서계를 중간에서 탈취했다는 점 등을 언급하면서, 그 죄상을 관백에게 알리겠노라고 으름장을 놓았다. 이때 정3품 당상관 '울릉·우산 양도 감세장'이라 사칭한 것으로 보아, 그는 조선 조정에서 정식으로 파견한 사절이라는 사실을 은연중에 과시했을 것으로 보인다. 안용복이 이처럼 강력하게 나오자 태수는 위축되고 말았다. 그리고 서계 탈취 사건의 확대를 우려한 대마도주의 아비[宗義眞]는 돗토리 현 태수를 찾아와 상소 제출을 막아달라고 간청하기도 했다. 안용복은 상소 제출건을 보류하는 조건으로 돗토리 현 태수로부터 향후 "울릉도를 침범하는 자들이 있을 경우 엄중 처벌하겠다"는 다짐을 받아내는 성과를 거두었다.

안용복은 같은 해 8월 일행과 함께 강원도 양양으로 귀환했다. 그런데 안용복 일행을 기다린 것은 조정의 혹독한 심문이었다. 강원도 감사 심평은 귀국한 안용복 일행을 '범경 죄인'으로 몰아 체포, 서울로 압송했다. 조정에서도 그들의 범법 사실을 인정하여 주살하려 했다. 그러나 대마도 측의 입장을 지켜본 다음 판결하자는 주장이 제기되면서, 안용복 일행은 가까스로 죽음을 면할 수 있었다.

대마도주는 같은 해 10월 조선의 '도해渡海 역관'에게 막부의 뜻을 전달하고, 이듬해(1697) 2월에는 동래부사 이세재에게 서계를 보내어 일본인의 울릉도 출어 금지를 공식적으로 확인했다. 이로써 다케시마와 마쯔시마가 곧 조선의 울릉도·독도임이 재천명되기에 이르렀다. 안용복의 두 차례에 걸친 도일 활동은 조선초 이래 공도 정책으로 방치되었던 울릉도와 독도를 일본의 영토 편입 야욕으로 부터 지켜내고, 일본의 최고 권력 기관으로부터 조선의 영토임을 인정받은 결정적 계기를 마련했다는 점에서 가장 큰 의의가 있다. 그러나 정작 울릉도·독도의 파수꾼 노릇을 자임한 안용복은 '월경 죄인'이라는 죄목으로 귀양형에 처해졌다.

지금도 일본은 독도가 그들의 영토라고 주장하고 있다. 그 근거를 1618년부터 70여 년간 이 지역을 실질적으로 점유했다는 점, 막부의 서계가 일본 어선의 독도 항해까지를 금지한 것은 아니라는 점에서 찾는다. 물론 당시의 서계에는 마쯔시마松島(독도)를 명시하는 언급이 발견되지 않는다. 그러나 독도가 울릉도의 엄연한 속도屬島였다는 사실, 그리고 당시 일본의 대표적 지도인 〈삼국접양지도〉(1785년), 〈대일본지도〉(1785년)에서 독도를 조선의 영토로 인식하고 있다는 사실에 더 주목해야 하지 않을까?

왜구 침입에 대한 대응과 피역민의 불법 이주라는 정치적 이유 때문에 공도空島 정책을 펼쳤던 조선시대의 상황은, 우리 정부가 일본과의 외교 마찰을 우려하여 한국인들의 독도 방문을 제한하는 오늘날의 상황과 아주 유사하다. 오늘날 우리가 안용복에게 주목하는 이유가 여기에 있다.

이 준 구

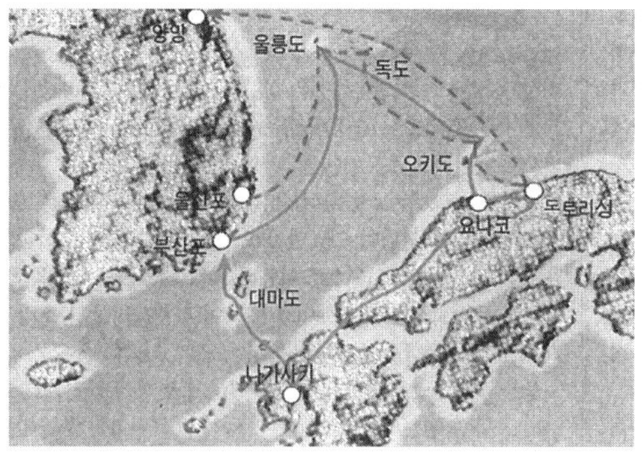

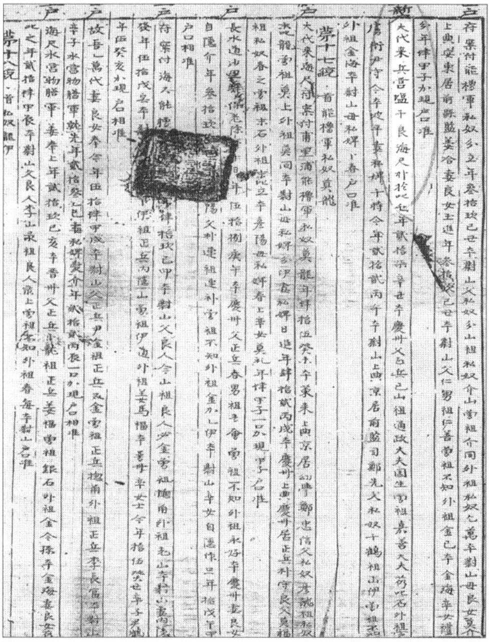

독도 전경(위 왼쪽)

안용복의 1·2차 도일행로도(《시사월간 WIN》, 1996년 5월호에서 인용) (위 오른쪽)

왜관도倭館圖. 1783년 변박이 그린 부산의 초량왜관 전경(아래 왼쪽)

박어둔의 호적.《울산부호적대장》(1687년)의 청량면 목도리 16통 5호. 규장각 소장(아래 오른쪽)

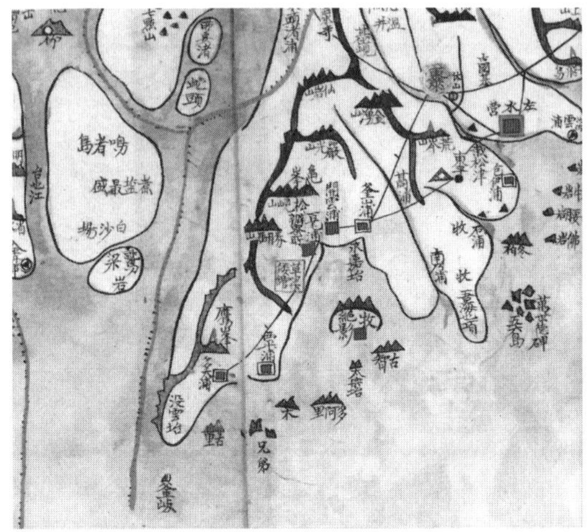

〈천하도天下圖〉. 18세기 후반. 18세기 조선인들이 이해한 세계와 일본(위 왼쪽)

〈동래부근도〉. 부산포와 초량의 왜관이 보인다. 대동전도. 김정호. 1861년 이후. 출전 《한국의 옛 지도》 (영남대박물관, 1998) (위 오른쪽)

부산포의 일본조계. 《村田의 조선전도》. 출전 《한국의 옛 지도》(영남대박물관, 1998) (아래)

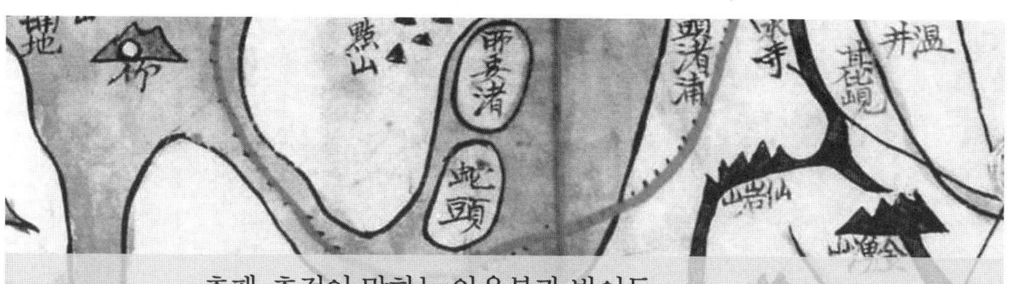

호패·호적이 말하는 안용복과 박어둔

　안용복과 박어둔이 차고 있던 호패는 오늘날 일본 오카지마의 《죽도고》에 그 내용이 남아 있다. 안용복의 호패에는, 앞면에 「동래」, 그 아래로 나이(33세), 신장(4척1촌), 용모(검은 얼굴과 마마자국), 주인(京居吳忠秋)이 표기되어 있다. 뒷면에는 간지 '경오' 아래로 거주지(부산 좌천1리 제14통 3호)가 적혀 있다. 이 호패에 따르면 1658년생인 안용복이 1차 도일했던 시기는 그의 나이 36세 되던 해였다. 주인으로부터 전복을 잡아 바치라는 지시를 받고 울릉도로 출어했다는 오카지마의 기록이 시사하듯이, 그는 서울에 거주하는 주인 오충추에게 어물을 상납해야만 했던 하인 신분이었다. 오충추는 서울에 살면서 동래를 거점으로 대일 무역에 종사했던 역관이거나 부상대고富商大賈였을 것이다.

　박어둔의 호패에는, 앞면에 「울산」, 그 아래로 성명, 나이(30세), 태어난 해의 간지(○丑)가, 뒷면에는 「경오」아래로 거주지(청량 목도리 제12통 5호)가 표기되어 있다. 그런데 1687년에 작성된 《울산부 호적대장》에는 박엇둔朴於叱屯이라는 이름이 발견된다. 그는 청량면 목도리 16통 5호에 거주했으며, 병영 염간鹽干이라는 직역을 가진 양인 어부良海尺였다. 호패와 호적에서 거주지와 나이가 같은 것으로 미루어, 양자는 동일인 곧 박어둔朴於屯에 대한 서로 다른 표기라 생각된다. 호적에서는 이두의 된소리叱가 덧붙여져 '박엇둔'으로 기재되어 있는 것이 호패와 다를 뿐이다.

허준의 스승 유의태(?), 새로 쓰는 유이태 이야기

소설과 드라마 속의 유의태

유이태(1651~1715)는 허준許浚 (1539~1615)만큼이나 세인의 입에 오르내렸던 이름이다. 조선시대 유명한 정치가 혹은 사상가도 아닌 일개 의원의 지위로 허준에 버금가는 유명세를 타고 있으니 이 모두가 《소설 동의보감》 덕분이고, 또 이를 대본으로 만들어 MBC에서 방영된 사극의 인기몰이 결과이다.

수십 년 전에 어느 한의학자가 발표한 논문에 허준의 스승으로 유의태가 처음 언급된다. 한의학자는 경남 산청을 답사한 결과 명의名醫 유이태(혹은 유희태, 유의태)에 관한 전설이 널리 유포되어 있음을 알았고, 이 정도의 명의라면 허준의 스승이 될 만하다고 여겼다. 추측은 허준의 고향과 성장지를 산청으로 비정한 가설로부터 출발한다. 허준의 할아버지 허곤許琨이 진주의 대성이었던 진주 유씨晉州 柳氏 가문의 부인을 얻었던 사실과 경상도 우수사로 오랫동안 재직한 사실에 주목한 결과였다. 허준이 친할아버지와 할머니를 좇아 산청에서 성장했으리라는 구상이었다.

여기에 야담 속의 유의태를 진주 유씨 가문의 한 사람으로 보아

허준의 스승이 될 만한 사람으로 덧붙인 것이다. 허준이 산청에서
어린 시절을 보낸 것으로 추측되자, 산청에서 유명한 의사로부터
의학 수업을 받았을 것이라고 상상하게 되었고, 예전부터 산청 일
대에서 유명한 유이태 혹은 유의태라는 의사의 전설을 끌어올 수밖
에 없었던 것이다. 어쨌든 이러한 설명은 훗날 《소설 동의보감》의
작자 이은성에게 전해져 소설의 기본적 뼈대가 되었고, 결과적으로
많은 사람들이 유의태를 허준의 스승으로 굳게 믿게 되었다.

그렇다면 과연 유이태는 누구인가? 전설상의 유이태를 만나보자.
일찍이 '한국학중앙연구원'에서는 전국의 야담류를 채록하는 방대
한 작업을 수년에 걸쳐 진행했다. 그 결과 경남 지방의 명의 유의태
의 전설 여러 편을 수록하여 전할 수 있었다. 전설 속의 유이태는 의
술이 뛰어나 중국의 황제를 고쳤다고 알려져 있기도 하고, 혹은 조
선 왕조의 공주를 치료하기도 했다. 뒤에서 다시 이야기하겠지만 이
모든 이야기는 유이태가 숙종 대 '의약동참醫藥同參'으로 임금의 진
찰에 참여했던 역사적 사실이 전설로 꾸며지는 과정에서 살이 붙은
결과이다. '의약동참'이란 내의원 소속 의사가 아니지만 의술이 뛰
어나 특별히 임금의 진료에 참여한 이들을 일컫는 말이다.

또한 유이태는 산부인産婦人에 뛰어난 효과를 보였던 '유이태
탕' 혹은 침으로 유명하다. 유이태 탕은 거꾸로 출산하는 위험한 태
아를 바로 낳을 수 있도록 하는 데 효험이 큰 약물이었고, 유이태의
침 역시 아이가 거꾸로 나오려 할 때 발바닥에 놓으면 역산逆産을
방지할 수 있었다고 한다. 마지막으로 유이태의 홍역 치료에 관한

전설이다. 그가 두진痘疹, 즉 천연두와 홍역을 치료하는 데 매우 기이한 능력을 보여주었다는 내용인데, 역시 유이태의 홍역 치료서인 《마진편麻疹篇》에 대한 후인들의 신화 만들기 결과이다.

유이태는 누구인가?

전설이 아닌 역사 속의 유이태는 과연 어떤 인물이었을까? 실제 그에 관한 역사적 자료가 전무하다시피 한 작금의 사정으로는 유이태의 실체를 정확하게 밝히기는 어렵다. 그러나 《거창유씨 세계居昌劉氏世系》에 전하고 있는 유이태 관련 내용과 《승정원일기》 등을 통해 그의 면모를 조금이나마 살필 수 있다.

행장과 사적에 의하면 유이태는 1651년에 태어나 1715년에 사망한 것으로 보인다. 그는 경상도 거창 지역에서 태어나 문장과 의학을 겸비한 유의儒醫로 활동했다. 그의 먼 선조는 의병장을 지낸 경력이 있으며, 외가로도 역시 병조판서와 경상좌수사를 지낸 인물들이 있다. 이로 인해 경남 산청과 의령, 그리고 거창 등지에서 향반鄕班의 지위를 누렸던 것으로 보인다. 한편, 유이태를 추모하는 제문을 보면 "문장文章하는 나머지 시간에 부업父業을 계승했다"든지 "집안의 가업을 전했다"는 기록이 나온다. 대대로 의업을 이어간 집안임을 드러낸 표현으로 적어도 아버지 대부터는 의술에 종사한 것으로 여겨진다.

산청 일대에서 주로 활동하던 그는 1710년 부름을 받고 서울로 올라갔다. 숙종이 머리가 아프고 열이 가시지 않으면서 머리 오른쪽의 종기가 부어올라 연일 고통스러워하는데도 내의원 의원들의 처방이 신통치 않았다. 여러 가지 약물을 사용했으나 별 소용이 없자 전국의 유명한 의사들을 불러 모아 진찰을 의뢰하기로 결정한 것이다. 이때 경상도 산음山陰(지금의 산청)에 살고 있던 유이태는 아산현감 신우정愼禹定, 안동의 선비 박태초朴泰初와 함께 의술이 정밀하다는 이유로 서울로 불려가게 되었다. 얼마 후 숙종의 병세가 호전되자 유이태는 귀가했다. 이후 1713년과 1715년에도 숙종의 진찰에 '의약동참'으로 참여한 바 있다.

당시 의약도제조였던 이이명李頤命은 유이태를 다음과 같이 평가한 바 있다. "유이태가 호남과 영남에서 유명한 의사이기 때문에 '의약동참'에 참여시켰다. 그의 의술이 아주 뛰어난 것은 아니지만 함부로 약을 쓰지 않으며 사람됨이 순후淳厚하여 부릴 만하다. 다만 지금 나이가 연로하고 담열痰火로 고생하는지라 밤새도록 신음하므로 특별히 그를 귀향시켰다"는 것이다. 유이태는 숙종 치료의 공로를 인정받아 다른 의원들과 함께 새끼 말 한 마리를 하사받았다. 이후 고향에 돌아온 유이태는 1715년 그의 생을 마감한 것으로 보인다.

김 호

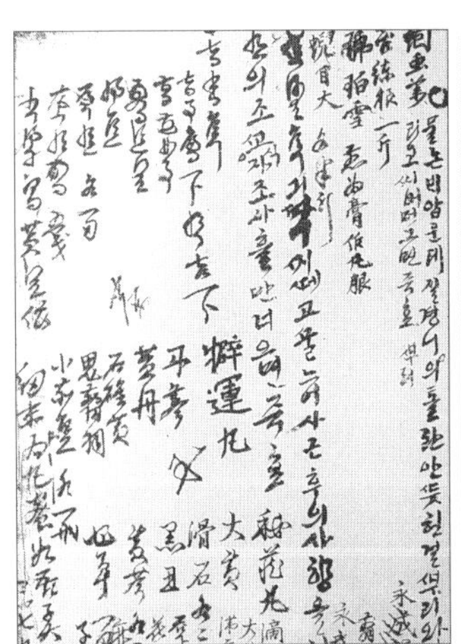
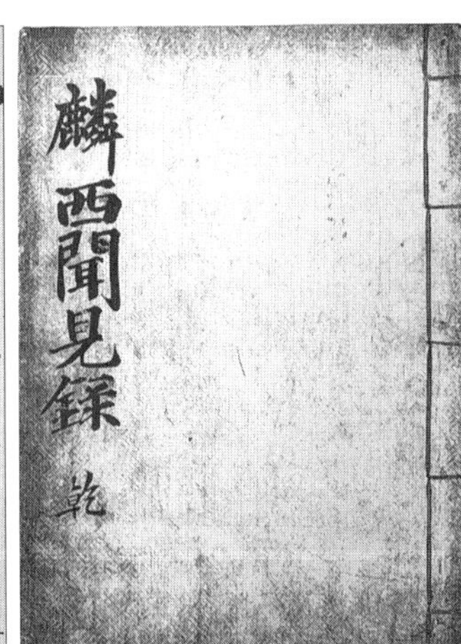
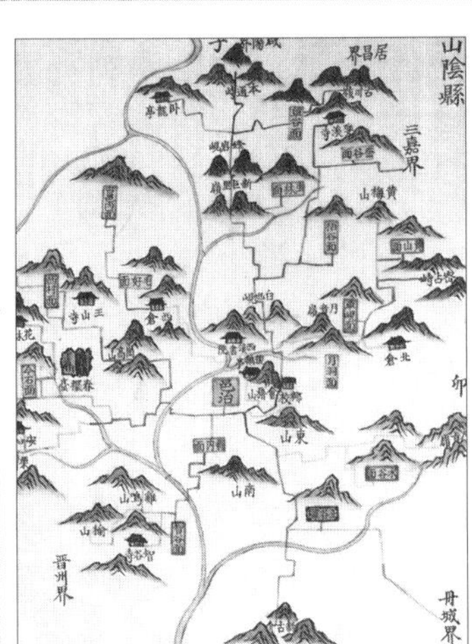

경남 산청군 생촌면에 있는 유이태의 묘 전경(위)
유이태의 친필 처방전(아래 왼쪽)
유이태가 단방비방을 처방한 의서인 《인서문견록》의 표지(아래 가운데)
산음현. 18세기 중엽. 출전 《한국의 옛 지도》(영남대박물관, 1998) (아래 오른쪽)

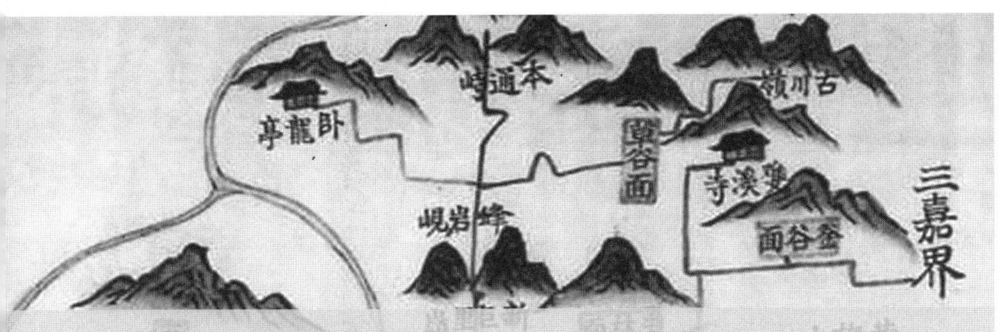

유이태의 의서

유이태는 집안의 가업을 이어 의학을 공부하였고, 경상도 지역에서 산부인과와 역병 치료에 두각을 나타내던 향의鄕醫였다. 특히 그가 지은 《마진편》이라는 홍역 전문 치료서는 다산 정약용茶山 丁若鏞의 《마과회통麻科會通》보다 앞선 것으로, 조선의학사상 최초의 전문 홍역 치료서라 불릴 만하다.

유이태의 《마진편》은 홍역에 대한 개론에서부터 예방법, 그리고 여러 가지 증세를 다양한 방식으로 분류해놓았다. 그리고 마지막에 홍역의 치료법을 다양하게 소개하고 있다. 특히 처방전을 사전식으로 구성한 것은, 대개 18세기 후반부터 나타나던 의서들의 편집 방식으로 참고에 용이하도록 한 의도였다.

유이태는 시골의 가난한 사람들이 갑자기 약을 마련하기 어려울 것이라는 점을 고려하여 가능하면 단방單方 위주의 처방을 활용했다. 특히 마진의 원인이 태독胎毒에 있지 않고 일반적인 열독熱毒에 있음을 주목하고, 당시 감기 치료에 널리 쓰이던 승마갈근탕升摩葛根湯처럼 저렴하고 실용적인 약물을 주로 처방했다. 처방 가운데는 유이태가 산청의 한 절에서 효험을 보았던 내용도 있다. 1692년 겨울 산청의 한 절에서 중들이 마진을 앓게 되었는데 이들에게 계속

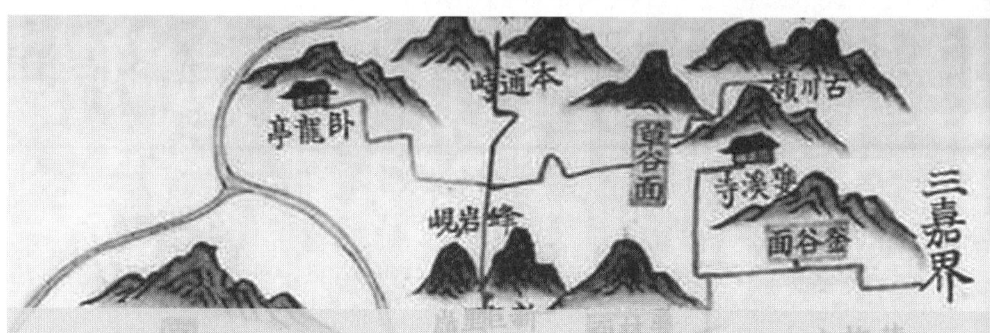

해서 샘물을 먹게 하여 병을 치료한 것이다. 마진이 양陽에 속하여 열이 많으므로 물로 그 열을 식히는 방법이었다. 이밖에 유이태는 열독의 증세와 회충과의 연관성에 주목했다. 후일 정약용도 이를 흥미롭게 관찰한 바 있다.

유이태는 이외에 《실험단방實驗單方》(혹은《인서문견방麟西聞見方》)이라 불리는 경험방을 저술하기도 했다. 이 책은 모두 164개의 항목으로 구성되어 있는데, 머리부터 귀, 눈, 코, 입 등의 순서로 해당 부위의 질병과 치료법을 수록했다. 특히 경험방 가운데 향촌에서 사용되었을 단방들을 수집·정리했다는 점에서 그 가치가 높다. 경상도 일대에서 활용된 다양한 처방과 향토 약물에 대한 자료가 되기 때문이다. "젊은이가 머리가 모두 벗겨진 데에는 생감을 쪼개서 이삼일 계속 문지르면 머리털이 환생한다. 많이 경험한 내용이다.(《실험단방》〈대두온大頭瘟〉·〈소두온小頭瘟〉 조)" 따위가 그러한 것이다.

요컨대, 산청의 명의 유이태는 허준의 스승으로서가 아니라, 《마진편》이라는 홍역 전문 치료서의 저자로, 그리고 《실험단방》(혹은 《인서문견방》)이라는 경험방 의서를 간행한 조선 숙종 대의 명의로 기억되고 연구되어야 할 것이다.

경상우도의 마지막 저항인 **정희량**

경종의 원수를 갚자

숙종 사후 당쟁은 왕위계승 양상을 띠고 있었다. 왕세자王世子 경종을 지지하는 소론少論과 왕세제王世弟 영조를 지지하는 노론老論의 대립이 그것이었다. 1720년 경종의 즉위로 일단 소론이 우세를 잡는 듯했다. 소론 주도의 정국에서 노론 4대신大臣이 죽임을 당한 것도[辛壬士禍(1721~1722)] 소론의 기세를 올려주었다. 그러나 소론 정권은 오래 가지 못했다. 경종이 재위 4년 만에 갑작스레 사망하고 1724년 영조가 조선의 21대 국왕으로 즉위했기 때문이다. 영조는 당쟁의 참화를 직접 경험했기에 탕평蕩平을 선포하면서 당쟁의 종식을 선언했지만, 자신을 지지해준 노론을 물리칠 수는 없었다. 결국 영조의 즉위와 함께 소론 정국은 노론 우위의 정국으로 바뀌어갔고 권력에서 소외된 소론과 남인南人의 반감은 한층 커져갔다. 그리고 이 시기 정국을 보다 동요시키는 사건이 일어났으니, '경종 독살설'이 바로 그것이었다.

1724년 8월 20일 경종은 게장과 생감을 먹고 복통과 설사를 거듭하다가 5일 뒤인 8월 25일에 사망했다. 아직 37세의 젊은 군주인 경

종의 갑작스런 사망을 둘러싸고 항간에는 "경종이 동궁(영조)에서
보낸 게장을 먹고 죽었는데, 게장 속에는 독이 들어 있었다"는 소문
이 떠돌았다. 경종의 독살설이 모락모락 피어오르고 1727년에는 경
종이 비명에 죽었다는 괘서掛書가 발견되어 조정을 흥분시켰다. 경
종 독살설은 권력에 대한 소외감을 맛보던 소론과 남인을 결집시켜
주는 계기가 되었다. 그리고 마침내 소론과 남인의 급진파들은 경종
에 대한 원수를 갚고 정통성이 없는 군주 영조를 응징한다는 명분을
내걸고 반란을 일으켰으니, 이것이 1728년의 '무신란戊申亂' 이다.
이인좌李麟佐가 주모자였기에 '이인좌의 난' 이라고도 하지만 경상
우도에서 정희량鄭希亮이 차지하는 비중도 만만치가 않았다.

무신란을 이끈 삼두마차

무신란은 전국 규모의 반란이었다. 호
서, 호남, 영남 지역은 물론이고 경기, 평안도까지 반란군이 결성되
어 있었다. 반란을 이끈 삼두마차는 호서의 이인좌, 호남의 박필현
朴弼顯, 그리고 영남의 정희량이었다. 정희량은 반란의 주모자인 이
인좌와 세교世交를 매개로 포섭되었으나, 그가 반군의 중심인물이
되었던 데는 경상우도라는 지역적 기반이 크게 작용했다. 정희량은
경남 안음 일대에서 상당한 지역적 기반을 갖추고 있던 사족가문인
초계 정씨草溪 鄭氏였다. 경상우도는 이 지역에서 배출된 학자 조식
曺植의 영향력 때문에 의義와 무武를 숭상하는 기풍이 어느 지역보
다 높았다. 임진왜란 때 경상우도에서 다수의 의병장이 배출된 것

도 이러한 분위기에 연유하는 바가 컸다. 1623년 인조반정 이후 북인北人 세력, 특히 경상우도의 중심인물 정인홍鄭仁弘이 처형되면서, 중앙 정부의 경상우도에 대한 차별은 심화되었고 이 지역의 상실감도 더해갔다. 이러한 지역 차별에 대한 불만은 경종의 의문사와 이에 따른 노론의 집권으로 한층 커졌다. 정희량은 이러한 미묘한 지역 정서를 등에 업고 반란군의 중심에 섰다.

반란은 이인좌가 충청도 청주를 점령하면서 시작되었다. 반군들은 군중軍中에서 경종의 위패를 받들었다. 자신들의 거사가 경종에 대한 복수임을 강조하여 반란의 정당성을 확보하고자 함이었다. 청주성을 점령한 반군들은 도성을 향해 기세 좋게 쳐들어갔다. 정희량은 이웅보와 함께 3월 13일 안동에서 거사하기로 했으나 사정이 여의치 않자 고향인 안음에서 군사를 일으켰다. 불과 며칠 만에 안음, 거창, 합천 등 경상우도 지역을 쉽게 장악한 반란군들은 여세를 몰아 북진을 재촉했다. 그 사이 병력도 7만의 대군으로 불어났다. 호남의 거병을 주도하기로 한 박필현은 근왕의 명분으로 반란을 일으켰지만 그와 합세하기로 한 전라감사의 비협조 속에서 결국은 허무하게 도주하고 말았다.

반란군과 토벌군이 최초로 충돌한 곳은 경기도 진위였다. 토벌군의 대장은 소론 오명항吳命恒이었다. 영조는 소론이 주도한 반란을 소론 출신 대장으로 하여금 진압하게 하는 이이제이以夷制夷 정책을 쓴 것이다. 이미 첩자를 시켜 반란군의 진격로를 염탐하고 병력을 이동시킨 관군의 활약 속에, 반란군들은 죽산에서 완전히 토벌

되었고 이인좌는 서울로 압송되었다. 정희량이 지휘한 영남의 반란
군들도 토벌군의 압박 속에 더 이상 진격을 하지 못했다. 충청도 반
란군들과의 합류도 용이하지 않았고 전라도로 진출할 수도 없었다.
결국 거창으로의 퇴각이 불가피해졌고, 철수와 동시에 토벌군의 포
위로 반란군들은 무너졌다. 정희량은 체포되어 처형되었다.

정희량과 경상우도

정희량의 고향 안음은 경상우도에 속하는
지역이다. 경상우도는 16세기 조식과 같은 걸출한 학자가 배출되면
서, 독특한 학풍이 형성되었다. 조식의 학문을 계승한 남명학파는
임진왜란 때 의병장의 주축이었고, 광해군 대에는 정인홍이 중앙
정계에 진출하여 직선적이고 과단하게 정국을 이끌어갔다. 비타협
적인 정인홍의 처세는 반대파를 다수 양산시키는 원인이 되었다.
남명학파의 이러한 정서는 정인홍의 제자인 동계 정온桐溪 鄭蘊에
게도 큰 영향을 주었을 것으로 여겨진다. 정희량의 가계家系에서 주
목되는 것은 그의 고조부가 정온이라는 점이다. 정온은 1636년 병
자호란 때 김상헌金尙憲과 더불어 강력히 척화를 주장했다. 정온은
원래 정인홍의 문인이었으나 정인홍이 광해군 대에 폐모살제廢母殺
弟에 주동적으로 나서자 이에 반대하여 문하에서 이탈하고 대북大
北에서 갈라진 중북中北의 중심인물이 되었다.

정온의 후손들은 대대로 안음에 살아 명성이 높았고 부유하여 노
비와 전택이 매우 많았다. 하지만 중앙 정계에서 소외된 지는 이미

오래였다. 특히 정온과 함께 척화론을 주장한 김상헌의 후손들이 서인의 중심이 되면서 출세가도를 달린 반면, 지역적 기반이 경상 우도였던 까닭으로 정온의 후손들은 인조반정 이후 정계 진출이 거의 봉쇄되어 있었다. 정희량이 이인좌에게 쉽게 호응하여 반군의 선봉이 된 것도 이러한 차별이 주요 원인으로 작용했을 것이다. 《실록》의 공초供草 부분에도 정희량이 정온의 후손인 점을 여러 차례 기술하고 있는 점을 보면 그가 선조의 행적에서 자유로울 수 없었던 것만은 분명하다.

정희량은 이인좌의 아우 이웅보와 더불어 영남의 총책임자로서, 순흥, 안동, 안음 등 경상도 주요 지역을 왕래하며 영남 지방 사족의 포섭에 주력했고, 이인좌가 거병을 한 후 가장 적극적으로 봉기의 대열에 뛰어들었다. 무신란으로 행동하는 지식인 정희량은 처형으로 삶을 마감했다. 그리고 그의 처형과 함께 인조반정 이후 정치권에서 소외받고 있던 경상우도의 마지막 몸부림도 역사 속으로 사라졌다.

신 병 주

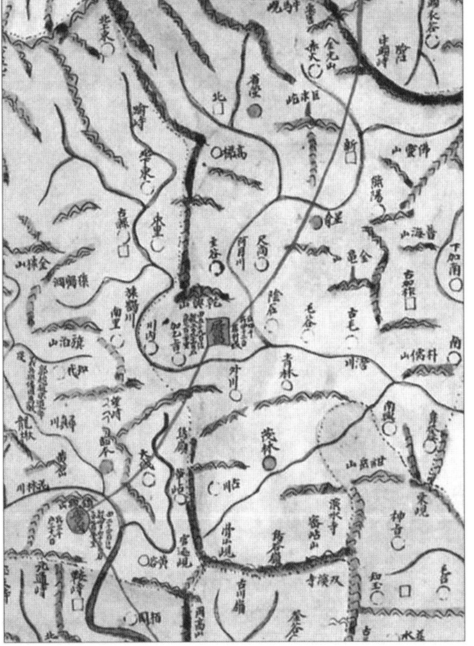

경남 거창군에 있는 동계 정온의 종가(위 왼쪽)
무신란에 대한 정부의 공식 기록들(위 오른쪽)
정온의 교지. 정온의 병조참판 임명교지(1633년, 인조 11) (아래 왼쪽)
거창과 안의. 《여지도》. 김정호 작. 1834. 출전 《한국의 옛 지도》(영남대박물관, 1998) (아래 오른쪽)

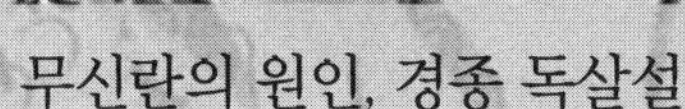

무신란의 원인, 경종 독살설

숙종과 희빈 장씨嬉嬪 張氏의 아들로 태어난 경종은 총명하고 건강한 왕세자로 성장했고, 숙종의 기대도 남달랐다. 그러나 1701년 희빈 장씨가 인현왕후仁顯王后를 저주한 사건이 발각되어 사약을 받은 후 성격은 점차 내성적으로 변해갔다. 치열한 당쟁에서 살아남아야 한다는 강박관념은 어머니의 죽음과 함께 경종을 쇠약하게 했다. 1724년 8월 경종의 병세는 극히 악화되었다. 궁중에서는 경종의 입맛을 돋우기 위해 수라상에 게장과 생감을 올렸다. 경종은 모처럼 수라를 많이 들었지만 다음날 복통과 설사에 시달리다가 5일 만에 승하하고 말았다. 항간에서는 세제인 영조가 보낸 게장과 생감에 독이 들어 있었다는 소문이 꾸준히 나돌았다. 특히 영조의 즉위에 공헌한 노론의 반대편에 섰던 소론과 남인들에게 이러한 풍문은 진실로 믿어졌다.

경종의 독살설이 사실이든 조작이든 간에 경종의 죽음에 관한 의혹은 구전, 괘서, 흉서의 형태로 영조 치세 내내 망령처럼 따라다녔다. 1755년 '나주 괘서 사건'이 일어났을 때 신치운申致雲은 "신은 갑진년(경종이 죽은 해)부터 게장을 먹지 않았습니다"라는 말을 하면서 영조에게 비수를 꽂았다. 의문투성이의 경종 독살설은 경종에 대한 흠모의 정을 고조시켜 반란세력의 결집을 굳건히 했다. 이인좌는 격문에서 독살된 경종의 원수를 갚고 소현세자昭顯世子의 증손 밀풍군 탄坦을 새로운 왕으로 추대하자고 했다. 1728년의 무신란은 권력에서 소외된 소론 급진파와 남인의 노론에 대한 저항, 경상우도에 대한 지역 차별 등 다양한 요인의 불씨들이 '경종을 위한 복수 운동'으로 불꽃을 피우면서 걷잡을 수 없는 봉기로 이어진 사건이었다.

유교적 이상사회를 실현한 선비 **최흥원**

경제지사經濟之士

백불암百弗庵 최흥원崔興遠(1705~1786)은 조선 영·정조 대에 활동했던 선비이다. 백불암이라는 호와 함께 그가 살던 마을 옻골漆溪을 따 흔히들 '칠계漆溪 선생'이라 부르기도 한다. 오늘날 대구시 동구 둔산동에 해당하는 옻골에는 '백불고택百弗古宅'이 창연하다. 최흥원은 18세에 생원 초시에 합격했으나 25세에 과거 공부를 단념하고, 평생을 팔공산 칠계에 은거하여 영남의 범위를 벗어나지 않았다. 젊은 시절에는 그를 이끌어줄 수 있는 스승조차 없었으며, 건강 또한 좋은 편이 아니었다. 요즈음의 학력과 경력으로 본다면 초라하기 그지없는 시골 선비에 불과했다.

그런데도 최흥원은 학문적으로 대산 이상정大山 李象靖(1710~1781), 남야 박손경南野 朴孫慶(1713~1782)과 더불어 '영남삼로嶺南三老'로 추앙되면서 당시 영남의 유림사회를 이끌어가는 위치에 있었다. 더욱이 그는 이기설理氣說에만 매몰되어 있던 학자가 아니라 '경제지사經濟之士'로 평가받았다. 경제지사란 나라를 경영하고 민생을 구제할 수 있는 선비를 의미한다. 당대 학자요 정치가였던 순암 안정복順庵 安鼎福과 번암 채제공樊巖 蔡濟恭의 평가가 그러했다.

최흥원이 살았던 18세기는, 양반 중심의 사회 체제에 많은 병폐가 본격적으로 드러난 시기였으며 또 한편으로는 사회 전면에서 새로운 기운이 생동하기 시작하는 시기였다. 말하자면 과도기였다. 따라서 국가적인 차원에서의 큰 개혁과 혁신이 필요한 시기였다. 그러나 반대로 이러한 때일수록 체제의 안정은 더욱 절실하기 마련이었다. 개혁과 혁신이 백성들의 요구이고 진보적인 지식인의 주장이라면, 체제의 안정은 지배층에게 있어서 결코 포기할 수 없는 자기 생존의 문제였다. 이러한 시기에 그에게 쏟아진 학문적 기대와 '경제지사'로서의 평가는 단순한 공치사가 아니다. 그것은 어떠한 형태로든 시대가 그를 필요로 했음을 의미한다.

최흥원이 도대체 무엇을 했기에 이러한 기대와 평가를 받았을까? 안정복은 그의 학문적 성취를 다음과 같이 요약했다.

"말학末學들은 천박하여 다만 입과 귀만 숭상하는데, 공은 근본을 돌이켜서, 오로지 실천에 힘을 쏟았다."

대부분의 선비들이 귀와 입으로만 학문을 했다면 최흥원은 내적인 수양과 외적인 실천에 힘을 쏟았다는 것이다. 사실 조선 유학자들의 학문이 주자朱子나 퇴계退溪의 범위를 크게 벗어날 수 있었던 것은 아니다. 그것은 누가 얼마만큼 이해하고 실천하는가 하는 문제였다. 그러나 조선, 특히 후기의 선비들은 관념적인 차원의 이해에만 급급할 뿐 수양과 실천을 소홀히 했다.

100여 년 이상 실시된 부인동 향약

그러면 최흥원이 몸소 행하고 실천한 것은 무엇일까? 안동의 선비 소산 이광정小山 李光靖은 그의 학문의 근본을 한 마디로 말하면 '효성孝誠'일 뿐이라고 했다. 여기서 말하는 효성이란 부모를 봉양하고 조상의 제사를 받드는 데 성심을 다하는 것만을 의미하는 것이 아니다. 그것은 가정과 학문의 차원을 뛰어넘은 사회적인 실천을 의미한다. 그리고 사회적 실천, 그것의 구체적인 내용은 다름 아닌 향약의 실시를 말한다.

최흥원은 팔공산 부인사 아랫동네, 오늘날 용수동에 해당하는 부인동夫仁洞에서 향약을 실시했다. 이 향약은 100여 년 넘는 기간 동안 계속되었다. 이 향약은 조그만 산골마을에서 행해진 것이었지만 조정에까지 알려졌다. 국왕 정조는 격려와 함께 그에게 여러 번 벼슬을 내렸고, 감사와 원근 선비들 또한 부인동을 방문하여 찬탄해 마지않았다.

향약은 조선시대 국가적인 차원에서 또는 향촌의 선비들에 의해 줄기차게 시도되었다. 그것은 정치적인 목적도 있었지만, 궁극적으로는 유교적 이상사회를 건설하고자 함이었다. 그러기 위해서는 반상班常의 차별과 적서嫡庶의 구별을 엄격히 해야만 했고, 농민들이 이리저리 옮겨 다니는 것도 허락되지 않았다. 자연히 양반을 제외하고는 모두가 향약 실시에 대해 거부감을 가졌다. 이러한 사정에서 향약이 성공적으로 운영되기란 쉬운 일이 아니었다. 그런데도 부인동에서 백여 년이 넘게 운영되었다면 그것은 특기할 만한 일임에 틀림없다.

최흥원은 향약을 통해 양반들의 신분적인 특권과 유교적인 예속禮俗을 강제하고 강요하기에 앞서 농민들의 고통과 질곡을 우선적으로 해결하고자 했다. 과중한 세금부담을 줄이고, 가난한 농민들을 위하여 선공고先公庫와 휼빈고恤貧庫라는 제도를 창안했다. 이것은 향약조직에서 공동기금과 토지를 마련하여 농민의 세금을 대납해주고, 가난한 사람들에게는 농사지을 토지를 마련해주는 것이었다. 농민들의 생활이 안정되지 않는다면 양반들이 꿈꾸는 이상사회란 허황된 꿈에 불과한 것이기 때문이다. 이것이 부인동 향약의 핵심이고, 성공적으로 운영될 수 있었던 비결이었다.

최흥원은 분명 유교적인 이상사회를 실현한 선비였다. 유교적 이상사회의 건설, 조선의 유학자라면 그 누구나 꿈에 그리던 바였다. 그러나 누구도 실현해보지 못했던 일이었다. 그래서 '대효大孝'를 실천했다거나, 또는 '경제經濟의 대강大綱'을 얻었다고 평가했던 것이다. 그러나 그의 시대가 절실히 요구하고 있었던 것은 양반들의 이상사회가 아니라 진정한 개혁이었다. 이제 하층민들은 양반들만의 이상사회가 아니라 그들도 함께 할 수 있는 이상사회를 요구하고 있었던 것이다. 이것이 바로 그의 성취이자 한계였다.

오늘날 우리의 이상사회는 어떤 모습일까? 우리는 어떻게 우리의 이상사회를 실현하고자 하는가? 아니 실천은 고사하고 이상조

차 없는 건 아닌가? 비록 모두의 이상사회는 아니라 하더라도 최흥
원의 실천과 성취를 가벼이 볼 일이 아니다.

정 진 영

최흥원의 5대조 대암 최동집의 유허비. 대구 부인동(현 용수동) 냇가에 있다. 번암 채제공이 찬한 뒷면의 비문에는 대암이 부인동에 은거한 경위와 부인동에서 동약을 실시한 경위 등이 기술되어 있다.(위 왼쪽)
하늘에서 본 옻골漆溪 전경(위 오른쪽)
백불암 종택 현판(가운데)
〈대구달성도大丘達城圖〉. 정황 작. 18세기 후반. 출전《한국의 옛 지도》(영남대박물관, 1998)(아래)

향약이란?

향약鄕約은 중국 송나라 남전현의 도학자였던 여씨 형제들이 향리의 사람들을 교화하고자 덕업상권德業相勸, 과실상규過失相規, 예속상교禮俗相交, 환난상휼患難相恤의 네 강목을 만들고, 이를 실천함에 있어 잘잘못을 기록했다가 향중의 회의 시에 상벌을 행했던 것을 말한다. 이것은 이후 남송의 주자에 의해 가감됨으로써 향촌의 규약으로 면모를 갖추게 되었다.

향약이 우리나라에 전래된 것은 여말선초 주자의 저술을 통해서였지만, 본격적으로 수용되고 보급되기 시작한 것은 조선 중종 대였다. 즉, 향촌사회에 기반을 두고 있었던 사림파가 중앙 정계에 진출하면서, 국가적인 차원에서 대대적인 보급운동을 전개했던 것이다. 이들은 향약을 통해 훈구파를 견제하고자 했으나 이러한 노력은 실패하고 말았다. 훈구파의 정치적인 탄압도 있었지만, 중국의 제도를 관권의 힘을 빌어 일방적으로 실시하고자 했기 때문이다.

이러한 향약이 새로운 모습으로 실시되기 시작했던 것은 16세기 중반부터였다. 이때의 향약은 우리의 실정에 맞게 고쳐진, 말하자면 '조선적'인 것이었다. 또한 그것은 관권의 일방적인 강요가 아닌 개별 향촌사회 사족들의 자발적인 활동이었다. 따라서 이후의 향약은 다양한 내용과 모습으로 실시되어갔다. 향약, 향약계, 혹은 동약, 동계라는 다양한 이름으로 불리게 된 이유도 여기에 있다.

소자가 아니면 누가 가문의 원한 씻어주리이까 **장석규**

순조 즉위년 영남에서 올라온 급보

조선 후기의 찬란한 문예 중흥을 이룩하고 유교국가의 가장 이상적인 군주로 평가받던 정조는, 1800년 6월 28일 정치적으로나 학문적으로 절정에 있던 49세를 일기로 급서하고 말았다. 이후 10세 소년 군주 순조가 왕통을 이었지만, 성인이 되기 전에는 왕실의 최연장자가 국정을 보좌한다는 전례에 따라, 영조의 계비 정순왕후가 수렴청정을 맡게 되었다. 수렴청정 이후 대왕대비 김 씨는 심환지, 김관주와 같은 노론 벽파의 강경론자들을 중용하는 한편, 성궁聖躬 보호와 의리 관철이라는 명분으로 반대세력에 대한 본격적인 공세를 강화해나갔다.

이러한 위압적인 분위기가 지속되는 상황에서 8월 29일 경상 감사 김이영이 모반 사건을 중앙으로 급히 보고했다. 보고에 따르면 8월 15일 추석 당일 인동의 장시경張時景 등 3형제가 주동이 되어 가노 60여 명을 거느리고 인동 관아를 침범했다. 이들의 관아 진입 기도는 무기와 군량의 탈취에 있었으며, 이후 선산·상주를 거쳐 서울로 진격, 노론 벽파 세력을 제거하고 정권을 장악하려 했다. 그렇지

만 이들은 인동 관병들로부터 제지를 받아 관문에서 실랑이를 벌이
던 중 동원된 무리들이 도망을 치면서 전세가 역전되었으며, 결국
주모자 장시경 3형제는 천생산의 낙수암(일명 미득암)에서 투신자살
을 기도했다는 것이었다.

중대 모반사건을 보고 받은 중앙에서는 사건의 전모를 밝히고자
이서구를 안핵사로 선임, 영남으로 급파했다. 그로부터 25일이 지
난 9월 23일 안핵사 이서구와 경상 감사 김이영은 이 사건을 모반사
건으로 결론 내린 공동보고서를 중앙에 제출했다. 그에 따라 주모
자 가운데 생존 인물인 장시경의 동생 장시호張時皥와 가노 영태는
사형에 처해졌으며, 그의 부친 장윤혁張胤爀과 여헌 장현광旅軒 張顯
光의 7대 종손이자 백부인 장윤종張胤宗을 비롯한 4촌 내의 근친 모
두가 수감되거나 유배되기에 이르렀다. 그리고 인동은 10월 7일 모
반자의 고을이라는 이유에서 현으로 지위가 강등되었으며, 10월 20
일 유배형을 선고받은 4촌 이내 가족 모두가 뿔뿔이 흩어지는 등,
한 집안이 모두 멸문지화의 참변을 겪었다. 이것이 순조 즉위년
(1800) 인동에서 일어난 이른바 '인동 작변作變'의 전말이다.

신원을 위한 신고의 노력

사건 발생 10년 만인 1810년에 이르
러 그때까지 경상 감영의 감옥에 수감 중이던 장윤종張胤宗의 3남
장시즙張時楫과 장윤문張胤文의 아들 장시하時夏·시정時鼎·시익時
益 형제들은 모두 석방되어 고향 인동으로 돌아왔다. 그렇지만 모반

죄에 연루되었던 이들로서는 이 사건을 언급하는 것조차 철저하게 회피하고 있었다. 그리하여 이 사건은 세월이 지남에 따라 점차 세인들의 뇌리에서 잊혀졌으며, 사건의 연루자들에 대한 기억 또한 어느덧 묻혀갔다. 그 때문에 정부의 대대적인 대사면령이 단행된 1831년에도 '인동 작변'으로 유배된 이들은 사면의 수혜를 입을 수 없었다.

그해 전라도 신지도에서 모진 생을 이어가던 장석규張錫奎(1800~1861)는 사면령의 혜택을 입지 못한 자신의 처지를 한탄하면서 자살을 기도했다. 그는 '인동 작변'의 심리가 한창 진행 중이던 9월 5일 대구 감옥에서 장시호를 아버지로, 분성 배씨를 어머니로 세상에 태어났다. 그는 태어난 지 45일 만에 강보에 쌓여 어머니와 함께 신지도로 유배 왔으며, 9세 되던 해 어머니와 큰누이가 바다로 투신 자살하는 것을 직접 목격한 비극적인 인물이었다. 죽음을 결심하면서 그는 자신이 이 세상에서 운명적으로 맞아들여야만 했던 사명감과 의무를 곱씹어보았다. 그것은 작게는 어머니, 누이의 억울한 죽음을 세상에 알리고, 크게는 할아버지, 아버지에 대한 세상의 혐의를 푸는 것이었다.

그리하여 그는 죄인의 몸임에도 불구하고 1831년과 1843년 두 차례에 걸쳐 고향 인동을 방문, 사건의 전말을 듣고자 했다. 어머니 배씨 생존 당시 그해의 사건이 무고로부터 시작된 조작 사건이라는 얘기를 늘 듣고 있던 터였다. 유배지에서 도망쳤다는 소문을 무릅쓰고 감행한 고향 방문이었지만 고향 친지 어른들의 반응은 싸늘했

다. 하나같이 침묵을 지키거나 사건을 밝히려들지 말라는 훈계뿐이
었다. 그 때문에 그는 사건의 진실을 밝혀내기 위한 방편으로 당시
전라도의 절도絕島로 유배되어 온 고위 관료들에게 매달렸다. 1844
년 고금도로 귀양온 판서 이기연, 1849년 신지도로 귀양온 승지 윤
치영이 그들이었다.

이들을 통해 국왕에게 직접 신원伸寃을 요청하기 위해서는 본가
의 본원사실本原事實과 감영 소재 심문기록을 소지해야 한다는 사
실을 알게 되었다. 그렇지만 사건의 전말을 소상하게 알려줄 수 있
는 유일한 인물인 백모와 모친이 모두 사망한 상황에서, 그리고 두
차례에 걸친 고향 방문에서도 별 뾰족한 내용을 듣지 못한 상황에
서, 본원사실을 작성하는 것은 사실상 불가능했다. 그 때문에 그는
대구의 감영 소재 기록을 확인하는 데 진력했으며 마침내 1844년
심문기록을 베껴올 수 있었다.

이를 통해서 그는 사건의 전말을 알게 되고 신원의 당위성을 더
욱더 절실히 느끼게 되었다. 그렇지만 그는 유배지를 떠날 수 없는
죄인의 몸이었으므로 신지도를 벗어날 수 없었다. 그 때문에 그는
해배解配되어 서울로 귀환하는 승지 윤치영에게 15세 난 어린 장남
기원琪遠을 맡겨 신원을 전담하게 했다. 족친 참봉 장석봉이 1858년
당시 국구國舅였던 영은부원군 김문근에게 이 사실을 알리기까지,
기원은 7년에 걸쳐 임금이 행차하는 길목에서 격쟁擊錚을 통해서
조상들의 신원 운동을 벌여나갔다. 신원 운동은 김문근이 사건 해
결을 위해 긍정적인 반응을 보이면서 급물살을 타기 시작했다. 그

리하여 사건 발발 60년이 되던 철종 10년(1859)에 이르러 이 사건이
의금부에서 재심리되는 성과를 거둘 수 있었다.

한 줌의 재로 남더라도

이처럼 '인동 작변'을 원점으로 되돌리
고 신원의 길을 열게 한 장본인은 장석규였다. 그는 부모의 상복을
입지 못했다는 죄책감에 45세 되던 해부터 삼 년 동안 상복을 입었
으며, 이후 밤마다 정화수를 떠놓고 부모의 신원을 위해 기도드렸
다. 그는 신원이 이뤄지는 그날까지 좋은 음식, 따뜻한 이불을 멀리
하면서 죄인을 자처했다. 15세의 어린 장남을 신원 운동 차 서울로
보내면서, 이제 죽어 부모의 안전에서 조금이나마 죄를 덜 수 있다
는 생각에 도리어 안도하던 그였다.

그 때문에 7년에 걸친 신원 운동에도 불구하고 성과가 드러나지
않자 그의 애간장은 다 녹아내렸으며, 점차 쇠약해지고 병환이 심
해져갔다. 그는 선산으로의 양이量移가 결정된 1861년 2월까지도
죽음의 문턱을 오르내렸다. 신원에 대한 집념으로 마지막 생을 초
인적인 힘으로 버티던 그는, 장남이 정부의 공식 문서를 갖고 오던
그날 이후 병세가 급격히 악화되었으며, 3월 11일 마침내 한 많은
세상을 떠났다. 그의 시신은 어머니와 큰누이의 유해와 더불어 그
해 11월 그가 생전에 그토록 가고 싶어 했던 고향 인동 인근의 선산
으로 옮겨져 묻혔다.

김 성 우

純宗大王實錄卷之一

천생산성. 맨 오른쪽에 솟구쳐 나온 바위가 사건 당일 장시경 3형제가 투신을 기도한 낙수암이다. 장석규의 아버지 장시호는 먼저 투신한 두 형의 시신 위에 떨어져 죽음을 면했으나 모반자로 몰려 결국 죽임을 당했다.(위)
청천당. 원래는 여헌 장현광의 아들 청천당 장응일의 별당이었다. '경신화변' 당시 장윤혁이 거처했다는 이유로 관에 몰수되었다가 1861년의 대사면으로 되돌려 받았다. 이후 현재의 모습으로 복원되었다.(가운데)
인동작변의 기사가 실린 《순종실록》(아래)

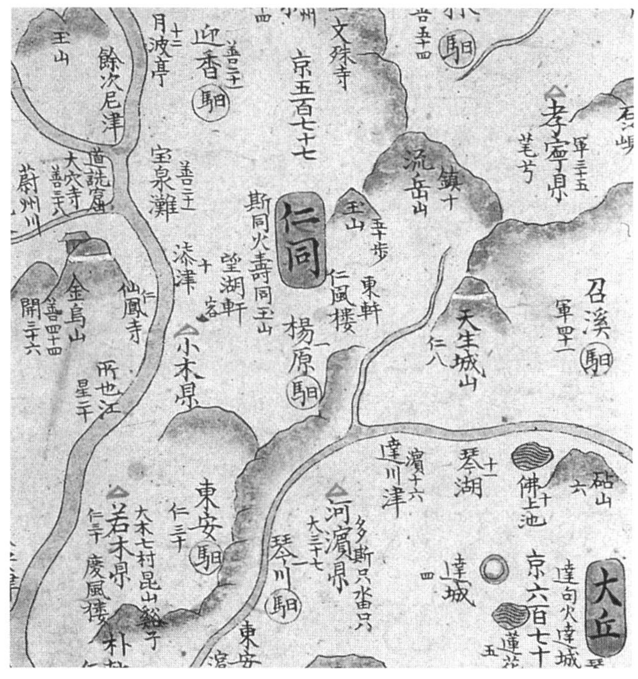

조선시대의 인동. 인동현은 임진왜란 이후 천생산성이 수축되고 영남대로상
의 주요 관방으로 자리 잡게 됨에 따라 일약 도호부로 승격되었다. 그만큼 인
동과 천생산의 관계는 긴밀했다. 출전《東輿備攷》(경북대출판부, 1998)

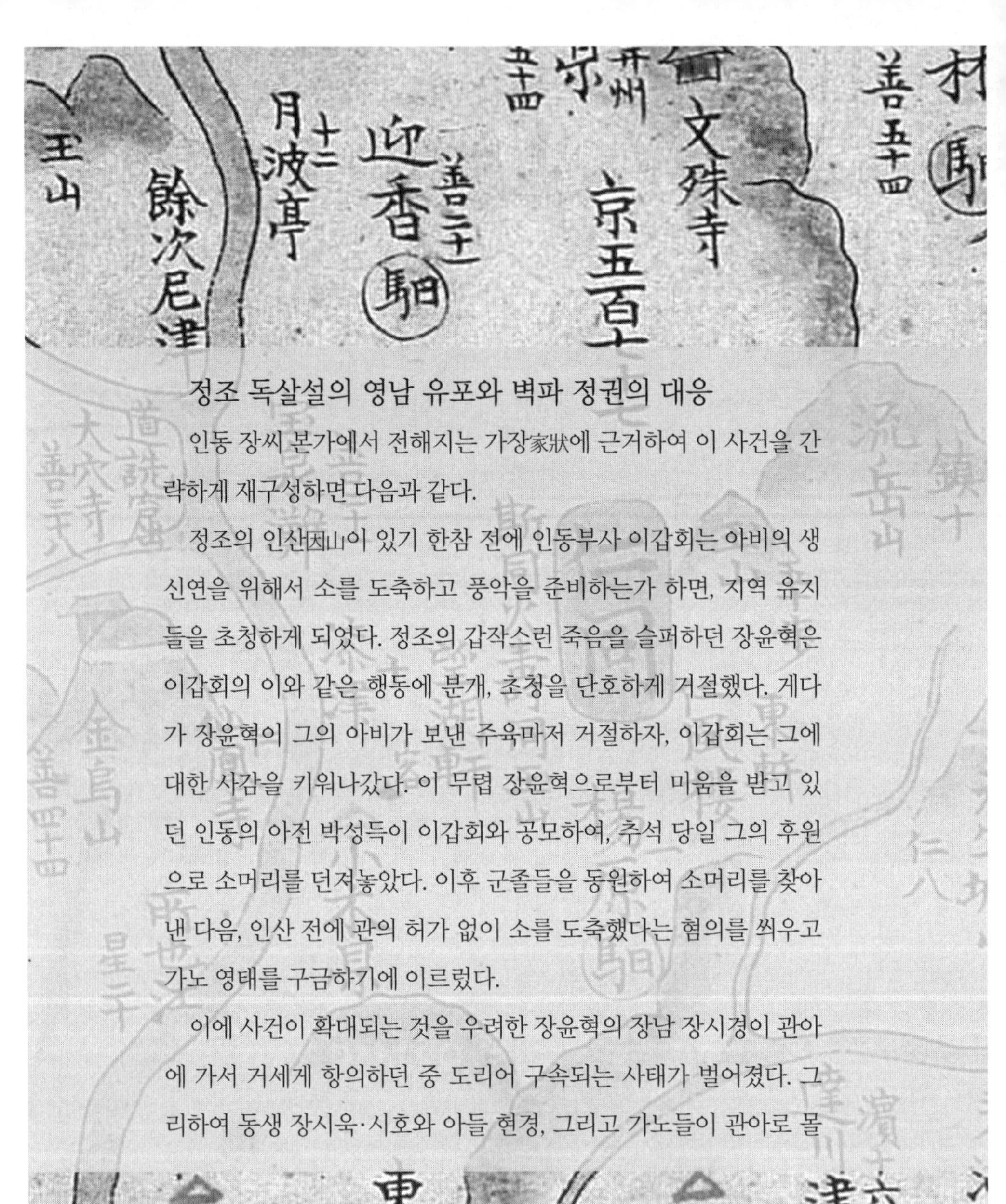

정조 독살설의 영남 유포와 벽파 정권의 대응

인동 장씨 본가에서 전해지는 가장家狀에 근거하여 이 사건을 간략하게 재구성하면 다음과 같다.

정조의 인산因山이 있기 한참 전에 인동부사 이갑회는 아비의 생신연을 위해서 소를 도축하고 풍악을 준비하는가 하면, 지역 유지들을 초청하게 되었다. 정조의 갑작스런 죽음을 슬퍼하던 장윤혁은 이갑회의 이와 같은 행동에 분개, 초청을 단호하게 거절했다. 게다가 장윤혁이 그의 아비가 보낸 주육마저 거절하자, 이갑회는 그에 대한 사감을 키워나갔다. 이 무렵 장윤혁으로부터 미움을 받고 있던 인동의 아전 박성득이 이갑회와 공모하여, 추석 당일 그의 후원으로 소머리를 던져놓았다. 이후 군졸들을 동원하여 소머리를 찾아낸 다음, 인산 전에 관의 허가 없이 소를 도축했다는 혐의를 씌우고 가노 영태를 구금하기에 이르렀다.

이에 사건이 확대되는 것을 우려한 장윤혁의 장남 장시경이 관아에 가서 거세게 항의하던 중 도리어 구속되는 사태가 벌어졌다. 그리하여 동생 장시욱·시호와 아들 현경, 그리고 가노들이 관아로 몰

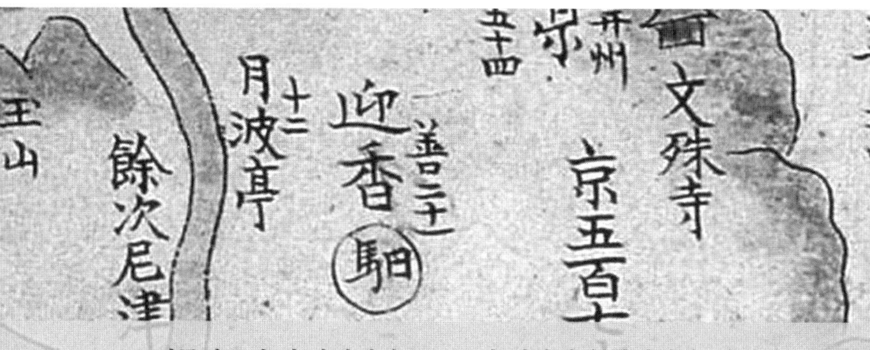

려들었으며 이 과정에서 군졸들과 실랑이가 벌어졌다. 사건이 이처럼 커지자 이갑회는 장시경과 그의 형제들이 관아를 침범하여 고을 원을 구금하고 서울로 진격, 집권 노론세력을 척살한다는 소문을 유포시키면서 군졸들을 풀어 장시경 형제를 체포케 했다. 상황이 걷잡을 수 없이 악화되자 장시경 형제들은 천생산으로 도망치게 되었고, 급기야 낙수암에서 몸을 던지는 참담한 결과를 낳고야 말았다.

사건 발생 직후 이갑회는 경상 감사 김이영에게 사실을 은폐하여 보고했으며, 그 또한 즉시 이 사건을 중앙에 보고하게 됨에 따라 이 무렵 최대의 모반사건으로 기록되기에 이르렀다. 정순왕후의 수렴청정 이후 최대 적대 세력인 영남의 남인들을 제거하고자 구상 중이던 집권 노론 벽파 측에서는 호재를 얻은 셈이었다. 그리하여 이들은 이 사건을 계기로 영남 인사들에 대해 대대적인 공세를 취하게 되었으며, 영남을 중심으로 유포되고 있던 '정조 독살설'에 재갈을 물릴 수 있었다.

영남 위정척사운동의 정신적 연원 **유치명**

"생각해보면 우리 정조대왕께서는 정치를 담당하신 지 20여 년 동안 문무의 큰 정치를 수행하셨으니 우리 동방의 요·순堯舜입니다. 그런데 장헌세자莊獻世子(思悼世子)의 존호尊號를 추념하여 올리는 일이 오늘날까지도 이루어지지 못하고 있으니, 이것이 정조대왕의 뜻을 생각할 때 저도 모르게 매우 답답한 심정으로 서성거리는 까닭입니다." (《승정원일기》 철종 6년 4월 2일)

사도세자와 정조에 대한 추념

철종이 집권하고 있던 1855년 3월 29일, 유치명은 정조의 아버지 장헌세자의 추존을 주장하는 상소를 올렸다. 노론의 후원으로 집권한 영조는 탕평정치를 표방했으나 영남 인사들이 중앙 정치에 참여하기는 쉽지 않았다. 그래서 영남 남인들은 영조 집권기에 14년 동안 대리청정을 한 사도세자에게 정치적 기대를 걸고 있었다. 그런데 1762년 세자가 노론 정국의 소용돌이에 휘말려 뒤주에서 희생되고 마는 전대미문의 정치적 사건, 이른바 '임오화변壬午禍變'이 발생했다. 훗날 세자가 집권하면 정치적 재기가 가능할 것이라 기대했던 남인이나 소론들의 허탈감은 이만저만이 아니었다.

1776년 정조가 즉위한 뒤에도 영남 유생들의 사도세자에 대한 정은 애틋했다. 그래서 정조 연간에는 사도세자와 정조를 지지하는 영남 유생들의 만인소萬人疏가 올려졌고, 정조는 비명에 가신 아버지를 생각하며 영남 유생들에게 고마운 마음을 표했다. 유치명은 사도세자에 대한 정조의 마음과 영남의 정서를 누구보다 잘 알고 있었다. 유치명의 고조부 유관현柳觀鉉이 한때 시강원 필선弼善에 임명되어 사도세자의 교육을 담당한 적이 있었기 때문이다. 이러한 집안 내력 탓에 유치명은 사도세자가 태어난 '을묘년'을 맞이하여 사도세자의 추존을 건의하는 상소를 올렸던 것이다. 그렇지만 그는 노론의 공박을 받고, 결국 전라도 지도智島에 유배되어 6개월간 유배생활을 하게 되었다. 그러나 이 상소를 계기로 영남에서 유치명의 학문적, 정치적 위상은 더욱 높아져갔다.

활발한 강학 활동

정재 유치명定齋 柳致明은 이상정李象靖의 외증손으로 정조 1년(1777) 10월 13일 안동 소호리 외가에서 출생했다. 그는 태어나면서 전주 유씨 본가뿐만 아니라 외가인 한산 이씨로부터도 기대를 한 몸에 받았다. 이상정은 유치명의 증조부 유통

원柳通源에게 편지를 보내 새로 태어난 아이의 골상이 비범하다고 하면서 새로운 생명의 탄생을 축하하고, '치명致明'이라 이름 지어 주었다. 유치명은 이듬해 5월 어머니 한산 이씨의 등에 엎여 한들 본집으로 돌아와 성장했다.

유치명은 열세 살부터 스무 살까지 집안의 큰 학자이자 이상정의 우뚝한 제자인 유장원柳長源의 문하에서 가르침을 받았다. 이어 서른세 살까지는 역시 이상정의 제자인 남한조南漢朝의 문하에서 학문을 닦았다. 이상정은 18세기 후반 영남을 대표하는 성리학자로 퇴계학을 집대성한 인물이었다. 그래서 세상에서는 그를 '소퇴계小退溪'라고 불렀다. 그가 살던 마을이 소호리여서 후세 사람들은 그의 학문을 '호학湖學'이라 명명했다. 유치명은 두 스승인 유장원과 남한조로부터 이 '호학'을 전수받아 발전시켜나갔다.

유치명은 1805년(순조 5) 문과에 급제한 이래, 남인 인사로서는 비교적 고위 직급인 병조참판에까지 이르렀다. 그는 63세가 되던 1839년(헌종 5) 겨울, 평안도 초산부사에 임명되었다. 초산은 고향 안동에서 천팔백 리나 떨어진 먼 지방이었다. 그는 추운 겨울 친척과 벗, 제자들의 전송을 받으며 노구를 이끌고 초산으로 향했다. 초산부사로 재임하는 동안 그는 초산 백성들을 어린아이처럼 보살피고 가르쳤다. 그래서 그곳 백성들로부터 '초산부모楚山父母'요 '관서부자關西夫子'라는 칭호를 들었다. 그가 떠나올 때 초산 백성들은 생사당生祠堂을 세워 그의 재임 시절 은혜와 선정을 기렸다.

그렇지만 그는 학자로서 명망이 더 높았다. 1846년 9월 유치명은 고산정사에 수백 명의 유생을 불러 모아 향음주례鄕飮酒禮를 행했고, 이때 인仁·의義·예禮·지智에 대해 강론했다. 그리고 1856년 11월 호계서원虎溪書院에서 수백 명의 유생들이 운집한 가운데 대규모 학술모임을 개최했다. 이듬해 5월에는 그의 학덕을 기리는 만우정晩愚亭이 세워졌다. 이곳에서는 주로 이황과 이상정의 학문에 대한 활발한 토론이 이루어졌다. 유치명은 자기 집 '정재定齋'와 정자 '만우정'을 중심으로 많은 제자를 길렀다. 그의 문하에서 가르침을 받은 학자들은 19세기 후반 영남에서 전개된 위정척사운동과 의병운동에 주도적인 역할을 수행했다. 김도화金道和와 권세연權世淵은 1895년 을미의병 때 의병대장으로 활동했고, 김흥락金興洛과 유지호柳止鎬는 배후에서 의병운동을 지원하고 있었다.

유치명은 1861년 10월 6일 85세를 일기로 작고했다. 이듬해 4월 거행된 장사 때에는 경상도 전역에서 몰려온 900여 명의 유림들이 애도를 표했다. '소퇴계'라는 칭호를 듣던 이상정의 외증손자로 태어나 퇴계학과 '호학'을 충실이 계승한 그의 서거 이후, 조선은 안팎으로 환란에 시달렸다. 안으로는 유생들의 학문 활동의 요람인 서원이 훼철되는 사건이 발생했는가 하면, 밖으로는 일본과 서구열강의 침략에 직면해 있었던 것이다.

이제 유치명의 문하에서 가르침을 받은 많은 제자들은 자신들의 생활 근거지를 지키고, 일제와 서구 열강의 침략으로부터 나라를 지켜내기 위해 위정척사운동과 의병운동을 줄기차게 전개하기 시작했다. 유치명의 제자들은 나라의 위기를 맞아 일신의 안위를 생

각지 않고 애국 운동에 매진했다. 스승으로부터 인의仁義에 대한 가
르침과 실천적 삶에 대한 교육을 철저하게 받았기 때문에 가능한
일이었다.

권 오 영

유치명의 당호이자 생전의 거처였던 정재 종택. 임하댐으로 수몰되기 이전의 원래 모습이다. 안동 임동면 수곡리 소재(위)

평안도 지도. 18세기 중엽. 초산부가 보인다. 출전 《한국의 옛 지도》(영남대박물관, 1998) (가운데)

유치명이 만년에 학문을 강론했던 만우정. 원래의 모습이다. 임동면 수곡리 소재— 최종현(한양대) 교수 제공(아래)

정재와 만우정

유치명은 호를 '정재定齋'라고 했다. 많고 많은 글자 중에 하필이면 정定자로 호를 정한 까닭은 무엇이었을까? 그는 임금은 어짊에, 신하는 공경에, 아버지는 자애로움에, 자식은 효도에, 그리고 붕우는 믿음에 각각 목표를 정해야 한다고 믿었다. 만물이 각기 적재적소에 있을 때에만 천하가 안정定된다고 보았기 때문이다. 그 때문에 그는 자신이 거처하는 집을 '정재定齋'라 명명했다.

한편 그는 만년에 박실 고개 너머 우암愚巖에 '만우정晩愚亭'을 지었다. 이 정자는 전주 유씨 문중 자제들과 그를 충실히 따랐던 제자들의 도움으로 건립되었다. 나이 80이 넘어서야 자신의 정자를 갖게 된 그는 주변 도연폭포와 약산의 아름다운 산수를 벗 삼아 만년을 보낼 생각을 가졌다. 이 만우정이 그가 만년에 학문생활을 했던 중심지가 되었고, 특히 1871년 호계서원 훼철 이후 안동 동부지역 유림의 구심점이 되었다. 19세기 영남을 대표하는 학자 유치명의 정신이 살아 숨 쉬는 곳이 바로 '정재'요 '만우정'인 셈이다.

'정재'와 '만우정'은 퇴계학의 충실한 계승자인 한 학자의 평생의 지향점을 잘 말해준다. 그것은 개인과 가정의 안정, 사회와 국가의 안정, 더 나아가 천하의 안정이 중요하다는 점, 그리고 어지러운 세상에는 영리하게 살기보다는 그저 어리석게 사는 것이 곧 지혜로운 삶이라는 가르침이었다.

흐트러진 영남의 민심을 모아 주시오 **류후조**

270년 만에 탄생한 영남 출신의 재상

"대관령 남쪽은 본디 추로지향鄒魯之鄕이라 일컬어진 곳이며, 더욱이 경은 '경의 가문' 사람이다. (……) 내가 경을 시험해보고 경험해보았으니, 꿈을 꿀 것도 없고 점을 쳐볼 것도 없이 나의 재상은 결정 난 것이다."

1866년 정월 고종이 낙파 류후조洛坡 柳厚祚(1798~1876)를 우의정에 임명하면서 내린 교서의 첫 마디였다. '경의 가문'이라고 한 것은 류후조가 바로 영남의 대표적 명문인 류성룡柳成龍 가문이라는 뜻이다. 고종이 류후조를 재상으로 삼으면서 제일 먼저 강조한 것이 그가 영남 출신이라는 것, 특히 영남의 명문 집안 출신이라는 것이었다.

일국의 재상을 임명하면서 새삼스럽게 그의 출신 지역을 제일 먼저 거론한 것은 영남 지역 인사를 재상으로 임명한 것이 예사로운 일이 아니었음을 보여주는 것이다. 그도 그럴 것이 1590년 류성룡이 재상이 된 이래 영남인으로서는 270여 년 만에 두 번째 재상이 탄생한 것이었기 때문이다.

남인으로서 더군다나 지방 출신 인물이 재상이 된다는 것은 당시
로서는 상당한 파격이었다. 숙종 20년(1694) 갑술환국 이후 남인들
은 권력에서 철저하게 소외되었고, 특히 안동 김씨 등 서울의 노론
유력 가문들이 권력을 독점하던 19세기 전반 세도정치 하에서 남인
들은 관직에 오르는 것 자체가 드문 일이었다.

그런데 류후조가 일약 재상이 될 수 있었던 것은 당시 권력자였
던 대원군의 의도 때문이었다. 대원군은 그동안 정권에서 소외되었
던 세력들, 즉 종친이나 남인·북인, 무장들의 세력을 신장시킴으로
써 노론 외척 가문들을 견제하려고 했다. 1864년(고종 1) 6월 북인인
임백경任百經이 재상에 임명되기도 했으나 87세의 고령이었던 그는
재상의 자리를 1년도 채 지키지 못하고 이듬해 초에 세상을 떠났다.
이러한 상황에서 당시 정계에 진출한 남인 중 고위 관원이던 류후
조가 재상이 되었던 것이다.

류후조를 등용한 대원군의 의도가 안동 김씨를 비롯한 노론 외척
을 견제하려는 것이었지만, 정작 류후조가 철종 연간에 당상관이
될 수 있던 배경에는 안동 김씨의 배려가 있었다는 점은 역사의 아
이러니가 아닐 수 없다. 류후조는 늦게 벼슬을 시작했다. 40세인
1837년(헌종 3) 사마시에 급제한 후 후릉 참봉에 제수된 것이 첫 관
직이었다. 상서원, 형조 등의 내직 벼슬을 거쳐, 장수·장흥 등지의
수령이 되었다. 그러나 1851년(철종 2) 장흥부사를 끝으로 벼슬을
사양하고 귀향했다. 승승장구하던 류후조가 갑자기 사직한 이유는
정확히 알 수 없지만, 철종 즉위 이후 권력을 독점하게 된 안동 김씨

세력이 반대파들을 숙청하는 과정에서 그의 벼슬도 중단되었을 가능성이 있다.

그러나 류후조의 휴식은 3년 만에 끝났다. 그리고 그것은 그의 인생에서 새로운 전기가 되었다. 그의 나이 57세인 1854년(철종 5)와서瓦署 별제로 벼슬을 다시 시작하여 이듬해 2월에 강릉부사에 이르렀다. 강릉부사는 당하관에서 당상관으로 승진할 수 있는 요직으로서 집권자의 배려 없이는 가기 어려운 자리였다.

하지만 아무리 강릉부사라 할지라도 문과에 급제한 사람이 아니면 당상관으로 승진하는 경우가 거의 없었다. 바로 그때 류후조는 환갑의 나이로 문과에 급제했다. 급제한 다음 달에 안동 김문의 재상인 김좌근의 주청으로 바로 당상관의 자급을 받았고, 결국 종2품 가선대부에까지 올랐다. 철종 말년에 류후조의 지위가 이미 이처럼 높아져 있었기 때문에 대원군이 집권한 이후 판서를 거쳐 재상에 이를 수 있는 기반이 되었던 것이다.

또 다른 임무, 영남 유림들의 결집

철종 중반 이후 류후조의 벼슬이 이처럼 다시 승승장구할 수 있었던 배경에는 가문의 후광이 있었다. 류성룡의 셋째 아들 류진柳袗(1582~1635)은 안동에서 상주 시리로 옮겨서 우천파愚川派의 파조가 되었는데, 류후조는 그의 7대 종손이었다. 류후조의 아버지 류심춘柳尋春(1762~1834) 또한 세자 시절의 순조, 익종, 헌종을 가르치기도 했다.

영남 출신 재상이 예사롭지 않았던 만큼, 류후조에게는 재상들에게 일반적으로 기대하는 국정수행 능력 이외에 또 한 가지의 역할이 요구되었다. 그것은 바로 영남인들의 민심을 추스르고 힘을 모아서 정권의 든든한 기반을 만드는 것이었다. 그런데 19세기 영남에는 유림들이 분열하여 반목하는 중요한 사안이 있었는데, 그것이 바로 '병호시비屛虎是非'였다.

류후조는 재상으로 임명된 1866년 봄부터 대원군의 지시로 양측의 보합을 중재했다. 그러나 60여 년간의 반목은 쉽게 수그러들지 않았다. 1870년(고종 7) 8월 대원군의 지시에 따라 안동부사가 병론과 호론 측 유생들을 모아서 다시 보합을 시도했으나 이때도 실패했다. 이에 대해 대원군은 병론 측이 은근히 이기려는 마음을 갖고 있다며 류후조의 역할에 대해 크게 실망했음을 토로하기도 했다. 결국 대원군의 강력한 의지와 류후조의 중재로 호계서원 측의 《대산실기大山實記》와 병산서원 측의 《여강지廬江誌》의 판목을 1870년(고종 7) 12월 관가 마당에서 함께 깨뜨림으로써 병호시비는 일단 보합될 수 있었다.

류후조가 영남의 힘을 모으는 일은 비단 병호시비의 중재에만 머문 것은 아니었다. 가령 1866년 '병인양요'가 발생했을 때는 강력한 척사론으로 대원군의 정책을 지지하는 한편 국가의 궁핍한 재정을 보충하기 위하여 영남의 유림들에게 원납전의 납부를 직접 독려하기도 했다. 병호시비의 중재와 원납전의 독려가 얼마나 성과가 있었는지에 대한 평가는 차분히 따져볼 일이다. 그러나 분명한 것은 대원군 정권은 노론 세도 정권을 견제하기 위하여 영남 유림들의 역할에 커다란 기대를 하고 있었으며, 그 중심에 류후조가 있었다는 사실이다.

연 갑 수

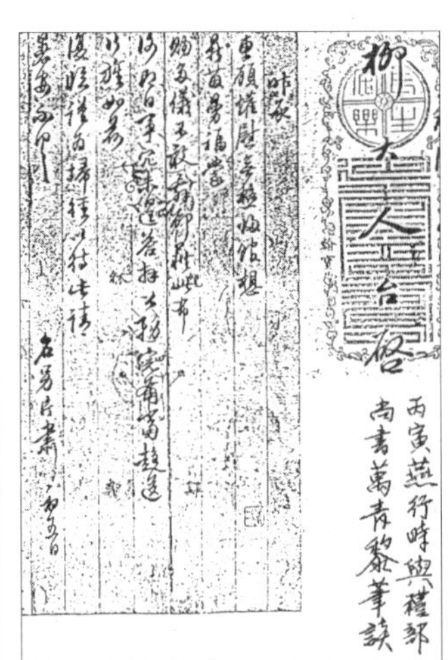

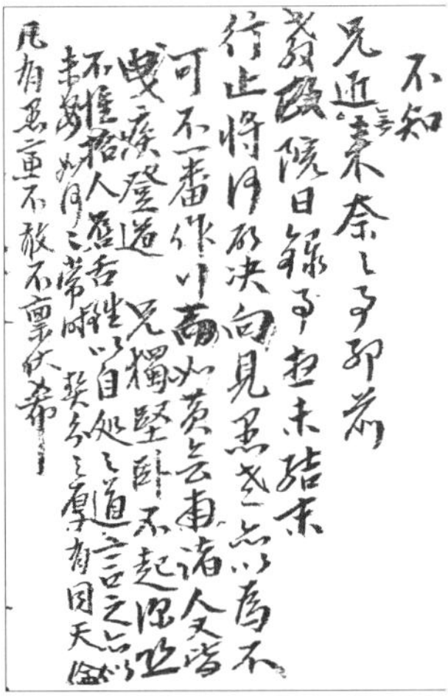

풍산 류씨 우천파의 세거지인 상주 시리에 있는 류후조의 생가(위)
류후조의 친필 유묵(아래 왼쪽)
《대산실기》는 호론 측에서 호계서원에 추가로 배향하려던 대산 이상정의 언행을 담아 1865년에 간행한 책(아래 가운데)
《여강지》는 병론 측의 입장에서 '병호시비'를 정리하면서 《대산실기》의 내용도 비판한 책. 1870년 안동 관아 마당에서 두 책의 판목을 공개적으로 훼철함으로써 일단 병론과 호론이 보합될 수 있었다.(아래 오른쪽)

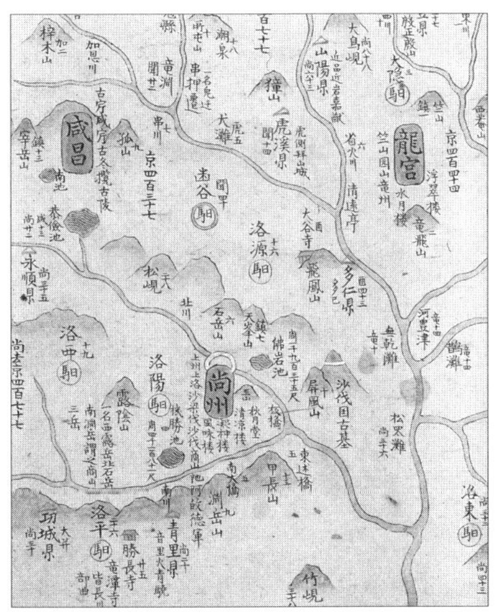

류진의 7세 종손인 류후조의 생가. 상주시 중동면 우물리에 있다.(위)
상주목 지도. 출전 《東輿備攷》(경북대출판부, 1998)(아래 왼쪽)
안동부 지도. 18세기 중엽. 읍치 동쪽 임동면의 호계서원과 서쪽 서선면의 병산서원이 보인다. 출전 《한국의
옛 지도》(영남대박물관, 1998) (아래 오른쪽)

병호시비란?

‘병호시비’의 불씨는 이황 배향 서원인 안동의 여강서원廬江書院에 류성룡과 김성일金誠一의 위판을 1620년(광해군 12) 추가로 모시게 된 데 있었다. 이황의 신위를 가운데 두고 누구를 좀 더 높은 자리, 즉 동쪽에 놓을 것인가가 시빗거리였다. 나이는 김성일이 앞선 데 반하여 관직은 류성룡이 높았기 때문에 시비가 생길 수 있었다. 이때는 영남의 거유 정경세鄭經世의 결정에 따라 류성룡의 신주를 상위에 모시게 됨으로써 일단락되었다. 이황과 그 수제자인 류성룡, 김성일의 위패를 모신 여강서원은 1676년(숙종 2) 국왕으로부터 ‘호계서원虎溪書院’ 이라 사액받음으로써 영남을 대표하는 서원으로 자리잡게 되었다. 그런데 1805년(순조 5) 영남 유림들이 류성룡, 김성일, 정구鄭逑, 장현광張顯光 등 4명을 문묘에 종사케 하는 상소문을 올리는 과정에서 류성룡과 김성일 중 누구의 성명을 먼저 쓸 것인가를 놓고 대립하다가 문묘 종사 자체가 무산되는 일이 벌어졌다. 일이 이렇게 진행되자 본격적으로 시비가 붙으면서 감정의 골이 깊어졌다. 특히 1812년(순조 12) 김성일의 학맥을 계승한 이상정李象靖을 추가로 배향하는 문제로 양자의 갈등은 더욱 심화되었다.

결국 류성룡파는 호계서원과 절연하여 병산서원을 중심으로 병론屛論을 형성하고, 김성일파는 호계서원을 독점하면서 호론虎論을 형성하면서 반목하기에 이르렀다. ‘병호시비’란 바로 여기서 유래한 말로써 결국 병산서원파와 호계서원파가 서로 시비를 다툰다는 뜻이다. 그런데 류성룡은 김성일과 퇴계학통을 양분해왔기 때문에 이들의 반목은 안동 지역뿐 아니라 영남 지역 전체 유림들의 결집력을 약화시키는 계기가 되기도 했다.

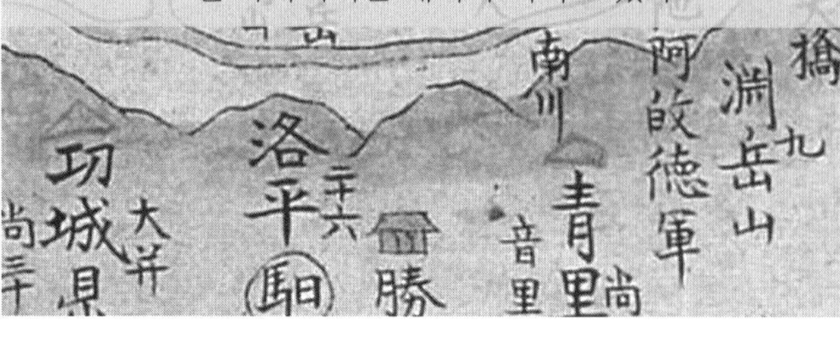

조선후기 향리 집단의 좌절과 그 기억 이명구

향리들의 역사서, 《연조귀감》

1867년(고종 4) 이명구李明九 (1799~1874)는 고향으로 돌아가기 위해 짐을 꾸렸다. 언젠가는 자신을 관직에 천거해주리라고 굳게 믿고 의탁했던 예조판서 신석우申錫愚가 죽었기 때문이다. 이제 더 이상 한양에 머물 필요가 없었다. 고향인 상주로 돌아가기 전에 그는 한양에서 오랫동안 교유한 이들을 찾았다. 고향으로 돌아온 후 그는 평생 동안 영남의 향리 가문을 찾아다니며 그토록 힘겹게 조사하여 편찬한 《연조귀감속편掾曹龜鑑續編》의 마무리에 더 이상 집착하지 않았다. 이로써 한평생 관직에 나아가기를 기대한 향리 가문 출신의 지식인 이명구의 회망은 끝이 났다. 그 꿈은 그의 증조부 때부터 일궈온 것이었으나 양반 중심의 구체제에서는 더 이상 수용될 수 없음이 입증되었다.

이명구의 증조부 이진흥李震興이 편찬하고 이명구가 간행한 《연조귀감》과 그 속편은 향리 가문의 역사를 집대성한 역사서이다. 이 책들이 간행된 19세기 중엽에는 비슷한 처지에 놓인 집단들에 의해 자신의 신분 이해를 옹호하는 역사서들이 나왔다. 《호산외기壺山外

記》(1844)라든가 《이향견문록里鄕見聞錄》(1847), 또는 《규사葵史》
(1859)와 같은 저술들은 각기 중앙의 중인中人이나 경아전京衙前 또
는 서얼庶孼 등의 이해를 담은 것들이었다. 그렇지만 《연조귀감》의
경우, 편찬과 간행 작업이 4대에 걸친 가업으로 이뤄졌으며, 여기에
쏟은 기막힌 노력과 풍부한 내용은 앞의 다른 저술들의 그것과는
비교가 되지 않을 정도였다.

이명구의 가문은 상주의 상산 박씨商山 朴氏 북파北派와 더불어 상
주의 읍권邑權을 주도했던 전형적인 향리 가문인 월성 이씨月城 李氏
였다. 이명구 자신은 바로 이러한 가세를 바탕으로 성장한 지식인이
다. 그러나 문벌의식이 사회 전변으로 확산되고 양반 집단의 배타적
인 조직화가 고도로 진행된 지역사회에서, 읍내의 향리 지식인들이
그 벽을 넘어선다는 것은 거의 불가능한 일이었다. 이러한 불리한 환
경 속에서도 이명구는 사회 진출에 대한 기대를 키워갔다. 그는 당대
를 풍미했던 유학자 오희상吾熙常의 문하에서 수학하고, 서울로 올라
와 예조판서 신석우의 문객이 되었으며, 또한 홍직필洪直弼을 비롯한
당대 학자들과도 교유했다. 이들 모두는 당대의 권세가들이거나 정
계로부터 추앙을 받는 노론계 인물들이었다. 그렇지만 이명구는 남
인이나 소론 출신의 명망가들과의 교유도 소홀히 하지 않았다.

거의 1세기 동안 4대가 집념을 갖고 편찬한 《연조귀감》은 신분
차별에 직면한 향리 가문의 고뇌와 긴장으로 가득 차 있다. 그 결과
이명구 가문은 한국 사회사의 가장 중요한 이정표를 세울 수 있었
다. 그 가운데 《연조귀감》을 경상도 향리들의 공동 관심과 노력으로

출간할 수 있도록 마무리하고, 이어 그 속편까지 편찬한 이명구의 역할은 각별히 돋보인다. 그렇지만 이명구나 《연조귀감》을 아는 이는 많지 않다. 조선시대 연구자들도 그 내용을 잘 알지 못한다. 왜 그런 것일까? 이명구가 향리 가문 출신이라는 이유로 편견과 차별에 직면했듯이, 오늘날에도 향리들에 대한 편견과 이들을 둘러싼 환경에 대한 허구가 재생산되고 있기 때문일 것이다.

향리들의 세계

사대부에 의한 덕치德治를 표방한 조선 왕조에서 국가의 통치를 위해서는 행정 실무를 전담하는 부류들이 필요했다. 그리하여 조선 왕조도 중국과 마찬가지로 이吏·사士의 이원체제가 성립되었다. 그렇지만 양반들은 이서吏胥의 역할이나 중요성을 인정하지 않았다. 양반들이 남긴 자료에 익숙한 오늘날의 연구자들도 양반 중심의 시각을 답습하여 향리들을 민중들을 괴롭힌 사악한 존재로 간주하고 있다. 이 대목에서 구한말에 선교사로 왔던 헐버트 Homer B. Hulbert의 이야기에 귀 기울이는 것이 필요하다. 그는 "향리들은 응당 양반들이 져야할 국정의 혼란에 대한 책임을 모두 걸머지고 있는 체제의 희생양으로서 위험을 방지하는 안전판"이라고 했다. 여기에 덧붙여 양반 지배 엘리트들이 이토록 부패하고 무능했음에도 조선 왕조가 장기간 유지된 것은 오로지 향리들 때문이라고, 향리 자신들보다 그 역할과 가치를 높이 평가했다.

향리들은 지방사회에서 장기간 이서 직임을 세습했다. 빈번한 왕조 교체로 지배 계층의 단절을 초래한 중국과는 달리, 지배 엘리트들이 장기간 생명을 유지한 한국에서 향리 계층도 놀라울 정도의 지속성과 세습성을 유지했다. 그리고 조선전기만 하더라도 향리들은 지배 엘리트 집단의 일원으로 올라설 수 있었다. 그렇지만 양반 중심 체제가 굳어지고 수도 한양을 중심으로 권력과 재부가 집중되면서, 그리고 향리 가문 출신들에 대한 차별이 심화되면서, 이들이 관직에 나갈 수 있는 길도 좁아졌다.

향리 계층 내에서 학문에만 종사하는 지식인들이 증가하는 상황에서 이러한 배타적인 양반 위주의 통치 구조는 새로운 불만 요소가 되었다. 《연조귀감》은 바로 이러한 현실에 직면한 향리 지식인들의 대응과 희구를 담고 있다. 이 책을 통하여 향리들과 양반들이 한 뿌리에서 나왔으며, 향리 중에도 양반 못지않게 훌륭한 이들이 많았음을 보여주려 했다. 나아가 향리들의 역할과 중요성을 강조하고, 향리 출신이 관직으로 나가는 길을 막아서는 안 된다고 주장했다.

《연조귀감》은 경상도를 위시한 하삼도의 농민들이 1862년 관권에 저항하여 대대적으로 봉기를 일으킨 무렵에 출간되었다. 농민들의 공격 대상에는 향리들이 포함되었으며 국가는 농민 봉기에 대한 책임을 이들에게 전가했다. 중앙 정부와 농민들 사이의 상반된 요구와 이해를 중재하면서 이서 직임을 장기간 세습해온 향리들은, 이제 자신들의 역할을 양쪽으로부터 부정당하기에 이르렀다. 《연조귀감》은 농민들과 국가의 이러한 시선에 대한 문화적 대응이기도 했다. 정약용丁若鏞의 저서 《목민심서牧民心書》가 그러했듯, 향리들은 부정의 대명사로 분식되어 있었다. 그렇지만 이명구는 향리들은 체제 모순의 희생양일 뿐, 그들의 인성까지 그러했던 것은 아니라고 강조한다. 오히려 열악한 대우와 자신의 역할을 인정받지 못하는 환경 속에서 충실하게 임무를 수행하여왔다고 옹호했다. 《연조귀감》 출간에 경상도 전역의 향리들이 돈과 힘을 모아 호응한 것도 이 책이 향리들의 입장을 적극 대변한 것과 무관하지 않다.

각 지역 향리들의 호응과 기대에 부응하여 이명구는 속편의 편찬에도 착수했다. 이를 위하여 다시 경상도 전역을 돌아다니며 관련 자료를 모았다. 여기에는 향리뿐 아니라 역리驛吏와 중앙의 경아전까지 포함시켰다. 위상은 다르지만 관의 지시를 받는 이서들은 모두 같다는 것이 그의 입장이었다. 한국의 어떠한 역사서도 이렇듯 장기간에 걸쳐 발로 뛰어 다니며 자료를 수합하고 편찬할 정도로 강한 집념과 긴장을 보여주지 않는다. 그리하여 《연조귀감》과 그 속편은 한국사학사와 사회사의 기념비가 되었다. 그렇지만 이 책은 여기에 상응하는 평가를 못 받고 있으며 이명구 또한 그의 출신지 상주에서도 잊혀진 인물이 되었다.

이명구는 고향 상주에서 세 번씩이나 관직에 천거되었다. 관직에 오르지는 못했지만, 이족 출신인 그의 천거는 당시 현실에 비추어 각별한 것이었다. 그는 예조판서 신석우의 문객으로 출입하면서 등용의 꿈을 불태웠다. 그렇지만 그의 기대는 신석우의 죽음으로 무산되었다. 이어 고향으로 돌아온 지 5년이 지난 고종 9년(1872)에는 각 군현의 이서들이 과거에 응시하는 것을 금지하는 조치까지 내려

졌다. 그로부터 2년이 지난 1874년, 그는 평생 심혈을 기울여 편찬
한 《연조귀감속편》을 더 이상 마무리하지 않은 채 눈을 감았다. 이
명구의 낙향과 속편의 미완성. 이것은 조선 왕조사회에서 주변 집
단의 좌절을 상징적으로 보여주는 사례라 할 것이다.

이훈상

鳴呼翁之先不幸而為州椽其原蓋士大夫之苗裔也此余所聞於翁
者翁天資魁傑梧持才亦不羈既長折節為儒行七十年不變于初
世稱李學者以此當衣褐縱履往來洛下與顯者游暗有文好古之
人由是而揚父祖之烈由是而得梁楚之聲然以其胸中多聖賢之說而
又能震耀而張皇之使聽者不知倦宣苟而已乾目余卜屐于凱臂徒
余遊首尾四載所夕無瑕亦有取於余也今年夏余觀國之先于太學翁
亦有事而来得千里相見于時翁已病矣尋南歸而道終及余還斯人
者不可以復見悲夫可謂金丹不靈矣歲孝秋之二十有二日將入于地余
聞而哭之慟乃以耳目所睹記文以誄之曰翁蹟無得心養性之學省察
克治之工而氣節之磊落孝友之篤議論之宏辯聞見之淹博智慮
之深遠規模範圍之廣大恢廓蓋亦近世直家儔之士也然而一平生騏步
箕展豹變未諸嶔崎歷落老布衣以沒世峴公翁之目立不瞑於地下而

裕陵年甲申後貳百年正月　日尚州牧
癸卯戊籍戸口帳內內南面求道室書堂里第四統六戸幼學李明
九年肆拾伍己未本慶州
父學生　復運
生父嘉善大夫行龍驤衛護軍　晛運
祖嘉善大夫行龍驤衛護軍　趙夏
曾祖東萊節校尉龍驤衛副司果　震興
外祖通德郎車有迎本巡安
妻朴氏齡肆拾陸戊午
父將仕郎　周勛
祖將仕郎　性默
曾祖將仕郎　進著
外祖折衝將軍僉知中樞府事　贈嘉善大夫漢城府左尹兼五衛都摠
府副摠管姜先戌本晉州
奴婢秩婢裛娘二所生婢溫儀年庚申今居金山婢順
烈二所生奴分孫芉丙寅逃亡婢三所生介今年己巳逃亡七

이명구가 죽은 뒤 그의 좌절을 안타까워하는 어느 양반의 뇌문(위 왼쪽)

1844년에 작성된 이명구의 호구단자. 그의 양반지향 의지를 반영하여 그의 직역은 유학幼學, 부인은 박씨朴氏로 표기하였다.(위 오른쪽)

중국 한나라의 창업 공신인 소하蕭何의 초상. 연리에서 장상에 오른 인물로 조선 후기 신분상승을 갈망한 향리들의 이상적인 모델이었다. 이 초상은 상주 지역 이족吏族 내 주도가계의 하나인 상산 박씨 북파의 후손집이 소장하고 있다.(아래 왼쪽)

상주목 지도. 18세기 중엽. 출전《한국의 옛 지도》(영남대박물관, 1998)(아래 오른쪽)

한국 근대사회와 향리들의 사회 진출

"옹은 비록 존심양성存心養性의 학문이 없었으나, 육공六工을 성찰하고 두루 익혔다. 기절의 높음, 효우의 돈독, 논의의 활달, 견문의 넓음, 지식의 심원, 규모와 범위의 광대함으로 미루어 옹은 참으로 근세의 호걸지사였다. 그렇지만 평생 부지런했으나 성취하지 못하고 포의로 늙어 죽었으니, 필시 지하에서 눈을 감지 못하고 현세에 대한 비감이 없지 않을 것이다."

이 글은 이명구와 교유했던 한 양반 지식인이 그의 죽음을 애도하면서 쓴 뇌문誄文의 일부이다. 향리 출신 지식인의 좌절은 이후의 역사에서 심각한 균열을 일으켰다. 조선 왕조가 주변 집단의 기대에 부응하여 이들을 통합할 수 있는 기반을 결여한 채 제국주의 열강의 침략에 직면했기 때문이다. 근대 이후 새로운 엘리트들 가운데 다수가 바로 향리 가문을 비롯한 주변 집단에서 배출되었는데, 그 수와 역할은 실로 놀라울 정도이다.

이 중 많은 이들은 양반 중심 체제에서 겪은 차별과 좌절을 기억하고 있었다. 그럼에도 민족의 안녕을 위하여 헌신한 이들이 적지 않았다. 반면 어떤 이들은 새로운 사회 진출 기회가 일본 제국주의에 의하여 주어졌다고 믿고 여기에 동조했다. 요컨대 근대 이후 새로운 엘리트의 향방과 상반된 선택은 양반 중심 체제에 대한 주변 집단의 좌절감과도 깊이 연관되어 있다. 최근의 친일파 청산 논의는 양반 중심 체제에 대한 반성도, 주변 집단의 좌절감도 고려하지 않은 채 진행되는 것 같다. 동기의 순수성에도 불구하고 역사의 비극에 대한 성찰을 좀처럼 불러일으킬 수 없을 것이라고 믿는 이유가 여기에 있다.

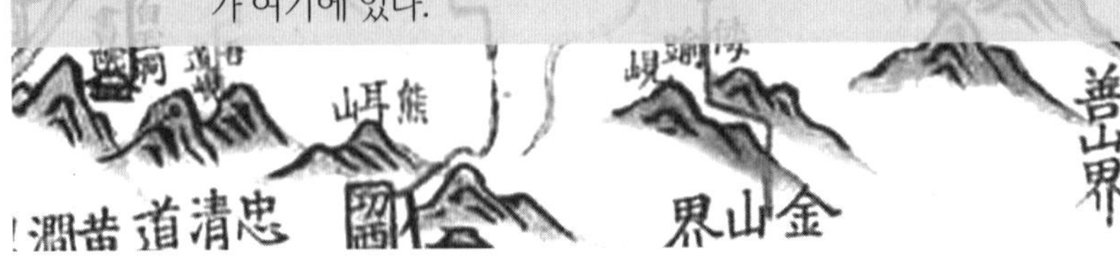

세도 정권의 부패에 항거한 실천적 지식인 **김인섭**

"단성은 작은 고을인데다가 흉년을 만나 물고기가 흐린 물 위로 입을 벌름거리는 것과 같이 급박한 상황에 처해 있습니다. 그런데도 열흘 보름 사이에 수만 꾸러미의 돈을 거둬가고 살갗을 벗기고 뇌수를 쳐서 고혈을 빨아가는 참상을 차마 볼 수도, 말할 수도 없습니다. 사나운 군교軍校들은 멧돼지처럼 돌진하여 사대부의 집을 파괴하고, 흉포한 포졸들은 매처럼 달려들어 의관을 찢어버립니다. 도검都檢과 검독檢督이 나란히 진을 치니 그 형세가 빠른 번개와 같고, 풍헌風憲과 집강執綱이 독을 뿜으니 그 뜨거움은 사나운 불보다 더 합니다. (……) 온갖 가축을 다 빼앗아 가고 솥·그릇·의복을 하나도 남김이 없이 가져가니 단지와 항아리가 모두 비게 되었습니다."(〈감사 김세균에게 올리는 편지〉)

단성민란에 나서다

위 내용은 김인섭金麟燮(1827~1903)이 농민

항쟁 발발 직전인 1861년, 단성현의 참담한 상황을 관찰사 김세균에게 호소하는 편지의 일부분이다. 단성은 어느 고을보다도 환곡의 폐단이 심했다. 경상도에서 가장 작은 고을 가운데 한 곳이면서도 환곡 부담액은 10만 석이나 되었다. 그 때문에 단성 주민들은 감영에 환곡의 탕감을 호소하고 나섰다. 이 무렵 이 문제 해결에 적극적으로 나선 인물이 김령金靈·김인섭 부자였다. 김령은 이 지역 원로로서 여론을 주도해나가는 위치에 있었고, 김인섭은 그런 아버지의 뜻을 좇아 수령과 관찰사에게 단성의 참담한 상황을 호소했다. 위 편지는 이때 작성된 것이다.

단성 지역에서의 관에 대한 투쟁은 주민들의 불만이 비등점을 향해 가던 바로 그 무렵, 곧 1861년 12월 23일 현감 임병묵의 이무미移貿米 3천 석 횡령 사실이 발각되면서 시작되었다. 그로부터 20여 일이 지난 1862년 1월 9일 주민 500여 명이 관아에 모여 탐학한 관리를 성토하고 감영에 소장을 올렸다. 그렇지만 이 사건은 아무런 성과도 없이 관련자들의 처벌로 유야무야되었다. 도리어 이 과정에서 김령 부자는 민란을 부추긴 주동자로 지목되고 말았다. 그리하여 김인섭은 그해 7월 의금부에서 혹독한 심문을 받고 풀려났으며, 김령은 9월 영광 임자도로 귀양가게 되었다. 단성항쟁은 그해 삼남 각지에서 벌 떼처럼 일어난 농민항쟁의 선구적인 역할을 했다. '1862년 농민항쟁'의 발화점이 되었다고 흔히 얘기되는 '진주항쟁'보다도 한 달이나 먼저 일어났던 것이다. 이 항쟁의 전면에 김인섭 부자가 나서고 있었다.

양반 지식인으로서의 활동과 한계

김인섭은 호가 단계端磎, 자는 성부聖夫로, 상산商山 김씨 출신이었다. 단성의 상산 김씨는 고려 말 직제학을 지낸 김후金後가 법물리에 정착한 이래 세거해온 이 지역의 가장 유력한 양반 가문의 하나였다. 김인섭은 20세에 문과에 급제하여 여러 관직을 거쳤지만, 32세라는 젊은 나이에 사간원 정언正言을 마지막으로 관직을 버리고 낙향했다. 향촌에 은거하는 동안 그는 지역 문제들에 대해 많은 관심을 표시했다. 때로는 민원을 해결하고자 앞장서서 고을 수령과 관찰사에게 대책을 호소하기도 했다.

김인섭은 당대 남인계 최고 학자라 일컬어지던 정재 유치명定齋 柳致明과 성재 허전性齋 許傳으로부터 많은 영향을 받았다. 유치명은 영남 퇴계학파 가운데 호파虎派의 학통을 계승한 인물이었다. 김인섭은 정언 직에 제수되자 자신의 거취를 그에게 묻는가 하면, 유치명의 권유로 관직을 버리고 낙향했다. 또한 유치명이 귀양지에서 풀려나 고향 안동으로 돌아가자 그곳으로 찾아가 뵐 정도로, 스승에 대한 숭앙이 지극했다.

허전은 성호 이익星湖 李瀷의 실학적인 학풍을 계승한 기호 남인이었다. 그가 김해부사로 부임한 이래 영남의 많은 사족들이 그의 문하에 모여들었다. 김인섭도 마찬가지였다. 특히 허전은 김령이 죽었을 때 직접 문상할 정도로 그의 부친과 친분이 두터웠다. 이러한 까닭에 김인섭은 허전이 죽은 후 그의 행장을 직접 지었으며, 그의 문집 발간 과정에도 열의를 보였다.

그렇지만 김인섭의 학문적 성향은 퇴계학파退溪學派에만 경도된
것이 아니었다. 그는 퇴계학파와 쌍벽을 이루었던 남명학파南冥學派
의 맥도 이어받고 있었다. 원래 경남 서부지역은 남명학파의 본산
이었지만, 인조반정(1623년)과 1728년에 발발한 '무신란戊申亂'으
로 인해 학풍이 크게 침체할 수밖에 없었다. 이 지역 사족들은 대부
분 남인화하면서 퇴계학파를 추종하는가 하면, 일부는 노론화하여
지역사회가 분열되는 양상을 보였다.

그렇지만 이 지역 양반 가문들은 행의行義를 강조하거나 현실 문
제에 대한 과격한 대응 성향을 보이는 등, 조식曹植과 그의 제자들
이 지녔던 학풍을 가학家學 형태로 계승하고 있었다. 이들은 기회만
있으면 조식을 현창하고 남명 학풍을 진작시킬 수 있는 노력을 경
주했다. 《남명집南冥集》 중간重刊 사업이나 조식을 문묘에 배향하기
위한 운동 등이 그것이었다. 김인섭도 이러한 움직임에 적극 참여
했다. 이런 학문적 성향 때문에, 백성들이 수령과 아전들의 탐학에
시달리고 피폐해지는 상황에서, 김인섭은 부친과 더불어 저항운동
을 주도할 수 있었다. 이 때문에 그는 1867년 향촌에서 무단을 일삼
는 토호로 지목, 강원도 홍천·고성 등지에서 1여 년간 귀양살이를
하기도 했다.

그렇지만 이러한 행동들이 반드시 그가 늘 사회변혁에 앞장선 인
물이었음을 의미하는 것은 아니었다. 그는 어디까지나 조선 왕조 지
배층의 한 사람이었다. 따라서 당시 사회 모순에 대한 그의 인식은
한계가 분명했다. 그가 주도했던 단성항쟁은 뒤이어 일어났던 농민

항쟁과는 성격이 달랐다. 1862년 당시 항쟁이 본격화하는 단계에서 대부분 고을의 양반층은 항쟁 대오에서 이탈했으며, 이후의 항쟁은 농민층이 주도하는 양상을 보였다. 일부 양반들은 도리어 농민들로부터 공격을 받기도 했다. 그러나 단성에서는 시작에서 종결에 이르기까지 양반층이 항쟁의 주도적 역할을 담당했고 그 중심에 김인섭이 있었다. 그는 농민들이 주도하는 항쟁과는 분명한 선을 긋고 있었다. 이러한 성격으로 인해 사회변혁운동이 전국적으로 퍼져나간 1894년의 '동학농민전쟁' 당시, 그는 전통 양반으로서 반反농민군의 입장에 서서 농민군을 진압하는 역할을 자임하고 나섰다.

김 준 형

경남 산청군 단성면에 있는 김인섭의 고가(위)
김인섭의 《단계일기》와 김령의 《간정일록》(아래)

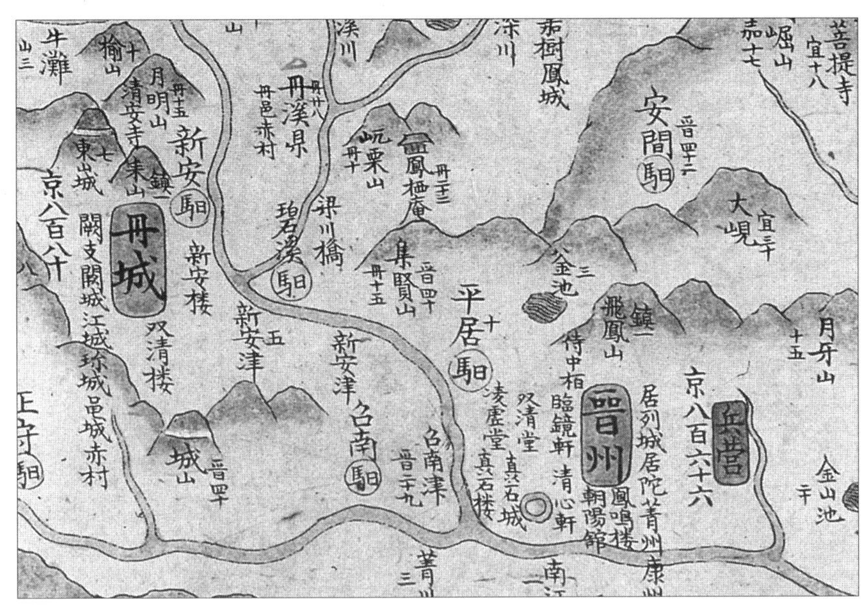

진주, 단성 지도. 출전 《東輿備攷》(경북대출판부, 1998) (위)
두곡정사의 장판각. 《단계집》을 비롯한 목판이 보관되어 있다. 경남 산청군 신등면 단계리 소재 (아래)

《단계일기端磎日記》의 구성과 내용

김인섭은 여러 가지 저술을 남겼지만, 그 가운데 가장 주목되는 것이 《단계일기》 29책이다. 그는 13세부터 77세로 세상을 떠날 때까지 일기를 계속 썼다. 그의 일기는 책력冊曆에 날마다 간단하게 써 내려간 형식을 취하고 있는데, 하루의 기사가 20자에 불과할 정도로 단순하다. 그러나 일기의 이면이나 여백에는 그가 주고받은 편지나 시문과 같은 다양한 글들이 수록되어 있다. 여기에는 1862년 '단성항쟁' 과 1894년 '동학농민전쟁' 당시 단성 지역의 상황을 구체적으로 보여주는 내용들이 많이 서술되어 있다.

〈신유일기辛酉日記〉와 〈임술일기壬戌日記〉에는 1861년 12월 23일 현감 임병묵이 곡식 3천 석을 도둑질한 것이 들통 나자, 단성 주민들이 격분하여 격렬한 항쟁을 벌이는 모습이 그려져 있다. 그리고 이 사건 직후부터 다음해 1월까지 여러 장소를 옮아가면서 향회鄕會를 지속적으로 개최한다든지, 좀 더 많은 사람들을 동원하기 위해 각 면으로 통문通文을 돌린다든지, 심상찮은 분위기를 감지한 임병묵이 두 차례나 도망치다가 붙잡혀온다든지, 그리고 2월 4일 단성 주민과 향리들 간의 격렬한 충돌이 일어난다든지 등등, 당시 긴박하게 돌아가는 상황을 날짜별로 짤막하게 기록하고 있다.

〈갑오일기甲午日記〉에는 1894년 '동학농민전쟁' 의 여파가 이곳으로까지 확산되는 상황에서, 주위 친지들이 동학군에게 피해를 입는 모습, 농민군을 피해 다른 곳으로 피신하는 모습 등이 잘 그려져 있다. 그도 당시 변혁운동을 전개하는 기층 민중들에게는 공격의 대상이 될 수밖에 없는 신분적·계층적 한계를 드러내고 있었던 것이다.

열녀문보다 사랑을 택하리라 **배전**

"저에게 자식이 있었다면 마땅히 수절하고 가지 않을 겁니다. 이미 혈육이 없고 또 첩실妾室로서 하늘이 정렬貞烈의 은전을 내린들 무슨 이익이 있겠습니까? 나이 아직 젊어 다른 데 시집가더라도 한 두 명의 자식을 낳을 수 있으니 살아서도 주인 있는 사람이요, 죽어서도 주인 있는 귀신이 됩니다. 어찌 삼거리의 열녀문 하나보다 낫지 않겠습니까? 저는 정한 곳이 있으니 가겠습니다."(〈양자를 빌어 한을 풀다〉)

세도가문의 문객

구한말 문인이며 화가인 차산 배전此山 裵婰 (1843~1899)은 그의 한문소설 〈양자를 빌어 한을 풀다(祝螟釋恨)〉에서 위와 같이 일갈했다. 소설의 내용은 첩이었던 여자가 남편이 자식 없이 죽자 어렵게 친척 중에서 양자를 맞이해놓고, 열녀문을 세워주겠다는 친척들의 권유를 뿌리치고 자신의 사랑을 찾아 떠난다는 것이다. 본처도 아닌 첩에게 열녀문을 내린다는 것은 거의 불가능한 일이었다. 만약 열녀문을 받기만 한다면, 정실은 말할 것도 없고 비록 첩일지라도 조선조 사회에서 여자로서 최고의 명예와 존경을 얻게 된다. 그것은 또한 가문의 영광이기도 했다. 때문에 조선조 여자들이, 아니 오히려 남자들이 그토록 열녀문을 고대했던 것이다.

그러나 작가 배전이 그리고 있는 소설 속 여자는 열녀문을 거부한다. 인간으로 살고 싶다는 것이다. 물론 열녀문이 딱히 부정적인 것은 아니겠으나, 여성을 한 집안과 죽은 한 남자의 영혼에 억지로 붙들어 매는 열녀문보다는, 다른 데 시집가서 자식 낳고 인간답게 살아야 한다는 점을 강조한 것이다. 이것은 여성에게 덧씌워진 봉건의 굴레를 과감히 벗겨버리자는 것으로, 그가 살던 당시엔 흔치 않은 생각이고 주장이었다.

배전은 김해 지역을 기반으로 한 한미한 가문에서 태어났다. 그는 여러 번 과거시험에 응시했으나 번번이 낙방했다. 그러면서 그는 십 년을 서울에서 유랑하면서 세도가문의 문객門客 생활을 했다. 그 세월 동안 대원군 이하응과 난을 치고 대나무를 그렸으며, 달 밝은 밤에는 육교시사六橋詩社 벗들과 시를 짓고 문학에 관해 토론했다. 대원군의 조카인 이재긍과는 당대 사회를 염려하고 국가와 민족의 안위를 위해 밤을 새우기도 했다. 왕조적인 입장에서 과감한 개혁을 시도했던 대원군과도, 그리고 새로운 시대를 꿈꾸며 보다 근본적인 개혁을 시도했던 개화당 멤버들과도 교유했지만, 그는 그 어디에도 정치적인 이름과 족적을 남길 수 없었다. 문객으로서의 그의 사회적 처지 때문에 개항기라는 당시 변혁 시기에 중심에 설

수 없었던 탓이다.

어지러운 시대와 지독한 가난이 10여 년간의 서울 생활을 더욱 고통스럽게 했다. 그는 차라리 그림을 그리고 시를 읊조렸던 화가이자 시인이며, 문인지식인으로 두각을 나타내기 시작했다. 그는 박제형이 쓴 《근세조선정감》에 평문을 썼으며, 한문소설 《차산필담》을 남겼다. 그가 쓴 평문은 당대 정치인에 대한 신랄한 비판을 담고 있었고, 잘못된 제도에 대한 폐지와 수정을 거침없이 요구했으며, 그의 소설은 부패한 권력에 대한 조롱과 비난이 가감 없이 전개되어 있었다. 예를 들면, 나라의 근본인 백성이 자신의 주권을 찾기 위해서는 직접투표에 의한 대통령제가 바람직하다거나, 주인인 백성과 그 임명권자인 임금을 속이고 제 일신의 영화만 보전하려는 벼슬아치들은 천벌을 받아야 마땅하다고 주장하는 것이 그렇다.

또한 여성을 보는 그의 시각은 무한히 열려 있다. 그는 소외되고 인습에 빠진 여성들에게 당당한 주체로 나설 것을 요구한다. 그의 소설에는 주체적이고 능동적이며 지혜로운 여성이 많이 등장한다. 그는 여성의 지혜와 능력을 인정하며, 여성을 남성과 동등한 인간으로 인식하고자 노력했던 것이다.

연인 강담운과의 사랑

배전에 대해서는 정치적 성향이나 문학적인 성취보다도 한 여성과의 낭만적이면서도 인간적인 사랑 때문에 더 많은 관심을 갖게 된다. 그는 김해 기생인 강담운을 사랑했다.

강담운은 기생이면서 시를 잘 지었고, 글씨를 잘 썼으며, 그림을 잘 그렸다. 시인이며 화가였던 그와는 그런 면에서 잘 통하여 그들은 곧 연인이 되었다. 강담운은 그에 대한 사랑을 이렇게 노래했다.

그리움에 가득한 눈물방울로	滴取相思滿眼淚
붓을 적셔 그립다 글자를 쓰네	濡毫料理相思字
뜰 앞 바람이 푸른 복사꽃에 부니	庭前風吹碧桃花
쌍쌍의 나비가 꽃을 안고 떨어지네	兩兩蝴蝶抱花墜

〈봄날 올리는 편지[春日寄書]〉

봄날 서울에 있는 연인 배전에게 부친 시이다. 이 편지는 먹이 아니라 절절한 그리움으로 맺혀진 눈물로 씌어졌다. 이런 연인의 사랑을 받은 그는 강담운이 지은 시들을 모아 교정하고 여러 사람들에게 보여 서문을 받아 시집을 간행해주었다. 그리고 그 표지에 자신을 '일심인一心人'이라고 당당히 밝혔다. 여성을 동등한 인격체로, 그리고 신분을 초월한 한 인간으로 사랑했다는 것을 보여주는 단적인 예이다. 이렇게 여자를 당당한 하나의 인격으로 인식한 것은 당시로서는 흔치 않은 일이었다. 오늘을 사는 우리는 어떤가? 여전히 모든 분야에서 특별 할당제로 뽑아야 할 정도로 여성은 여전히 소외되고 차별받고 있다. 이러한 때 여성을 동등한 인격체로 받아들여 교유하고 사랑했던 구한말의 낭만적인 지식인 배전이 새삼 그립다.

이 성 혜

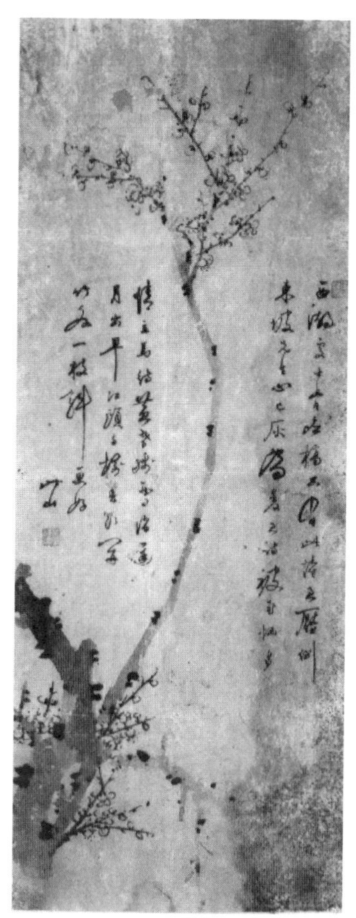
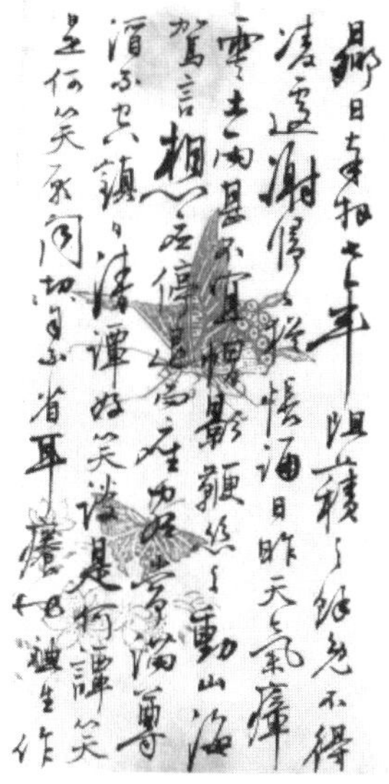

배전이 그린 〈묵매도墨梅圖〉__경성대학교 박물
관 소장(위 왼쪽)
배전이 밀양의 허채에게 보낸 고문서 간찰(위
오른쪽)
김해부 지도. 18세기 중엽. 출전 《한국의 옛 지
도》(영남대박물관, 1998) (아래)

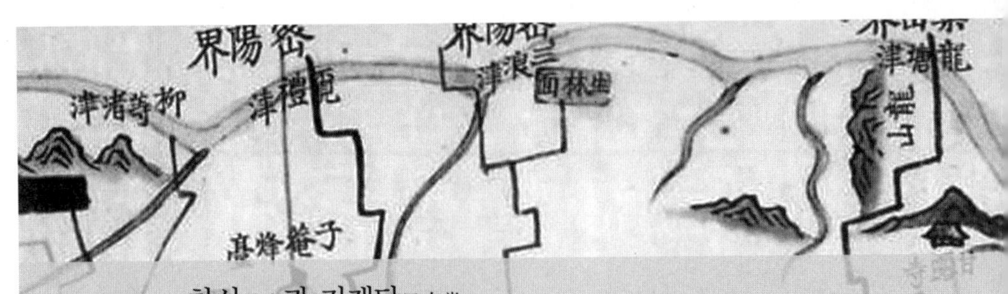

차산此山과 지재당只在堂

松下問童子	소나무 아래 동자에게 물으니
言師採藥去	스승은 약초 캐러 갔다고 하네
只在此山中	다만 이 산 속에 있으나
雲深不知處	구름이 깊어 있는 곳을 모른다네

이것은 당나라 시인 가도賈島의 시이다. 배전은 그 세 번째 시구에서 '차산此山'을 가져와 자신의 호로 삼았다. 그의 연인 강담운 역시 세 번째 시구에서 '지재只在'를 가져와 자신의 호로 하여, "오직 차산의 품에만 있겠다"는 맹서의 뜻을 취했다. 이런 연인의 사랑을 받은 차산은 지재당의 시집을 간행해주었다.

당시만 해도 기생은 가장 천한 신분이고, 여자는 주체적이지 못하다는 생각이 지배적이었다. 그러나 지재당이 지은 시를 모으고, 그 시들을 여러 사람에게 보이고 평가받아 책으로 간행한 차산의 행동에는 기생이라는 신분과 여자가 비주체라는 생각은 존재하지 않는다. 여성에 대한 배전의 열린 시각은 그들의 사랑을 단지 육체로만 국한시키는 그런 사랑이 아니라 시를 주고받으며 문학으로 교유하는 사랑으로 승화시켰다.

근현대시대
17인

망국의 한을 품고 죽음을 택한
지사들 이만도와 김도현

나는 내 명으로 죽을 것이다, 이만도 우리나라가 일제에게
국권을 강탈당하고 강산이 유린되는 한말 풍운의 역사 속에서, 일
제의 침략에 항거하여 순국 자결한 인물들이 많이 나왔다. 조국을
사랑했던 순국지사들은 조국이 일제에 짓밟히는 것을 좌시할 수 없
었다. 그들은 자신들의 희생정신이 이어져 반드시 광복을 이룰 것
이라는 꿈과 희망을 안고 자결의 길을 택하기도 했다.

향산 이만도響山 李晩燾는 1842년(헌종 8)에 이황李滉의 후손으로
태어나 1910년에 순국했다. 그는 어린 시절부터 의지가 매우 굳었는
데, 15세에 뜻을 세우고 과거시험에 합격하기 전까지는 왼쪽 엄지손
가락을 펴지 않기로 맹세했다. 그 뒤 10년 동안 각고의 노력 끝에
1866년(고종 3) 문과에 장원급제한 다음에야 굽혔던 손가락을 폈다.

1910년 일본에 의해 우리나라가 강점되자, 이만도는 8월 14일부
터 단식을 시작했다. 단식기간 동안 가족과 친척은 물론 그를 존경
하고 사랑하는 많은 사람들이 그의 곁에서 애를 태웠다. 그는 단식

중에 많은 사람과 대화를 나누었고, 자손과 친척들에게 충성과 효
도, 공경, 우애 등을 가르쳤다. 그리고 영영 만나지 못할 것 같은 지
인들에게는 편지를 썼다.

8월 22일에 군수와 일인日人, 순사들이 정황을 파악하기 위해 그
를 찾아와 회유하고 협박했으나, 그는 조금도 굴하지 않고 큰소리
로 쫓아버렸다. 그런데 9월 5일 일본 경찰이 와서 강제로 미음을 먹
이려 하자 그는 "나는 내 명命으로 죽을 것이다. 지금 너희들이 나를
속히 죽이고자 하느냐. 나를 속히 죽이고자 하면 즉시 총을 쏘아 죽
여라!"고 소리치면서 가슴을 열어 제친 채 계속해서 고함을 질렀다.
그는 "나는 조선의 당당한 정2품 관료이다. 어떤 놈이 감히 나를 회
유하며, 어떤 놈이 감히 나를 공갈하고 협박하려 드느냐!"라고 일경
日警들에게 호통을 쳤다. 그는 단식 24일 만인 1910년 9월 8일 순국
했다. 그의 순국은 나라는 망해도 조선의 선비정신은 송백松柏처럼
푸르게 살아 있다는 것을 온몸으로 보여준 것이었다.

이만도는 단식 중에도 정신이 아주 맑았으며, 찾아오는 사람들과
세상사를 이야기하고 학문을 논했다. 가끔 자신의 심경을 시로 표
현하여 주위 사람들에게 보이기도 했다. 그러면서도 그는 자신의
단식이 과장되어 전파되는 것을 아주 경계했다. 어떤 이가 찾아와
"조선 5백 년 이후 삼천 리 안에 오직 선생 한 사람이 있을 뿐입니
다!"라고 하자 그는 "이 무슨 말인가"라며 큰 소리로 꾸짖었다. 그
는 이처럼 자신의 행동을 높이 기리는 말과 글에 대해서는 아주 준
엄하게 저지했다. 오직 나라를 위한 순국정신이 정당하게 알려지기

를 바랄 뿐이었다. 그를 지켜보는 당시 사람들은 실로 조선의 국맥
이 그의 순국에 달려 있다고 여겼다.

향산 선생님! 그럼 쉬, 뵙겠습니다, 김도현

벽산 김도현碧山
金道鉉은 1852년(철종 3)에 영양에서 태어났다. 그는 타고난 성품이
강개하고 기백이 있었다. 부모에 대한 효성이 지극했고, 그 효성은
다시 나라에 대한 충성으로 승화되었다. 1895년 말에 단행된 단발령
斷髮令 이후 김도현은 영양, 안동, 예안 등지에서 의병운동을 주도하
느라 전심전력을 다했다. 그는 자신 때문에 아버지가 이리저리 사방
을 전전하며 피해 다니는 것에 몹시 마음 아파했다. 의병운동 중에
아버지를 잠시 찾아뵙고 하룻밤을 모시고 잔 뒤 그 다음날 떠날 때,
아버지가 "삼가하고 삼가하라!"고 경계하자, 그는 "사람의 자식된 자
로서 진실로 국가의 일이 아니라면 어찌 이렇게 행동하겠습니까"라
고 하면서 나라를 위한 일편단심에 다시 갈 길을 재촉하곤 했다.

이만도가 단식 자결하던 1910년, 그도 함께 그 길을 가려 했다. 그
러나 아버지가 "어찌 네가 먼저 죽는 꼴을 볼 수 있겠느냐"는 당부
에 자식된 도리로 그 말씀을 차마 저버릴 수 없었다. 이윽고 1914년
아버지가 작고하자, 그는 그해 11월 7일 동짓날에 영해의 관어대觀
魚臺로 가서 유서와 절명시絕命詩를 남기고 바다로 걸어 들어가 자결
했다. 그에 앞서 김도현은 아들에게 바다에 빠진 시신을 수습하여
염殮하는 것은 자신의 뜻에 어긋나는 것이니 그렇게 하지 말도록 일

렀다. 그는 나라에 대해서는 충성을 다했고 부모에 대해서는 효도를
다한 인물로 칭송되었다. 그는 다음과 같은 절명시를 남겼다.

오백 년 왕조의 말엽에 태어나
붉은 피는 온 간장에 들끓었지
열아홉 해 동안 나라 위한 일념으로
수염과 머리털이 다 세어버렸네
망국의 눈물 채 마르지 않았는데
아버지마저 돌아가시니 가슴이 찢어지누나
머나먼 바다가 보고 싶었고
지금은 마침 양陽이 돌아온다는 동짓달이네
홀로 서니 옛 산은 푸르기만 하고
백방으로 생각해도 한 가지 방책이 없구나
희고 흰 저 천 길 파도 속은
이 한 몸을 감출 수 있겠구려

박은식朴殷植은 그의 역사서 《한국통사韓國痛史》에서 김도현의
이러한 애국정신과 행동을 기록하여 우리 역사에 길이 전했다.
　순국지사들의 숭고한 희생정신은 그들이 조상대대로 누려온 높
은 사회적 신분에 응당 보답해야 한다는 도덕적 의무로만 설명될
수 없다. 그들은 모든 사회적 기득권을 포기한 채 오직 순수한 애국
심의 발로에서 자결을 택했다. 그 때문에 이만도나 김도현의 순국

정신은 시간과 공간을 초월하여 더욱 그 빛을 발하고 있는 것이다. 그 분들의 뜻을 되새기는 일이야말로 어려운 오늘을 극복하는 정신적 힘이요, 바른 길이라 믿는다.

권 오 영

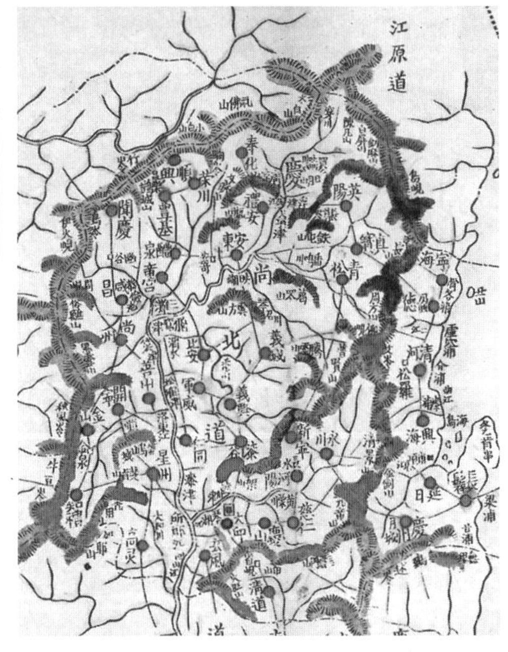

도해단. 김도현이 순절한 영덕군 영해면 대진리 바
닷가에 그의 순국정신을 기리기 위해 세웠다.(위)
안동시 예안면 인계리에 있는 향산 이만도의 순국
유허비. 이곳은 이만도가 일제의 침략에 단식으로
항거하다 순국한 곳이다.(아래 왼쪽)
경상북도. 대한전도. 1899년. 출전 《한국의 옛 지도》
(영남대박물관, 1998) (아래 오른쪽)

향산과 벽산의 일화

1910년 8월 14일 이만도는 단식을 시작했다. 그가 단식으로 일제에 항거한다는 소식은 당시 지식인들에게 큰 힘이 되었다. 하루에도 백여 명의 선비들과 평민들이 단식 중인 그를 방문했다. 방문자 중에는 영양의 김도현이 있었다. 그는 이만도보다 열 살 아래였지만 서로의 마음을 익히 잘 아는 사이였다. 그 역시 이만도의 단식 소식을 접하고 8월 23일 그의 거처를 방문했다. 이만도가 단식한 지 열흘째 되는 날이었다. 여러 사람 가운데서 김도현을 발견한 이만도는 그를 특별히 불러서 말했다.

"우리 두 사람의 마음을 서로 안지가 이미 여러 해인데, 이렇게 먼 길을 찾아 와주다니!"

두 사람은 서로 손을 마주잡고 아무 말이 없었다. 이심전심이었다. 한참 후 그가 떠나려 하자, 이만도가 먼저 "벽산! 그럼 잘 가세"라며 이승에서 마지막이 될지도 모르는 인사말을 했다. 김도현은 "향산 선생님! 그럼 쉬, 뵙겠습니다"라고 했다. 이만도는 그 말뜻을 금방 알아차렸다. 이런 두 사람의 작별 인사를 옆에서 지켜보던 사람들은 무슨 말인지 선뜻 이해할 수 없었다. 그로부터 열흘 남짓 지나 이만도는 순국했다.

김도현은 1914년 아버지 상을 치른 그해, 이만도가 세상을 떠난 지 4년이 되던 해의 동짓날에 동해 바다로 걸어 들어가 순국의 길을 택했다. 향년 63세였다. 그때서야 사람들은 앞서 그들이 주고받던 인사가 무슨 뜻인지 알 수 있었다. "쉬, 뵙겠습니다"라는 김도현의 인사말은 "저도 선생님과 같이 지금 자결하고 싶습니다만, 집에 연로하신 아버지가 계시니 당장 실천할 수는 없습니다. 그러나 저도 곧 순국의 길을 택하여 선생님을 구천에 가서 뵙겠습니다"는 인사였던 것이다.

태백산 호랑이 신돌석

어린 나이로 의병운동에 투신하다

'신돌석'이란 이름을 모르는 한국인은 없으리라. 어린 아이들도 그를 힘세고 날랜 영웅으로 이야기하고, 중학생 정도라면 그를 신출귀몰한 재주와 용맹성을 가진 평민 출신 의병장이라고 평가할 정도이다. 이처럼 널리 알려진 신돌석은 한국독립운동사 가운데서 그 첫머리에 해당하는 의병항쟁의 대명사에 속한다.

신돌석(1878~1908)은 영덕군 축산면 도곡동에서 태어나 꼭 30년이란 생애를 살다 갔다. 참으로 짧은 삶이요, 한창의 나이에 생을 마감한 것이다. 그가 태어난 때는 일제에 의해 강제로 병자수호조약이 맺어진 지 2년이 지난 1878년 3월이었고, 그가 역사의 무대에 성큼 나타난 시기는 만 18세 되던 1896년이었다. 일제의 침략에 맞서 의병항쟁이 전국으로 번져가던 그 현장에 발을 내디딘 것이다.

1895년 말 단발령이 내려지자, 의병항쟁은 전국적으로 확산되었다. 1896년에 들면서 영덕에서도 의병이 결성되었다. 마침 경기도 광주에서 김하락이 의병을 이끌고 그의 고향인 의성으로 내려왔고,

이 부대가 의성전투·경주전투를 치르고 영덕으로 접근해왔다. 그러자 영덕의병과 영해의병은 이들과 연합전투를 벌였고, 1896년 7월 강구에서 치열한 전투를 치르다가 김하락이 순국하면서 일단 막을 내렸다. 이 과정에서 신돌석은 만 18세의 청년으로 영덕의병에 참가했다.

1896년의 의병전쟁이 끝난 후 전국을 돌며 주요 인물들과 교류하던 그는, 1904년 어느 가을날, 월송정에 올라 감회를 표현했다. "남아 27세에 무슨 일을 성취하랴, 잠시 추풍에 비껴 앉아 감회를 느끼네." 비감한 심정으로 앞날을 가늠하는 장면이 눈에 선하다. 마침 러일전쟁이 터지고, 우리 강토가 전쟁터로 변하자 전국에서 의병이 다시금 일어났다. 그도 1906년 4월에 부대를 조직하고 나섰다.

의병을 결성한다 해도 사람들이 갑자기 모여들 리가 없다. 지방의 세력가가 아니라면, 병사를 모은다고 부르짖더라도 사람들이 모이지 않기 때문이다. 그렇다면 신돌석이 사람들을 결집시킬 수 있는 능력과 조직력을 갖춘 인물이라는 점을 쉽게 짐작할 수 있을 것이다. 그것은 이미 그가 활빈당을 이끌던 대표적인 인물이었기 때문이다. 그의 부대가 보여준 뛰어난 전투력과 지구력이 바로 그러한 조직력과 경험에서 나온 것임을 헤아릴 수 있다.

평민 의병장

신돌석은 1908년 11월까지 2년 7개월 동안 활동했는데, 대체로 수백 명의 병력을 지휘했다. 그리고 그의 활동 영역은 북쪽으로 강원도 양구에서 남쪽으로 청하까지, 동쪽 동해 해안지역에서 서쪽으로는 봉화·영양·청송까지 이르는 광대한 지역이었고, 일월산·백암산·대둔산·동대산 등 태백산맥이 주된 활동 무대였다. 그가 이끈 영릉 의진義陣의 전투력은 뛰어났고, 특히 농민들의 적극적인 지원을 받아 거침없이 산과 들을 누비고 다녔다. 관아와 일본군 수비대·헌병분견소·경찰분파소·우편소 등을 집중적으로 공격했고, 일본인 어업기지도 그 가운데 하나였다. 대개 신돌석이 이끈 '영릉 의진'의 기본 전략은 영양과 청송 등지의 관아를 공격하여 무기와 식량 등의 물자를 확보하고, 영해와 평해 바닷가에서 그물에 달린 납을 확보하여 탄알을 만든 뒤, 울진과 삼척의 일본인 교두보를 공격하는 것이었다.

그렇지만 일본군으로서는 그를 쉽게 진압할 수가 없었다. 그를 추적하던 일본군 장교는 "그의 활동이 워낙 자유자재여서 체포하기 어렵다"고 보고할 정도였다. 그러나 1908년 후반기에 접어들면서 신돌석은 전략을 수정하지 않을 수 없었다. 일본군의 포위작전을 맞받아 치고, 아내를 붙들어 두고 회유하던 일본군의 간계도 모두 극복할 수 있었다. 그렇지만 일본군의 대규모 공격과 의병으로 변장한 일본군의 집요한 추적으로 사상자가 속출하자 방향을 수정할 수밖에 없었다. 그는 더 이상의 희생을 막기 위해 부하들에게 투항을 권유하는 한편, 자신은 만주로 이동할 계획을 세웠다. 그러나 만주로 건너가 독립운동을 계속하려던 그의 계획은 가까운 집안사람의 손에 죽임을 당함으로써 허망하게 끝맺었다.

우리는 신돌석을 평민 의병장이라 부른다. 그렇지만 그는 양반계급과 민중으로부터 동시에 폭 넓은 지지와 신망을 얻었다. 그에 대한 밀고가 한 번도 없었다는 사실이 그것을 증명한다. 많은 양반들은 의병항쟁 과정에서 재산을 빼앗기거나 폭행을 당하는 등 고통을 겪게 되자 의병에 대한 원성을 높였다. 하지만 그에 대한 원망은 한 마디도 없었으며 오히려 일본군의 눈을 피해 그를 지원하려는 양반들이 많았다는 점은, 신돌석에 대한 지지가 어떠했는지를 잘 보여준다. 실제로 안동의 이황 종가는 1907년 신돌석을 지원했다는 이유로 불태워지기도 했고, 역시 안동 출신 독립 운동가인 이상룡李相龍은 그에게 지대한 관심을 보였다. 뿐만 아니라 그의 휘하에는 양반계급 출신들이 상당수 끼어 있었다. 그가 거느린 인물 가운데 사족·유생·동몽·양반 출신으로 기록된 인물들이 여러 명 확인되는 사실이 이를 증명해준다.

평민 의병장이 지배계급에 속한 인물들을 거느리고 활동을 벌인 사실은 한국사의 발전을 보여주는 장면이다. 평민 출신 지도자의 탄생은 굳어진 중세적 신분사회에서 새로운 근대사회를 향한 발전을 의미한다. 신돌석은 30년이란 짧은 삶을 민족의 제단에 바치면서, 아울러 한국 역사의 발전 과정을 온몸으로 증명해냈던 것이다.

김 희 곤

영덕군 축산면 도곡리에 있는 신돌석 의병장의 생가 전경(위)
신돌석 장군의 태백산 전투도. 독립기념관 소장(아래)

신돌석의 힘과 날랜 이야기

신돌석을 둘러싼 전설에는 그의 탁월한 힘과 축지법이 흔히 언급되곤 한다. 그의 힘은 이미 성장 과정부터 남달랐다고 한다. "모습이 장대하고 근육 힘이 뛰어나 수십 길 언덕을 뛰어 넘었다"는 것이 청소년 시절 이야기다. 25세 때 이야기로는 "1903년 여름에 청도를 지나다가 전신주를 뽑아 일본 공병 5~6명을 죽였다"거나, 같은 해 부산항에서 배 수리에 대해 물었다가 일본인이 화를 내며 발포하려 하자, "일본 배를 전복시키고 그를 바위 위로 끌고 가서 떨어뜨리니 물이 붉은빛으로 용솟음쳤다"는 것 등이 있다.

한편 축지법을 썼다는 이야기도 널리 알려졌다. 동해안의 촌로들은 그가 하루 만에 대구를 다녀왔고 가파른 산악을 휙휙 가로질러 다녔다고 전한다. 눈앞에 있던 신돌석 부대를 놓친 일본군의 보고서는 그가 이끄는 부대의 민첩성을 말해준다.

그렇다면 실제로 신돌석은 어떤 모습이었을까? 일본군에 투항한 한 병사는 신돌석에 대해 진술하면서 크고 넓은 얼굴에 천연두 자국이 있고, 넓은 턱과 적은 턱수염, 그리고 거무스레한 피부를 가진 인물이라고 묘사했다. 실제로 1971년 그의 시신을 국립묘지로 이장할 때 나온 뼈는 다른 사람들 것보다 상당히 컸다. 게다가 턱뼈가 보통 장정보다 두 배나 되고, 팔 다리 뼈는 한 뼘 정도씩 더 컸다고 전해진다. 우람한 체격과 넓고 검은 얼굴, 그리고 날랜 발걸음이 눈에 선하게 그려진다.

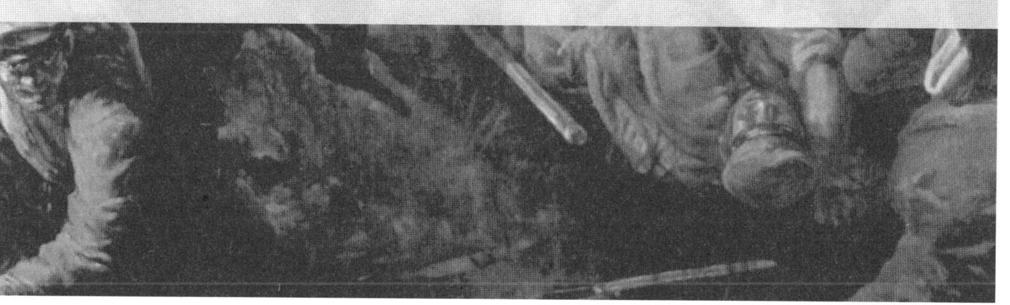

유가와 독립운동의 갈림길에 서서 **박상진**

상복 차림으로 체포되다

경술국치庚戌國恥(1910년)로 나라를 잃은 지 어언 9년, 일제의 폭압 통치는 날이 갈수록 심해져갔다. 1918년, 그해는 새해부터 매서운 찬바람이 몰아쳐 가뜩이나 움츠러든 사람들의 마음을 더욱 차갑게 했다. 이해 2월 박상진은 은거하던 안동을 떠나 만주로 망명하려는 계획을 세웠다. 만주와 상해에서는 동지들에 의해 독립운동기지들이 속속 만들어지고 있었다. 그곳에서는 국민주권과 공화주의를 표방하는 새로운 국가건설론이 탄력을 받고 있었다. 그곳 동지들은 박상진을 향해 손짓했고, 그는 이제 국내에서는 더 이상 비밀결사 운동이 불가능하다고 판단하고 있던 터였다.

만주 망명을 결심하던 바로 그 시각, 경주 녹동 본가로부터 생모가 위독하다는 급보가 날아들었다. 만주로 갈 것인가, 그리운 어머니가 계시는 고향으로 돌아갈 것인가, 깊은 고민에 빠져 들었다. 그는 어머니를 택했다. 양반 가문에서 자란 그가 생전에 어머니를 뵙지 못하고, 자식 손으로 어머니를 묻지 못하는 불효를 저지를 수 없었기 때문이다. 그러나 귀향이 곧 죽음이라는 사실을 그 또한 잘 알고 있었다. 그는 이미 오래 전부터 일제로부터 요주의 인물 1호로 꼽혀왔던 터였다. 고향에는 그를 체포하려 혈안이 된 일제 경찰들이 상주해 있었다. 결국 그는 어머니의 빈소에서 상복 차림으로 체포되었다. 박상진은 '대한광복회' 총사령總司令답게 일경의 포박을 거부했다. 그는 자신이 평소 아끼던 백마를 타고 조선인으로서, 그리고 명문가의 자제로서 의연하게 경찰서로 향했다.

입신양명을 꿈꾼 평범한 수재

고헌 박상진固軒 朴尙鎭(1884~1921)은 갑신정변이 일어난 1884년 울산시 송정동에서 태어나, 경주 녹동의 백부에게로 입양되었다. 생부 박시규朴時奎는 승정원 승지를 지냈고, 양부 박시룡朴時龍은 홍문관의 교리를 각각 역임했다. 관직자 배출이 어려웠던 당시 상황을 고려하면, 그것도 형제가 청요직淸要職을 나란히 역임한 상황을 고려하면, 그의 집안은 경주 인근은 물론이고 경상도 일대에서도 손꼽히는 명문 가문이었다. 그러한 문재들을 배출할 정도로 집안의 경제력도 넉넉했다. 이러한 가풍 속에서 자란 그는 어려서부터 유가儒家의 법도를 익히고 과거를 통해 입신하려는 꿈을 가진 소년이었다. 그의 소년 시절은 일본 제국주의가 조선에 마수를 뻗치던 암울한 시기였다. 그렇지만 그는 재능 있는 당대 수많은 젊은이들이 그러했듯, 입신하여 이름을 드날리는 것이 세상에 태어난 자로서의 임무라 생각했다.

그러던 그에게 뜻밖의 사건이 일어났다. 14세 나던 해인 1897년, 벌써부터 '태백산 호랑이'로 이름을 날리던 신돌석을 고향 울산 송정동에서 대면한 것이다. 그때 신돌석은 약관 20세의 청년이었다. 두 사람은 금세 의기투합하여 의형제를 맺었다. 신돌석은 훗날 가장 신뢰하는 인물로 박상진을 기억했지만, 사실 그때까지 박상진은 현실 문제를 고민하지 않는 평범한 수재였을 뿐이다.

박상진에게 당시 조국이 풍전등화의 위기에 놓여 있다는 사실과, 이대로 가면 조선이 망할지도 모른다는 절박함을 일깨워준 이는 왕산 허위旺山 許蔿였다. 선산 출신의 대유학자 허위는 일찍이 관료로 진출하면서 그의 학문적 명성을 세상에 널리 알렸다. 그리고 영남을 중심으로 그를 따르는 수많은 사람들이 그의 문하로 몰려들었다. 박상진도 왕산의 문하에 출입하면서 경세지학經世之學을 익혔다. 그렇지만 스승 허위는 유가주의만을 고집하는 고리타분한 전통 유학자가 아니었다. 그는 유학의 현실적 가치를 지키기 위해서는 일대 혁신이 필요하다는 혁신유림계 인물로 전환해 있었다. 그런 그가 제자 박상진에게 근대 교육과 근대법, 그리고 근대 경제학을 강조했던 것은 자연스러운 일이었을 것이다. 그러나 허위는 박상진을 그가 이끌던 의병부대에 참여시키지 않았다. 오히려 자신이 수행했던 평리원平理院의 판사 소임을 제자가 이어주기를 바랐다. 스승이 못다한 일을 제자가 마무리하기를 바란 것이다.

이후 박상진은 스승의 권유로 서울 양정의숙養正義塾에 입학하여, 법률학과 경제학을 공부했다. 1908년 스승 허위는 13도 창의군倡義

軍의 군사장으로 선봉에 서서 서울진공작전을 주도했다. 그런 상황에서도 박상진은 양정의숙에서 공부에만 몰두했다. 스승이 처형당하자 시신을 수습하고 장사지낸 후 1년간의 심상心喪을 입으면서 제자의 예를 극진히 표시했을 뿐이다. 이때까지도 그의 관심은 전통 양반의 세속적 관심에서 크게 벗어나지 않았다.

테러리스트로 변신하다

박상진은 1909년 10월 사법시험에 합격했고, 이듬해 평양지원의 판사로 발령받았다. 그토록 바라던 부모의 열망과 자신의 소망이 열리던 순간이었다. 그렇지만 그는 판사직을 헌신짝처럼 버렸다. 안중근安重根 의사의 이토 히로부미伊藤博文 저격 사건이 결정적인 계기였다. 그가 사법시험에 합격하던 그해, 안중근은 만주 하얼빈에서 이토를 저격했다. 그리고 그가 판사 발령을 받던 1910년, 안중근은 처형되었다. 출세를 바로 코앞에 둔 그에게 안중근의 의거는 이만저만한 충격이 아니었다. 판사직을 팽개친 그는 이듬해 만주로 건너가 안중근의 발자취를 더듬으면서 국권회복의 결의를 다졌다. 그리고 수많은 애국지사들을 만나 독립투쟁의 방법과 전략을 모색했다.

마침 1911년 중국에서는 쑨원孫文의 주도 아래 신해혁명辛亥革命이 발발했고, 그는 먼발치에서나마 중화민국中華民國의 건국 과정을 지켜볼 수 있었다. 이를 통해 조국의 독립을 위해서는 혁명이 필요하다는 사실, 그리고 무력만이 국권을 회복시킬 수 있다는 확신을 얻게 되었다. 그는 독립운동단체들의 연락망 구축과 독립운동 자금의 마련이 가장 절박한 과제라 판단했다. 이러한 판단이 서자, 그는 곧바로 귀국을 결심했다. 이제 그의 목표는 현실적인 영리를 추구하는 데 있지 않았다. 올곧은 선비처럼 의義를 위해 이 한 몸 희생하는 것으로 삶의 목표를 급선회한 것이다.

　박상진은 1912년 가산을 털어 대구 약전골목 어귀에 상덕태상회尙德泰商會를 설립했다. 국내외 독립운동단체들과의 긴밀한 연락망을 구축하고, 재정 문제를 해결하려는 목적이었다. 그는 1915년 대구 안일암에서 결성된 '조선국권회복단 중앙총부'에 참여, 독립운동의 새로운 방향을 모색했다. 마침내 대구 달성공원에서 '대한광복회'가 결성되었고, 그는 총사령에 추대되었다. '대한광복회'는 관념적이거나 타협적인 자세로는 독립을 쟁취할 수 없다는 혁신유림계의 뼈저린 자기반성을 기반으로 조직된 단체였다. 그들은 반민족적 친일 지주들의 응징을 통해 민족적 각성을 촉구하고, 독립군 양성과 기지건설을 위한 군자금 모집에 무력을 동원하고자 했다. 박상진은 '대한광복회'를 전국 규모의 비밀결사조직으로 확대해나갔다. 이후 '대한광복회'는 1910년대 국내에서 가장 전투적이고 의협적인 활동을 전개한 대표적인 독립운동단체가 되었다. 이즈음 '대한광복회'는 일제는 물론이고 친일파들이 가장 두려워하는 비밀결사단체였다.

김 병 우

울산시 송정동에 있는 박상진의 생가. 문화재 자료 제5호로 지정되었으나 가세가 기울면서 타인의 소유가 되었다. (위 왼쪽)
박상진이 양자로 간 백부 박시룡이 살았던 경주 녹동마을 전경 (위 오른쪽)
박상진 초상 (가운데 왼쪽)
경주시 외남면 노곡리에 있는 박상진의 묘소 (가운데 오른쪽)
박상진이 살았던 경주 녹동의 집터. 현재는 폐허 상태다. (아래)

'대한광복회'의 활동

'대한광복회'는 군자금 모금과 친일 부호배들의 처단에 눈부신 활약을 보였다. 이들은 군자금을 모으기 위해 일본인이 경영하는 상동광산과 직산광산을 습격하는가 하면, 경주에서 세금을 수송하던 우편마차를 탈취하기도 했다. 그렇지만 이렇게 모집한 자금은 무기 구입이나 군자금으로는 턱없이 부족한 푼돈에 지나지 않았다. 그 때문에 부호배들의 강제적인 협조가 절실하다고 판단한 박상진은 반민족 친일지주들에게 의연금 납부를 종용하는 한편, 저항하는 지주들에게는 무력에 의한 응징도 서슴지 않았다.

1917년 영남의 부호 서우순에 대한 협박이 실패로 돌아가자, 총사령 박상진은 포고문 형식으로 전국 자산가들에게 일정 금액을 기부할 것을 독촉했다. 경각심을 일깨우기 위해 칠곡의 대지주 장승원을 처단하기도 했다. 장승원은 허위가 의정부 참찬으로 재직할 당시 후일 독립운동 자금으로 20만 원을 제공할 것을 약속하고 경상도관찰사가 되었다. 그렇지만 그는 약속을 거부했을 뿐만 아니라, 경찰에 밀고하는 등 반민족적 행위를 일삼았다. 또한 소작인에 대한 잔혹한 수탈로 지역민들의 원성을 사고 있었다.

'대한광복회'의 실체는 1918년 1월 악질 친일파인 충남 아산 도고면장 박용하의 암살사건을 계기로 백일하에 드러났다. 충남경찰부의 수사망이 좁혀지자 조직원 이종국은 동지들을 배신·밀고했으며, 이 과정에서 '대한광복회'는 와해되었다. 어머니의 빈소에서 체포된 총사령 박상진은 1921년 대구 형무소에서 처형되었다. 그와 활동을 같이 했던 동지 채기중·김경태·임봉주·강순필 등도 같은 해 서울 서대문 형무소에서 처형되었다.

친일파 야마모토 군수 박작대기 **박중양**

침산砧山을 아지트로 한 박작대기

박작대기! 침산을 아지트로 작대기를 짚고 다녔으며, 이 작대기를 휘둘러서 일본 관헌들을 혼내주었다는 이야기로 유명한 박중양朴重陽, 그는 과연 어떤 사람이었을까.

일본 측 기록인 《조선신사대동보朝鮮紳士大同譜》에는 "주소지는 경기도 양주, 생년월일은 1874년 5월 3일, 본관은 반남潘南, 경력은 대구군수, 평안남도관찰사, 경상북도관찰사 (……)" 등으로 소개되어 있다. 그는 화려한 경력의 친일파 관료로 출세했는데, 그럴 수 있었던 것은 잘생긴 외모와 뛰어난 일본어 실력 때문이었다. 그는 청일전쟁 무렵부터 서울에서 일본인들과 자주 교제했고, 1897년 이후 약 7년 동안 관비로 일본에 유학했다. 그때 기독교인이 경영하는 아오야마靑山英和 학원 중학부에서 수학했고, 이어 도쿄 경시청에서 경찰제도와 감옥제도를 연구했다.

그는 유학시절부터 이미 야마모토山本信라는 이름을 사용했다. 그는 야마모토라는 일본식 이름과 유창한 일본어 실력으로 일본 관료들과도 친분을 쌓을 수가 있었다. 후일 경기도 장관이 된 히카키檜垣直右나 충청북도 장관이 된 스즈키鈴木隆도 이때 사귀었던 인물들이었다. 가증스러운 것은 당시 충청남도 장관이었던 박중양이 이들과 같이 장관이 된 사실을 '신神의 작희作戲'라고까지 경탄해마지 않았다는 사실이다.

일본인들이 칭송한 야마모토 군수

경부선 철도의 개통으로 대구에는 많은 일본인들이 몰려왔다. 때문에 일본인과 경북관찰사 사이에 빈번한 대립과 충돌이 생겨났다. 이때 대구군수 박중양은 주로 일본인들의 편에서 일했다. 따라서 일본거류민들은 그를 '야마모토 군수'라고 부르며 칭송을 아끼지 않았다.

야마모토 군수는 일본인들의 신뢰를 결코 저버리지 않았다. 당시 일본거류민들이 가장 소원했던 바는 바로 대구 읍성의 철거 문제였다. 그런데 1906년 6월 그가 경북관찰사 서리를 겸하게 되면서, 곧바로 읍성을 허물고 그 자리에 도로를 만들었다. 결국 성을 철거함으로써 성내 상권까지도 일본인들에게 빼앗기고 말았다. 일본인들은 이를 두고 야마모토 군수의 '과감한 조치'라고 극찬했다. 읍성을 불법으로 철거한 박중양에 대해서는 조정에서도 징계를 검토했지만 이토 통감의 개입으로 무마되었을 뿐 아니라, 그는 오히려 평남관찰사로 영전했다가 경북관찰사로 되돌아왔다.

야마모토 군수의 친일행각에 대해서는 〈대한매일신보〉와 같은 언론에서도 다음과 같이 경고했다.

> 중양가절 말 말아라. 전무후무 비기수단肥己手段 대구 성곽
> 구공해舊公廨를 일시간에 팔아먹네. 애구哀邱 대구大邱 흥
> (……)(《대한매일신보》, 1909. 1. 16. '중양 타령')

뿐만 아니라 그는 1908년 무렵 일본인들과의 한 모임에서 "이 땅
의 한국인들이 희망하는 바는 귀국인들이 스승으로서 책임을 갖는
것"이라고 한 것처럼, 항상 일본인들의 우월성을 앞세웠다. 더군다
나 고종의 강제 퇴위 이후 항일의병전쟁이 전국토를 뒤흔들자, 그
는 의병들을 폭도로 규정하고 그들의 상황을 면밀하게 조사 보고함
으로써 친일 관찰사로서의 역량을 유감없이 발휘했다.

일제 시기, 출세 가로를 달리다

일제가 조선 식민통치 25주년
을 기념하여 편찬한 《조선공훈자명감》에 이런 내용이 있다.

> 이토 이하 총독부의 대관으로부터 역량 수완이 탁월하다고
> 인식되고 비상한 때에 진실로 믿을 수 있는 사람으로, 지사
> 급에서는 박중양 뿐이다.

이 말은 박중양이 그들의 가장 충직한 심복이었다는 의미일 것이

다. 촌로들의 이야기에 의하면, 이토 히로부미 부부가 일본을 내왕할 때는 어김없이 박중양을 데리고 다녔다고 한다. 어느 날 이토 부인이 바다에 빠져 몹시 위급해졌을 때, 박중양이 뛰어들어 그녀를 구해주었다. 이러한 연유로 이토가 박중양을 더욱 각별히 아끼게 되었고 후일 양자로까지 삼게 되었다고 한다. 이토 통감의 총애를 받은 박중양은 국가 중대사가 있을 때마다 통역을 도맡았다. 뿐만 아니라 의친왕이 일본에 행차했을 때는 통역 수행원으로 따르기도 했다.

박중양의 횡포는 백성들에게 많은 고통을 안겨주었다. 이는 〈대한매일신보〉 '제2의 박중양'에서 평안남도관찰사 이진호를 겨냥하여 "박중양의 횡포로 인민의 고통은 말도 못할 지경인데, 박중양이 둘이나 되니 인민이 어떻게 살아갈지 민정民情을 슬퍼한다"는 기사에서 잘 나타난다.

박중양의 친일관력은 일제 강점 후 더욱 빛을 발했다. 그는 총독부의 고급 관료 자리를 종횡무진 했다. 식민통치 자문기관인 중추원의 고위직은 다 차지했고, 3·1 운동 때는 '자제단自制團'을 조직하여 독립운동 탄압에 광분하기도 했다. 이같은 공으로 그는 1945년 일본 국왕이 선임하는 일본 귀족원 칙선의원勅選議員에까지 올랐다.

그러나 양식 있는 한국인은 그를 노골적으로 거부했다. 한 말의 문필가 석재 서병오石齋 徐丙五에게 박중양이 그림 한 폭을 청하자, 서병오는 "당신 같이 지체 높은 분은 일본 화가들에게 얼마든지 받을 수 있을 텐데 하필이면 나한테 받으려 하느냐" 면서 단호하게 거절했다.

항간의 이야기처럼, 박중양이 일본 관헌들을 혼내주고, 실직자를 취직시켜주고, 억울하게 구속된 사람을 풀어주고, 횡포한 경찰들을 혼내주는 등등의 일화들은 친일 귀족 박중양에 대한 오해에 불과한 것이다. 1945년 해방이 되면서 곧바로 친일파를 심판하지 못했던 역사 앞에, 오직 부끄러움이 있을 뿐이다.

권 영 배

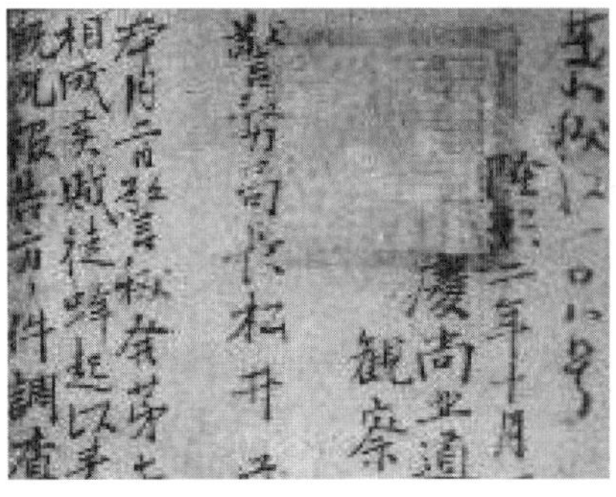

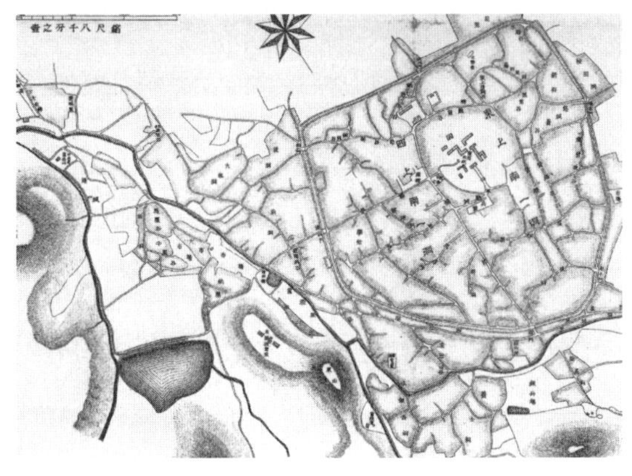

경상북도 관찰사 박중양이 의병 상황을 경무국에 보고한 문서 (1908. 10. 1) (위 왼쪽)

경기도 양주에서 침산으로 이장된 박중양 부모의 합장묘.(위 오른쪽)

박중양이 일본 관헌에게 작대기(지팡이)를 휘둘러 그 위세를 떨쳤던 것을 풍자한 그림(가운데 왼쪽)

대구시가. 1903년. 대구 감영을 중심으로 대구 읍성이 사방으로 둘러 있다. 출전 《한국의 옛 지도》(영남대박물관, 1998) (가운데 오른쪽)

일본 국왕으로부터 귀족원 의원으로 선임된 박중양(아래)

침산과 박중양

조선 성종 때 문인 서거정徐居正이 노래한 '침산의 저녁노을(砧山晩照)' 이란 글에 이런 구절이 있다.

물은 굽이돌고 산은 끝났는데
침산 푸른 숲에 가을빛이 어리었네

침산! 금호강과 신천이 합류되는 지점에 산이 하나 있는데 그 모양이 다듬이 돌처럼 생겼다하여 '침산' 이라 했다. 또 봉우리가 다섯 개라 하여 '오봉산' 이라고도 했으나, 화려한 친일 경력자 박중양이 이곳을 작대기를 짚고 자주 오른 데서 '박작대기산' 으로도 일컬어졌다.

박중양은 해방 후 친일파로 붙잡혔다가 곧 풀려나 대구 침산동 오봉산 기슭에서 말년을 보냈다. 박중양이 그의 기개(?)를 떨치기 위해 오봉산 제일봉에 '일소대一笑臺' 라는 단壇을 세웠으나 지금은 철거되었고, 경기도 양주에서 이장했다는 그의 양친 합장묘만 능선에서 질곡의 세월을 지키고 있다.

이 머리 잘릴지언정 무릎 꿇어 종이 될 수는 없다 **이상룡**

만주로 가는 2천5백 리 험난한 여정

34일간에 걸친 2천5백 리의 길고 긴 여정! 경북 안동에서 압록강 너머 서간도에 이르는 망명길은 참으로 형극의 길이자 고행의 연속이었다. 이상룡李相龍은 나라가 망한 경술년의 이듬해인 1911년 설을 쇠자마자 장도에 올랐다. 떠나기 전날인 2월 2일 마을 잔치를 열어 친지들에게 작별을 고하고, 출발 당일 새벽에는 조상의 신주 앞에서도 하직 인사를 드렸다. 그의 동생과 아들, 조카들을 비롯한 문중 인사들, 그리고 그의 매부와 사위도 그를 따랐다. 추풍령과 서울을 거쳐 신의주에 당도한 이상룡 일행은 2월 25일 마침내 압록강을 건넜다. 압록강을 넘으면서 나라 잃은 설움, 망명길의 고통, 그리고 조국 광복을 위한 일념을 담아 시 한수를 읊조렸다.

삭풍은 칼보다 날카로와

나의 살을 에이는데

살은 깎이어도 오히려 참을 만하고

창자는 끊어져도 차라리 슬프지 않다

이미 내 집과 토지 다 빼앗고

내 처자도 넘보는데

이 머리 잘릴지언정

무릎 꿇어 종이 될 수는 없다

서간도에서의 이동 여정은 참으로 혹독했다. 살을 도려내는 듯한 모진 추위와 극심한 굶주림이 가장 큰 고통이었다. 만주 벌판을 거세게 몰아치는 눈보라에 갇혀 마차 안에서 뜬눈으로 밤을 지새우는가 하면, 양식이 없어 끼니를 거르는 일이 다반사였다. 이러한 고통 속에서 옛 고구려인의 기상을 담고 흐르는 혼강渾江을 따라 계속해서 북상한 끝에 3월 7일 드디어 회인현懷仁縣 항도촌恒道村에 도착하게 되었다. 독립투사로서의 파란만장한 삶이 눈앞에 펼쳐지는 순간이었다.

이상룡의 망명에는 처남 김대락金大洛을 최고 어른으로 한 내앞[川前]의 의성 김씨 문중, 황호黃濩를 원로로 하는 평해 사동리沙銅里의 평해 황씨 문중 인사들도 함께 했다. 이들 일행은 수십 명에 달했다. 일행 가운데는 만삭이던 김대락의 손부(김창로의 처)와 손녀(황병일의 처)도 포함되어 있었다. 이들의 망명 의지가 어떠했는가를 짐작할 수 있는 대목이다. 김대락의 손부·손녀는 결국 망명지 항도촌에서 차례로 해산하게 된다.

안동이 낳은 독립운동계의 거목 이상룡(1858~1932)은 자를 만초

萬初, 호를 석주石洲로, 고성이 본관인 안동의 명문 임청각臨淸閣의 종손으로 1858년(철종 9년) 법흥동에서 태어났다. 그는 어린 시절부터 종외조부 김흥락金興洛과 종고모부 김도화金道和와 같은 안동을 풍미한 당대 학자들의 문하를 출입하면서, 명가의 후예로서 그리고 정통 유학자로서 학문을 연마했다. 임청각에서 서책을 벗 삼아 지내던 청년기는 그의 일생에서 가장 순탄했던 시기였다.

이상룡이 독립운동에 처음 투신한 것은 1894년 청일전쟁 이후 일어난 의병투쟁 때였다. 그는 한때 가야산을 근거지로 하여 대규모 항일전을 펼치고자, 거금 1만5천 원을 군자금으로 투입하기도 했다. 그러나 이 계획은 실패로 끝났고 그로서는 처음으로 깊은 좌절을 맛보게 되었다. 무장투쟁의 한계를 절감한 그는 이후 새로운 방향으로 눈을 돌렸다. 계몽주의자로의 변신이 그것이었다. 때마침 유인식, 김동삼과 같은 안동 지역 혁신인사들이 협동학교協東學校를 세워 근대교육을 통한 인재양성에 힘을 기울이고 있었다. 그는 이러한 계몽운동에 적극 동참했다. 이후 그는 '대한협회' 안동지회를 설립, 지회장으로서 애국 강연이나 회보 발간 등을 통한 자강운동을 활발하게 펼쳐나갔다. 그렇지만 1910년의 경술국치는 민족적 양심을 수호하려 노력한 그에게는 감당하기 어려운 충격이었다. 이를 계기로 그는 모든 기득권을 포기하고 조국광복의 일념으로 국외 망명을 결행하게 되었다.

임시정부의 초대 국무령

이상룡은 망명지 서간도의 한인사회를 이끌면서 '독립전쟁론'을 실천하기 위한 갖가지 노력을 기울였다. '독립전쟁론'이란, 우리 민족이 힘을 길러 일제와 전면전을 벌여 승리할 때에만 독립이 실현된다는 이론이었다. 해외 각지에 독립운동 근거지를 건설하는 일, 한인사회를 영도할 자치기구를 조직하는 일, 언론·교육을 통해 항일민족의식을 고취하는 일, 그리고 독립전쟁을 선도할 정예의 사관士官을 양성하는 일 등이 이를 위한 주요 과업으로 설정되었다. 이상룡도 동지들과 더불어 경학사耕學社라는 자치단체를 조직하고, 신흥학교新興學校의 설립을 통해 독립군 간부를 양성하고자 전력을 기울였다. 1919년 3·1운동을 계기로 만주에서도 마침내 독립전쟁이 활발하게 펼쳐졌다. 그는 이때 서간도 독립군의 영수가 되어 무장 항일전쟁을 이끌었다. 서로군정서西路軍政署의 총수인 독판督辦에 그가 임명된 것이다.

이상룡의 진면목은 무엇보다도 복잡다기한 독립운동세력 간의 대동단결을 위해 부단히 노력한 점에 있었다. 그는 1920년 초 북경에서 조직된 '군사통일촉성회'에 참가하여 박용만 등과 함께 군사기구의 통합을 협의했는가 하면, 1922년에는 만주의 다양한 독립운동세력을 통합하고자 통의부統義府를 조직했으며, 1923년의 '국민대표회의'에서도 여러 운동노선의 통합에 노력을 아끼지 않았다.

이러한 노력 덕택에 그는 대통령 이승만이 탄핵당한 1925년 9월 이후 일시적으로 어려움에 처한 임시정부의 최고 책임자로 선임될 수 있었다. 내각책임제 형태인 국무령제 하의 초대 국무령國務領에 취임한 것이다. 그렇지만 여러 가지 난관에 봉착해 있던 임시정부라는 제한된 공간 속에서, 자신의 이상과 포부를 실현하기에는 수많은 문제들이 산적해 있었다. 이러한 난관들을 혼자의 힘으로 극복하기 어렵다고 판단한 그는 주저 없이 임정의 국무령 직을 사임하고 만주로 되돌아갔다.

만주로 돌아간 이후에도 그는 그곳에서 다양한 독립운동세력들을 하나로 통합하는 일에 전신전력을 다했다. 그러나 지역과 인물에 따라 독립운동의 조건과 노선이 서로 다른 상황에서 전선의 통합과 통일은 실현이 불가능한 과제였다. 그는 이러한 문제점들의 해소라는 과제를 미완으로 남겨둔 채 결국 74세를 일기로 1932년 5월 12일 길림성 서란현 소성자에서 파란만장한 일생을 마감했다.

이은상은 1963년 대구 달성공원에 건립된 이상룡의 구국기념비에서 '칼보다 날카로운 삭풍' 같은 그의 투혼을 다음과 같이 간결하게 노래했다.

사직이 무너지자 압록강 울며 건너
찬바람 만주벌에 흰머리 날리시며
한평생 조국광복을 꿈속에도 비시더니
거기가 어디관대 그 땅에 묻히신고
그 소원 이룬 오늘, 님은 정작 안 계시네
혼을랑 돌아오소서 길이 여기곕소서

박 민 영

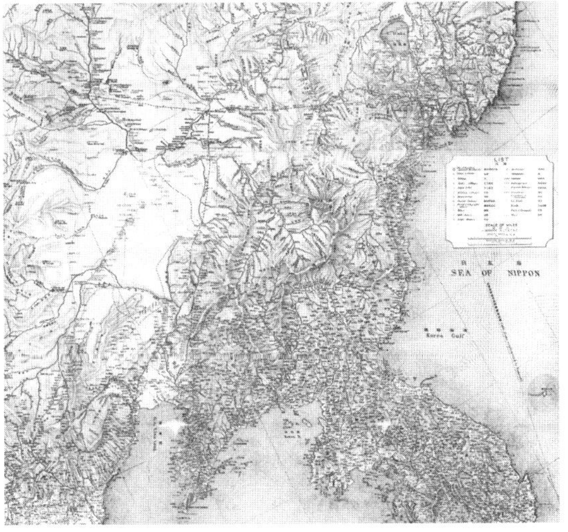

안동시 법흥동에 있는 이상룡의 생가인 임청각 전경(위)
이상룡의 위풍당당한 모습(아래 왼쪽)
조선과 만주. 일본 제국주의의 조선과 만주의 지배야욕이 잘 드러난다. 《滿韓新圖》. 흑룡회. 1904년.
출전 《한국의 옛 지도》(영남대박물관, 1998) (아래 오른쪽)

석주 집안 재산의 향방

석주 집안은 영남 남인의 본거지로 소문난 안동에서도 이름난 명문가였다. 퇴계학맥의 정통을 계승한 거유 서산 김흥락西山 金興洛은 부친 이승목李承穆의 외삼촌이었고, 또 척암 김도화拓菴 金道和는 부친의 고모부였다. 안동 의병장 권세연權世淵은 외삼촌이었으며, 내앞의 의성 김씨 종손 김대락은 그의 처남이었다. 석주의 장래는 그만큼 보장되어 있었고, 인생을 향유할 수 있는 조건을 두루 갖추고 있었던 셈이다.

한편 석주 집안은 상당한 토지를 소유하고 있었다. 인근뿐만 아니라 멀리 예천까지도 토지가 분포했던 것으로 알려질 정도로, 그의 집안은 대지주였다. 그렇지만 석주 집안의 재산 대부분은 독립운동 자금으로 처분되었다. 석주는 가야산을 근거지로 대대적인 항일의병을 일으키고자 계획했던 한말에 이미 1만5천 원이라는 거금을 투입했을 뿐만 아니라, 망명 당시에도 많은 전답을 처분하여 서간도로 떠났다.

망명 이후에도 고향의 재산들은 여러 차례에 걸쳐 매각되었다. 그는 1913년 아들 준형濬衡을 국내로 잠입시켜 그나마 남아 있던 가옥과 토지를 팔아 군자금을 마련할 정도였다. 2000년 '한국학 중앙연구원'에서는 석주 집안의 고문서를 정리하여 《고문서집성》으로 간행한 바 있다. 이 자료에는 당시 석주 집안이 군자금 마련을 위해 노력했던 각고의 흔적들이 생생하게 배어 있다.

빼앗긴 들에서 식민지 현실을 고뇌한 벙어리 **이상화**

아 가도다 가도다 쫓겨가도다

망각 속에 있는 간도와 요동벌로

주린 목숨 움켜쥐고 쫓아가도다

자갈을 밥으로 해채를 마셔도

마구나 가졌으면 단잠을 얽을 것을

인간을 만든 검아 하로일 즉

차라리 주린 목숨 뺏어가거라

(《개벽》 55, 〈가장 비통한 기욕祈慾〉 1925년)

시인의 문학 작품은 식민지 대중이 처한 비참하고 고통스러운 현
실을 못내 등질 수 없었다. 시인 이상화李相和(1901~1943, 호; 尙火·相
華·白啞)는 제국주의 지배의 모순을 적나라하게 드러내면서 현실
사회의 개선을 위해 적극적인 사회 활동을 벌인 일제시기를 대표하
는 저항 시인이었다.

대구의 개명한 부호 집안에서 자라다

상화는 1901년 4월 5일 대구 서문로 2가에서 경주 이씨 가문의 우남 이시우又南 李時雨와 김신자金愼子 사이에서 사형제 가운데 둘째로 태어났다. 아버지는 상화가 8살 되던 1907년에 사망하여, 어린 형제들은 어머니 밑에서 성장했다. 그들 형제는 백부 소남 이일우小南 李一雨의 보살핌 속에서 풍요로운 어린 시절을 보냈다. 조부 이동진李東珍은 구한말 무일푼에서 시작하여 서문시장의 시전상과 낙동강 무역을 통해 삼천 석의 거부가 된 인물이었다. 그는 자신의 경제권을 장남에게 넘겼고, 이일우 역시 경제 활동에 탁월한 수완을 발휘하여 자산을 늘여나갔다.

이일우는 부호이면서도 당시 사회 변동에 관심을 갖게 되면서 계몽운동에 뛰어들었다. 그는 중국 등지에서 수십만 권의 책을 수집하여 우현서루友弦書樓라는 도서관을 열었다. 장지연·장지필·윤세복과 같은 전국에서 내로라하는 지식인들이 이곳에 모여 들어 활발한 지식 운동을 펼쳤다. 그는 또한 서상돈과 더불어 인재 양성을 위해 시무학당時務學堂, 대구광학회大邱廣學會, 달서여학교達西女學校와 같은 교육기관의 설립에도 적극적으로 참여했다. 1907년에는 대구 지역을 거점으로 전국 각처로 퍼져나간 '국채보상운동' 을 주도했으며, 1908년 계몽운동단체인 '대한협회' 대구지회에 가담하여 평의원, 총무를 역임했다.

상화의 어머니 김신자 또한 남편을 잃은 슬픔을 딛고 계몽운동에 적극 나섰다. 그녀는 '대한협회' 대구지회가 설립된 것을 계기로 1909년 '교육부인회' 의 창립에 참여했으며, 달서여학교에 기부금 2

백 원을 희사하고 '부인야학교'의 설립을 주도했다. 그녀는 청상靑孀의 고절高節을 지키면서도 대구 지역 여성운동의 선구적 위치에 있었다. 상화와 그의 형제들은 대구 계몽운동의 중심에 서 있던 집안의 영향을 크게 받으면서 유년기를 보냈다.

식민지 현실을 노래하며 민족운동을 벌이다

상화의 생애는 몇 번의 굴곡과 변화를 거치면서 펼쳐졌다. 14세 때까지 대구의 한 사숙에서 공부한 상화는, 15세가 되던 해인 1915년 서울 중앙학교로 진학했다. 이때 계동의 전진한錢鎭漢의 집에 하숙하면서, 야구 선수로 활동할 만큼 활발한 모습을 보였다. 그렇지만 끝내 학교생활에 적응하지 못하고 낙향한 다음, 강원도 일대를 유랑했다. 동향친구 백기만에 따르면 상화는 1917년 현진건·백기만·이상백과 더불어 프린트판 《거화炬火》를 출간하면서 시작詩作을 개시했다고 한다.

상화는 1919년 3·1운동이 발발하자, 백기만과 함께 계성학교와 대구고보의 학생을 동원하여 대구의 만세운동을 주도했다. 이 사건으로 일제의 감시를 받게 되자, 서울로 은신처를 옮겨 박태원朴泰元의 하숙집에서 한동안 숨어 지냈다. 그곳에서 영문학과 음악에 조예가 깊었던 박태원과 교유하면서 인생과 예술에 관한 영향을 주고받았다. 그해 10월 상화는 백부의 강권으로 충남 공주의 명문 서한보의 딸 서순애徐順愛와 결혼했다.

상화는 21세 때 현진건의 소개로 박종화를 만나 《백조》 동인이 되면서 본격적인 문단 활동을 시작했다. 《백조》 창간호에 〈말세의 희탄〉(1922)을 발표하고, 1923년에 〈나의 침실로〉를 계속하여 발표했다. 이때 상화는 프랑스 유학을 꿈꾸며 일본으로 건너가 '아테네 프랑세' 에서 프랑스어와 프랑스 문학을 공부했다. 그러나 1923년 9월 '관동대지진' 당시 일본인의 한국인 학살 사건을 현장에서 직접 뼈저리게 경험하면서 프랑스 유학에 대한 꿈을 접었다. 이후 상화는 서울에서 적극적인 문단 활동을 벌이면서 식민지 현실을 노래했다. 1925년 문학단체 '파스큘라' 에 가담하고, 그해 8월에는 '조선프롤레타리아 예술동맹(KAPF)' 의 창립 멤버로 활동했다. 이듬해인 1926년 《개벽》 70호에 〈빼앗긴 들에도 봄은 오는가〉를 발표, 식민지 시대의 대표적 저항 시인으로 우뚝 서게 되었다.

1927년 상화는 서울 생활을 정리하고 대구로 돌아왔다. 그의 사랑방은 담교장으로 불리면서 많은 친구들이 모여들었다. 상화는 대구의 진보적 성향의 청년들과 함께 식민지 현실에 관해 많은 토론을 벌이면서, 문학보다는 실천적 활동에 더 많은 관심을 보였다. 이 때문에 그는 대구에서 발생하여 전국을 떠들썩하게 했던 의열단 '이종암사건' (1927), 장진홍의 '조선은행 대구지점 폭탄사건' (1927) 등에 각각 연루되어 구금되었다. 한편 '민족협동전선운동' 의 일환으로 결성된 '신간회' 대구지회에 참여하여 출판부 간사로 활동하기도 했다. 그는 '대구지회' 내부의 좌파 계열의 청년들과 함께 만주에서의 무장독립투쟁을 지향하는 'ㄱ당' 을 결성했다. 이 때문에 그는 '치안유지법' 위반으로 검거되어 형을 살았다.

상화는 인재 양성에도 많은 관심을 보여 교육 활동에 전념하기도 했다. 1928년 9월 노동야학원에서 배움의 기회를 갖지 못한 아이들에게 한글을 가르치는가 하면, 백부 이일우가 건립한 '우현서루'를 전신으로 하는 교남학교嶠南學校에서 후진을 양성하기도 했다. 그는 학생들에게 영어와 작문을 가르쳤고, 권투부를 만들어 지도했을 뿐 아니라 교가도 직접 지었다. 교남학교가 재정난에 봉착하자, 새로운 인수자를 찾아 동분서주하면서 폐교의 위기를 넘기기도 했다.

상화는 1940년 교단을 떠나 문학 활동에 전념했다. 그는 1941년 《문장》 25호에 〈서러운 해조諧調〉를 발표했고, 《춘향전》영역과 《국문학사》, 《프랑스 서시정석》의 집필 계획을 구상하기도 했다. 그렇지만 위암으로 고생하던 상화는 생전에 염원했던 민족해방을 2년 남짓 남겨둔 1943년 3월 21일, 43세의 젊은 나이로 세상을 떠났다. 그해 가을 백기만·서동진과 같은 생전의 벗들이 일본 경찰의 눈을 피해 몰래 묘비를 세웠다. 해방이 된 지 3년이 지난 1948년, 대구의 문학단체 '죽순시인회'는 달성공원에 상화시비를 세웠다. 이 시비는 한국 최초로 세워진 시비로 그의 대표작 〈나의 침실로〉의 일부가 새겨져 있다.

김 일 수

대구시 중구 계산동에 있는
상화 시인의 고택(위)
대구시 중구 남산동의 옛 교
남학교 교사(아래)

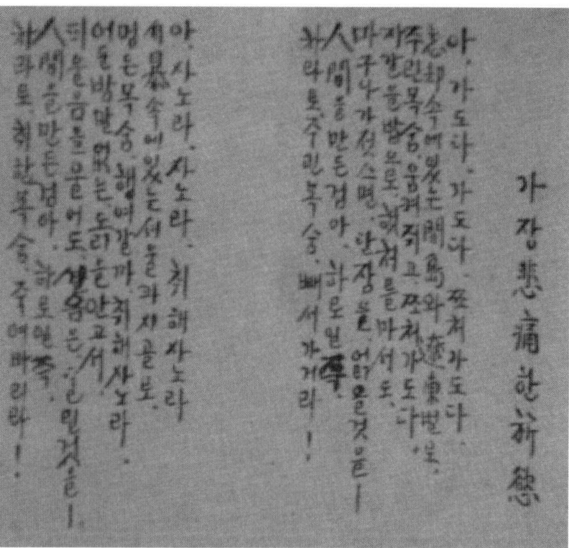

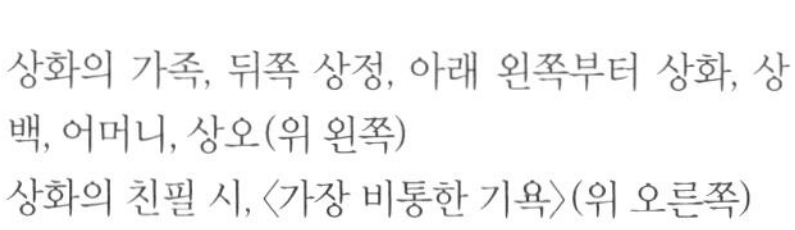
상화의 가족, 뒤쪽 상정, 아래 왼쪽부터 상화, 상
백, 어머니, 상오(위 왼쪽)
상화의 친필 시, 〈가장 비통한 기욕〉(위 오른쪽)
대구부 지도. 《영남지도》. 18세기 중엽. 출전 《한
국의 옛 지도》(영남대박물관, 1998) (아래)

상화의 형제들

상화의 형제들은 일찍이 아버지를 여의었으나 근대 계몽운동에 적극적으로 투신한 어머니의 가르침과 백부의 보살핌을 받으며 모두 훌륭하게 성장했다. 맏형 청남 이상정晴南 李相定은 1923년 중국 만주로 망명한 뒤 중국군 고위 장교와 임시정부의 의원을 역임하는 등, 한평생 '독립전쟁론'에 입각하여 독립운동을 펼쳐나간 혁명가였다. 상정은 시·서·화에 모두 탁월한 재능을 보여, 《표박기瓢泊記》란 제목의 유고를 남긴 시인이자, 전각에도 뛰어난 예술가였다.

동생 상백相佰(1904~1966)은 대구고보를 졸업한 뒤 일본 와세다대학 사회철학과에서 사회학·철학·역사학을 두루 익혔으며, 대학원에서 일본인 스승 쓰다津田佐右吉로부터 총애를 한 몸에 받았다. 유학 시절 그는 적극적인 체육 활동을 펼쳐 일본 체육계를 대표하는 인사가 되었으며, 해방 이후 한국 체육의 발전과 국제올림픽 활동에 크게 공헌했다. 상백은 일제 말기 '조선건국동맹'에 참여했는가 하면, 해방 이후 여운형呂運亨이 사망할 때까지 '인민당'의 핵심 간부로 활동하기도 했다.

막내 동생 상오相旿(1905~1969)는 한국을 대표하는 수렵인으로서, 수렵·야생·동물·개 등에 관련한 많은 저술들을 남겼다. 이렇듯 상화 형제들은 한결같이 한국 근현대사에서 뚜렷한 족적을 남긴 인물들이었다.

탁월한 국제공산주의자, 조선의 '카타야마 센' 김단야

민족해방운동과 공산주의

일제시기 우리 민족 최대의 역사적 과제는 뭐니뭐니해도 조국의 독립이었다. 따라서 이 과업을 달성하기 위해 만주 벌판과 시베리아의 찬바람을 맞아가며 피맺힌 항쟁을 거듭했다. 우리 민족은 조국의 독립을 위해서는 어떠한 사상이나 이념도 마다하지 않았다. 공산주의도 민족해방운동의 일환으로 이 시기 수용된 중요한 독립운동 노선 가운데 하나였다. 3·1운동을 전후하여 도입된 공산주의 사상은 1917년 러시아혁명의 성공과 코민테른의 활동으로 급속히 보급되면서, 우리나라 독립운동의 큰 줄기를 형성했다. 그렇지만 일제시기 공산주의운동에 대한 인식은 오랫동안 불온시 되어온 것이 사실이다. 1980년대 후반에 이르러서야 정당한 평가가 내려질 정도로 일제시대 공산주의 운동사 연구는 이제 막 첫걸음을 내딛는 분야라 할 수 있다.

화요 3인조

김단야金丹冶는 일제시기 공산주의 운동사에서 박헌

영·임원근과 더불어 이른바 '화요 3인조'로 불렸다. 그리고 '조선의 카타야마 센片山潛'이라 불릴 정도로 이론적인 면에서나 실천적인 면에서 탁월했던 공산주의자였다. 그의 본명은 김태연金泰淵, 1901년 1월 경북 김천시 개령면 동부동에서 출생했다. 그의 아버지 김종원과 삼촌 김종수는 모두 독실한 기독교 신자였으며, 지금도 고향에는 김종원이 세웠다는 교회 터가 남아 있다. 평민 출신의 기독교 신자들 가운데는 일찍이 공산주의자로 전환하는 경우가 종종 있었다. 기독교의 평등사상과 해방사상을 매개로 공산주의를 받아들여 이후 한국독립운동사의 한 획을 그은, 임시정부 초대 국무총리 이동휘李東輝도 그러한 사람들 가운데 한 명이었다. 성장기에 기독교의 강한 영향을 받은 김단야도 마르크스의 '폭력혁명론' 보다는 혁명의 '자연발생성'이나 레닌의 '변증법적 방법론'에 한층 더 경도되는 경향을 보였다.

김단야가 독립운동에 투신하게 된 직접적인 계기는 3·1운동이었다. 그는 당시 서울 배재학교의 재학생으로 학기시험 기간을 맞아 고향에 돌아와 조용히 지내고 있었다. 전국 방방곡곡에 걸쳐 만세시위가 소용돌이치던 1919년 3월 24일, 그는 마을 혼인잔치에 많은 사람들이 모인 것을 계기로 만세운동을 주도했다. 이 사건으로 그는 재판에 회부, 대구지방법원 김천지원에서 태형 90도를 언도받았다.

3·1운동 이후 일제의 감시망이 강화되는 상황에서 더 이상 국내 활동이 불가능하다고 판단한 김단야는 중국 상해로 망명을 결심했다. 그곳에서 민족해방운동을 위한 이념으로 공산주의 사상을 받아

들였다. 그리고 평생의 혁명동지 박헌영도 그곳에서 만났다. 한국 공산주의의 '트로이카'는 이렇게 시작되었다.

6·10 만세운동을 일으키다

국외 한인 공산주의운동은 초기부터 분열과 반목을 거듭하면서 대립하고 있었다. 김단야가 속한 '이르쿠츠크파 고려공산당'과 '상해파 고려공산당' 사이의 갈등이 정도를 벗어날 만큼 격화되자, 국제공산당에서는 이들 단체의 해체를 명령할 정도였다. 이 무렵 김단야는 '고려공청 중앙총국'을 서울로 이전하라는 코민테른의 지령을 받고, 박헌영·임원근과 함께 국내로 파견되었다. 그러나 잠입 도중 일제 경찰에게 발각, 체포되어 1년 6개월의 형을 언도받았다.

1924년 1월 형기를 마치고 출소한 김단야는 이후 '신흥청년동맹', '화요회' 등에서 활발한 운동을 전개하는 한편, 1925년 1월부터는 조선공산당의 조직 결성에 본격적으로 착수했다. 그리하여 그 해 4월 17일 국내 최초의 공산당 조직인 '조선공산당'이 결성되고, 이튿날 박헌영의 집에서 '고려공산청년회'가 결성되었다. 김단야는 이 두 조직의 결성에서 주도적인 역할을 맡았다. 그러나 그해 말 공산당 조직이 일제에 의해 발각되면서 공산주의자들에 대한 대대적인 검거 선풍이 몰아쳤다. 김단야는 검거를 피해 다시 상해로 망명을 떠났다.

1926년 4월 25일 비운의 대한제국 마지막 황제 순종이 사망했다.

상해에서 순종의 사망 소식을 접한 김단야는, "조선 사회주의자들은 동시에 민족주의자이기도 하다"는 점을 역설하면서 거족적인 만세운동으로 발전시키고자 노력했다. 고종 서거 이후 전국을 몰아친 3·1운동의 불꽃을 되살리자는 의도였다. 그는 〈곡복哭服하는 민중에게 격檄한다. 창덕궁주인昌德宮主人 서거에 제際하여〉라는 격문을 직접 쓰고, 5천 매를 인쇄하여 국내 반입을 지시했다.

그러나 6·10 만세운동은 거사 직전에 일제에게 발각, 거족적인 운동으로 승화되지는 못했다. 이 사건은 도리어 시위 주도 학생들과 주요 공산당 인사들에 대한 검거의 빌미를 제공했을 뿐이다. 그렇지만 6·10 만세운동은 일제 강점 이후 민족해방운동에서 가장 강력한 영향력을 행사해온 두 가지 노선, 곧 민족주의 계열과 사회주의 계열이 최초로 협력하여 협동전선을 구축했다는 점에서 역사적 의의가 적지 않다. 이 운동을 계기로 역사상 최초의 좌·우 합작 운동인 '신간회'가 출범했다는 사실은 잘 알려져 있다. 그렇지만 좌·우 합작 운동의 물꼬를 튼 6·10 만세운동을 김단야가 계획했다는 사실은 그리 잘 알려져 있지 않다.

스탈린에 희생된 국제공산주의자

6·10 만세운동이 좌절된 직후 김단야는 모스크바 '레닌국제학교'로 유학을 떠났다. '레닌국제학교'는 코민테른이 직접 운영하는 공산주의 간부 재교육 기관으로 입학 자격이 매우 까다로웠다. 그렇지만 국·내외의 혁혁했던 그

의 활동 경력이 인정되어 입학은 순조로웠다. 유학 당시에도 그는 '코민테른 동양비서부 조선위원회'의 위원으로 활동하면서, 1928년 12월 조선공산당을 해산하라는 코민테른의 〈12월테제〉를 접수, 조선공산당의 해체를 주도하기도 했다. 이 무렵 '상해사변'이 발발하고 곧 이어 1931년 4월 윤봉길 의사의 의거가 일어났다. 그는 1933년 1월 상해에서 박헌영을 다시 만났고, 그곳에서 박헌영과 더불어 당 재건 운동에 매진했다. 그렇지만 그해 5월 박헌영이 일경에게 체포, 국내로 압송되는 사건이 발생하자, 다시 모스크바로 돌아가 '동방노력자 공산대학'의 한국 과장으로 한인 혁명가를 지도하는 직책을 맡았다.

그렇지만 그가 한인 혁명가를 한창 지도할 무렵인 1937년, 러시아 전역에서는 숙청의 바람이 휘몰아쳤다. 러시아에서 활동하던 많은 한인 공산주의자들이 그러했던 것처럼 그도 그 회오리바람에서 비켜날 수 없었다. 1937년 11월 5일 그는 소련 '내무인민위원부'에 의해 '일본 제국주의의 밀정'이라는 죄목으로 체포되었다. 그리고 밀정과 반혁명이라는 누명을 뒤집어쓴 채 37세의 젊디젊은 나이로 파란만장했던 생애를 마감했다.

김단야는 공산주의를 민족해방운동의 이념으로 받아들였으며 공산주의 사회 건설을 위해 헌신했던 인물이다. 그렇지만 그는 '혁명의 조국' 소련에 의해 숙청을 당했다. 현실의 공산체제하에서 공산사회를 건설하고자 염원한 그의 이상이 용납되기 어려웠기 때문이다.

김 도 형

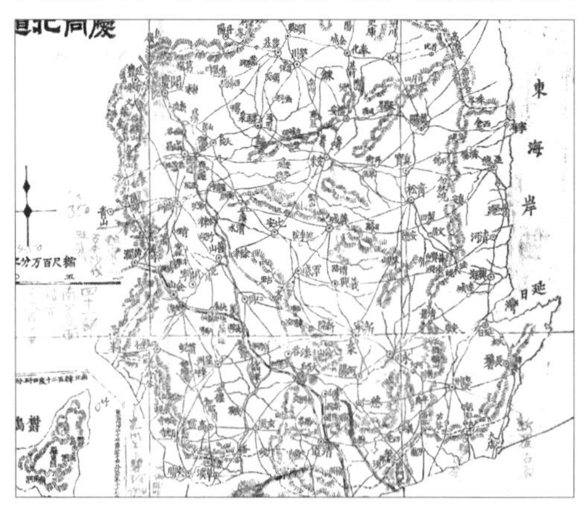

김단야가 3·1운동 때 만세 행진을 주도했
던 김천시 개령면 동부리의 유동산(위)
김단야의 아버지가 세웠던 개령교회의 터
(가운데 왼쪽)
김단야(가운데 오른쪽)
경상북도. 1907년. 출전 《한국의 옛 지도》
(영남대박물관, 1998) (아래)

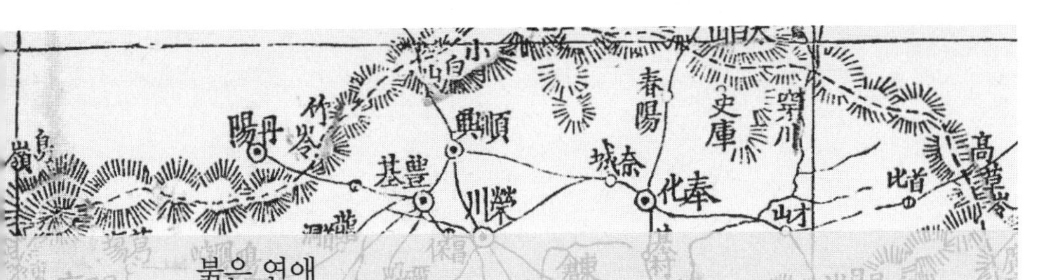

붉은 연애

민족해방운동에 참여한 여성 사회주의자들 가운데는 사상적 결속과 동지애를 중시하는 이들이 많았다. 일부 여성 사회주의자들은 운동 과정에서 만난 남성 동지들과 자유롭게 사랑하고 결혼하기도 했다. 주세죽과 박헌영, 그리고 김단야의 관계가 그러했다. 원래 주세죽은 박헌영의 부인이었다. 박헌영이 모스크바의 '레닌국제학교'에 유학할 당시 주세죽도 남편을 따라 소련에 갔다. 그곳에서 남편의 친구 김단야를 만났고, 그의 경제적 도움을 받았다.

남편 박헌영과 더불어 조선공산당 재건운동에 전력했던 주세죽은, 1933년 5월 상해에서 남편이 일본 경찰에게 잡혀 국내로 이송되자, 큰 실의에 빠졌다. 이때 그곳에서 공산당 재건운동을 같이 주도했던 남편의 평생의 혁명 동지 김단야는 그녀를 따뜻하게 위로하고 보살펴주었다. 이 둘은 마침내 가까워져 결혼까지 하게 되었다. 박헌영의 아들 원경 스님의 증언에 따르면, 서대문 형무소에 수감 중이던 박헌영은 이 사실을 접하고서 몹시 괴로워했다고 한다. 그렇지만 혁명에 헌신한 동지들의 결합이라는 점에서 크게 내색하지는 않았다고 한다.

이후 주세죽은 남편 김단야가 '일제의 밀정'이라는 죄목으로 억울하게 죽음을 당한 1937년, 카자흐스탄으로 유배를 당했다. 스탈린 독재체제는 그렇게 조선의 혁혁한 공산주의자 부부를 강제로 갈라놓았다.

대구에서 활동한 청년시절

2004년 1월 16일은 이육사가 북경에서 순국한 지 60주기가 되는 날이었다. 그를 추모하는 조그만 모임이 안동에서 열렸다. 평소 그를 아끼고 사랑하는 사람들이 모여들었고, 그리운 마음으로 생애를 돌아보고 시도 읊었다. 이육사라고 하면 누구나 그를 저항 시인이자 민족 시인이라 말한다. 그러면서 〈청포도〉와 〈광야〉의 한 구절쯤 즐겨 읊기도 한다. 하지만 실제로 그의 생애를 정확하게 알고 있는 경우는 적고, 비록 안다고 하더라도 잘못된 경우가 많다. 정확한 연구와 정리가 부족하기 때문이다.

육사는 1904년 안동시 도산면 원촌에서 태어났다. 어린 시절 퇴계 이황 후손들의 집성촌이자 선비정신이 가득 담긴 그곳에서 사서삼경을 배웠고, 신식 교육이 밀려들면서 도산공립보통학교를 다녔다. 가족과 대구로 이사한 그는 대구에서 당대 명필로 소문난 서병오에게서 서화를 배웠고, 부친의 강요로 영천 화북면으로 장가들었다. 그곳에서 사립학교인 백학학원을 다니고, 졸업한 뒤 교사로 활동했다. 1923~1924년 사이에 일본으로 1년 동안 공부하러 다녀온

뒤로는, 대구 달성공원 앞에 세워진 조양회관을 중심으로 문화 활동에 참가했다. 현재 망우공원으로 옮겨진 이 조양회관이 당시 대구 지역 문화운동의 중심부였다.

그에게는 학문과 민족이라는 두 가지 과제가 늘 겹쳐졌다. 이 문제를 풀어나가기 위해 그는 북경으로 갔고, 그곳에서 '어느 대학'의 특별 과정을 다녔다. 북경대학 사회학과이거나 북경군관학교를 다녔다고 전해지기도 하지만 이 말은 증명되지도 않았고, 더구나 북경에는 군관학교 자체가 없었다. 이것은 그가 나중에 남경에서 군사간부학교를 졸업한 사실이 잘못 전해진 것으로 생각된다. 북경에 머물던 육사는 1926년 가을 중국 최남단 광동성 광주에 자리 잡은 중산대학(광동대학)으로 이동했다. 그곳에서 이활이란 이름으로 1927년 1학기까지 1년 동안 의학과를 다닌 것으로 알려진다.

1927년 중국국민당과 중국공산당의 합작이 깨어지면서 한인 청년들의 불안이 고조되던 가을, 그는 귀국했다. 마침 그해 10월 대구에서 장진홍 의사가 조선은행 대구지점(현 중앙로 서울은행 자리)에 폭탄을 반입하여 폭발시킨 의거가 터지자, 일제 경찰이 민족의식이 강한 대구 청년들을 대거 체포하는 사태가 벌어졌다. 그 바람에 그도 형제들과 더불어 검거되고, 죄도 없이 1년 7개월의 옥살이를 감수해야 했다. 그가 감옥에서 나와 발표한 첫 시가 '이활'이란 이름으로 나온 〈말〉이었다. 경오년 말띠 해를 맞아 쓴 것이기도 하지만, 감옥에서 나온 직후 응어리진 불만과 솟구치려는 의지를 강하게 표현했다. 그리고 바로 이어서 대구 지역 사회운동 단체들을 취재한

글을 발표하면서 '이활'이라는 이름과 '대구264'라는 필명을 함께
사용했다.

독립운동에 투신하다
〈조선일보〉 대구지국의 기자로 활동하던
그는 민족의 저항이 일어날 때마다 검거되는 고생을 겪었다. 1930
년 말에도 광주학생항쟁 1주년을 맞아 대구 거리에 격문이 나돌 때,
그는 동생 이원일과 함께 유치장에 갇혔고, 이후에도 여러 차례 검
거되는 일이 되풀이되었다. 그런 가운데 그는 1932년에 중국 남경
으로 갔다. 그가 중산대학을 다니던 당시, 중국 광동성 광주에서 황
포군관학교를 졸업했던 의열단 주역들이 중국의 새로운 수도인 남
경으로 이동하여 '조선혁명정치군사간부학교'를 설립하자, 이곳에
입학하기 위해 발걸음을 옮긴 것이다.

이 군사간부학교는 황포군관학교의 축소판이었다. 교과목이나
교육 과정이 흡사했을 뿐만 아니라, 그 출신들이 주로 교관으로 활
약했기 때문이다. 이곳의 1기생 26명 가운데 그는 육사라는 이름으
로 참가했고, 1933년에 졸업했다. 요즘으로 말하면, 육군 소위가 된
셈이다. 그리고 국내로 잠입하여 활동 거점을 확보하기 바로 앞서
검거되었고, 서대문 형무소에 수감되었다. 여기에서 출옥한 뒤 육사
는 시, 수필, 시사평론 등을 발표하는 한편, 다산 정약용 서거 99주
년 기념 《여유당전서》 발간에 참가하기도 했다. 주로 1930년대 중
반과 후반에 걸쳐 펼쳐진 그의 문단 활동은 1939년에 발표된 〈청포

도〉와 유작으로 알려진 〈광야〉를 비롯한 39편의 시와 15편의 수필 및 17편의 평론문으로 남아 있다. 문단 활동과 함께 민족 문제에 대한 강한 집착은 '대구청년동맹' 참가로 나타나기도 했다.

그는 1943년 봄에 다시 북경으로 갔다. 자금성 뒤편의 북해공원에서 육사는 이원, 이병희와 더불어 중경으로 갈 계획을 세웠다. 그곳에서 어느 요인을 모시고 연안으로 간다는 내용이었다. 당시 중국은 제2차 국공합작 시기였고, 중경에 자리 잡은 '대한민국 임시정부'와 연안에 있는 '화북조선독립동맹' 사이에도 합작의 분위기가 조성되고 있던 시기였다. 그러던 중 육사는 모친과 맏형의 소상小喪을 치르기 위해 잠시 귀국한 틈에 체포되었고, 북경으로 끌려갔다. 천진 주재 일본총영사관 북경분관 소속의 차가운 감방에서 고생하던 육사는 1944년 1월 16일에 순국했다. 함께 수감되었다가 1주일 먼저 풀려난 이병희가 그의 시신을 인수하여 화장하고, 그 유골을 육사의 동생 원창을 통해 국내로 보냈다. 여기에 등장하는 이병희는 육사와 같은 고향 마을 원촌 출신이자, 처녀의 몸으로 독립운동에 투신한 인물이다.

육사가 마지막 불꽃을 태우던 해방 전야는 대다수의 문인들이 친일이란 오욕의 길을 걷던 때였다. 일제 침략전쟁에 한국 청년을 몰아넣은 한인 가운데 문인이 가장 많을 것 같다. 당시에 생존한 문인 가운데 일제에 협력하지 않은 사람을 찾기가 어려울 정도이다. 그런 어두운 시절이었기에, 육사와 윤동주 같은 별빛이 더욱 아름답고 또렷한 것이다. 만약 이들이 없었다면, 한국의 문단을 무엇이라 평가할까?

우리 민족에게 〈가난한 노래의 씨〉를 뿌려준 〈백마 타고 온 초인〉 이육사. 광야에서 목 놓아 그의 이름을 불러보리라.

김 희 곤

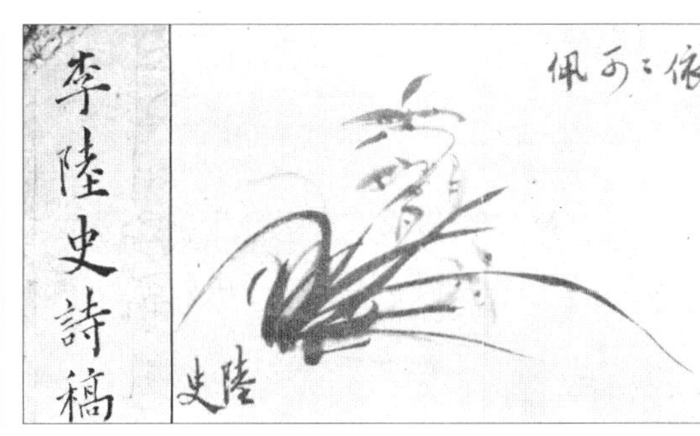

1930년대 후반 시인들과 함께 연 술자리. 육사는 대단한 호주가였다.(위)
안동시 북문동에 세워진 이육사의 시비. 현재 보물 제451호로 지정되어 있다.(가운데)
이육사(아래 왼쪽)
이육사가 직접 친 난초(아래 오른쪽)

이육사의 이름 이야기

이육사의 본명이 이원록이라는 사실은 누구나 안다. 청년기에는 이원삼이란 이름이 쓰였다. 이활李活은 1926년 중국 광동성 광주에 자리 잡은 중산대학 동창생 명부에 처음 등장한다. 또 1929년 5월 옥고를 치르고 나온 직후 신문기자로 활동할 때도 이활이란 이름이었고, 다음 해 1월 첫 시詩 〈말〉을 발표할 때도 그러했다. 1930년대 중후반 시작품은 주로 육사라는 이름으로, 평론은 대개 이활이라는 이름으로 발표했다.

이육사라는 그의 이름은 감옥에 있던 수인번호에서 나온 것으로 알려진다. 그래서 264라거나 64라고 이야기되지만, 264가 옳다고 생각된다. 육사가 그의 필명으로 숫자를 사용한 경우가 단 한 차례 발견되는데, 출옥한 이듬해 발표한 글에서 '이활'과 '대구이육사大邱二六四'란 이름을 묶어 사용한 경우가 그것이다.

가장 널리 알려진 필명은 육사陸史이다. 하지만 264에서 곧장 陸史로 가기보다 그 중간에 '육사戮史'와 '육사肉瀉'를 거쳤다. 앞의 이름은 "역사를 죽이겠다"는, 즉 일제 침략과 통치를 부수겠다는 혁명성을 지녔고, 뒤의 것은 "고기 먹고 설사한다"는 뜻이니 세상을 비아냥거리는 말이다. 바로 그 직후에 남경으로 가서 陸史라는 이름으로 '조선혁명정치군사간부학교'의 1기생이 되었다.

따라서 본명인 이원록 외에 이원삼(1922), 이활(1926~1939), 大邱二六四(1930), 戮史(1930), 肉瀉(1932), 陸史(1932~1944)로 변했다고 볼 수 있다. 그의 이름 자체가 일제 침략에 대항하는 저항의식을 담고 있다는 점을 헤아려두자.

김락·남자현·정칠성

"안동의 양반 이중업의 처는 대정 18년(1919) 소요 당시 수
비대에 끌려가 취조를 받고 실명했다. 이후 11년 동안 고생
하다가 소화 4년(1929) 2월 사망했다. 아들 이동흠은 그녀가
밤낮으로 적개심을 잊지 않았다고 고백하고 있다."

지사 집안의 뒤치다꺼리를 도맡다, 김락

2001년 8월 15일 독
립유공자로서 건국훈장에 추서된 안동 출신 여성 독립운동가 김락
金洛(1862~1929)에 관한 일본 경찰의 극비자료《고등경찰요사高等警
察要史》의 한 대목이다. 그녀의 활동을 말해주는 것은 이 석줄 분량
의 글이 전부이다.

김락은 경상도 도사都事를 지낸 부친 김진린金鎭麟과 어머니 함
양 박씨 사이에 4남 3녀 중 막내딸로 1862년 안동 내앞에서 태어났
다. 집안에서 귀여움을 받으며 다복하게 자란 그녀는 당시 양산군

수로 있던 이만도의 장남 이중업과 결혼했다. 그녀의 결혼 생활은 고난의 연속이었다. 결혼 6년 만에 시어머니를 잃었고, 시아버지는 1896년 을미의병 당시 예안의 의병장을 맡았다. 그녀의 남편, 시동생, 그리고 모든 집안 종복까지 의병에 가담하게 되었을 때, 불안하고 심산했던 심정은 이루 말할 수 없었을 것이다.

의병장이던 시아버지는 1910년 경술국치庚戌國恥에 항거하여 단식하다 순국했다. 남편은 부친의 뜻을 받들어 독립운동에 투신, 1919년 유명한 '파리장서' 사건에서 당시 유림의 핵심인물로 활동했다. 친정 식구들마저 만주로 망명길에 올랐다. 게다가 맏아들 동흠은 '대한광복회'에 가담, 독립투쟁의 대열에 앞장서고 있었다. 그녀는 1919년 안동에서 벌어진 3·1만세 시위에 적극 가담했다가 혹독한 고문 끝에 실명을 당했다. 이후 죽음에 이르는 10여 년간 앞 못 보는 상황에서도 그녀는 남편과 자식들과 함께 항일투쟁에 매진했다.

김락은 의병장도 아니고 독립운동을 앞장서 주도한 이도 아니었다. 그렇지만 그녀는 그러한 사람들이 활동할 수 있도록 자리를 펴주고 보살폈다. 그녀가 없었다면 훈장에 추서된 26명이나 되는 그녀의 독립지사 친인척들은 있지 않았을 것이다. 하지만 남성들만의 투쟁으로 그려졌던 의병항쟁의 역사에서 김락과 같은 여성이 등장한 것은 최근의 일일 뿐이다.

만주 독립군의 어머니, 남자현
1920~1930년대 만주 지역에서

활동한 항일무장운동 진영의 유일한 여성 대원이자, 만주 독립군의
어머니로 불리던 여걸, 남자현南慈賢(1872~1933)이 있었다. 그녀는
영남의 석학 영양남씨 통정대부通政大夫 남정한의 막내딸로 태어났
다. 아버지는 딸에게 손수 글과 학문을 가르쳤으며 민족주의에 입
각한 엄격한 교육을 시켰다. 그녀는 19세 되던 해에 의성 김씨 가문
의 김영주金永周와 결혼했다. 그로부터 5년이 지난 1896년, 남편은
민비시해 사건에 격분하여 일어난 을미의병에 가담, 홍구동 전투에
서 전사했다. 남자현은 23세의 젊은 나이에 홀몸이 된 것이다.

유교 가문에서 자란 남자현은 독립운동에 뜻을 두면서부터 기독
교로 개종했다. 기독교인들이 주도한 3·1운동에 적극 가담하면서
새로운 종교의 필요성을 자각했기 때문이다. 그리고 3·1운동 당시
일제의 무자비한 탄압을 경험하면서 만주 망명을 결심했다. 만주에
서 그녀는 이상룡李相龍이 이끌던 서로군정서西路軍政署의 여성 대
원으로 입대했다. 그녀는 부상당한 병사들을 간호하는 일을 맡는
한편, 전투에 직접 참여하기도 했다.

하지만 여성 가장으로서 가족들을 소홀히 하지도 않았다. 전투가
계속되던 이동 생활 중에도 가족들을 위한 안전한 터전을 마련하기
위해 노력을 아끼지 않았다. 그리고 그녀는 홀로 된 시어머니를 정
성껏 봉양하는 효부이자 유복자 김성삼을 훌륭히 키워낸 어머니이
기도 했다. 전통적인 여성의 삶을 살면서도 민족의 위기 앞에서는
분연히 일어선 그런 여성이었던 것이다.

그녀의 활동 가운데 가장 돋보이는 것은 남성들도 하기 힘들다던

비밀 항일투쟁단체인 의열단義烈團 활동이었다. 그녀는 환갑을 넘긴 62세의 고령에도 불구하고 1933년 만주 주재 일본 대사 무토 노부요시武藤信義의 암살계획에 깊숙이 간여했다. 이 사건으로 그녀는 일본 경찰에 체포, 하얼빈의 일본 영사관 감옥에서 혹독한 고문을 당했다. 그녀의 투쟁은 이것으로 끝나지 않았다. 영어의 몸으로 그녀는 단식 투쟁을 벌이는 작은 전쟁을 몸소 실천에 옮겼다. 이 과정에서 몸이 극히 쇠약해진 그녀는 보석으로 풀려났지만, 끝내 그 해 한 많은 세상을 하직했다.

기생 출신 사회주의자, 정칠성

기생 출신이면서 사회주의 운동가라는 수식어가 따라붙는 정칠성(1897~1958)의 삶은 매우 독특하다. 그녀는 나이 일곱에 기생 학교에 들어갔다. 당시 기생들이 12, 13세에 시작한다는 것을 고려하면, 그녀의 가정 형편이 어떠했는지 짐작할 수 있다. 그녀는 18세에 대구에서 상경하여 남도 출신 기생들이 모여 있던 '한남권번'에 금죽이라는 기명妓名으로 등록했다. 하지만 그녀는 3·1운동과 함께 사회주의 운동가로 다시 태어났다.

정칠성이 기생에서 민족주의자로 변신할 수 있었던 것은 그녀가 일찍이 사회를 경험하면서 현실 정세를 민감하게 읽을 수 있었기 때문이다. 사람들은 그녀를 '사상기생'이라 불렀다. 1922년 그녀는 일본에 유학, 사회주의 여성운동 이념을 학습했다. 1년여의 일본 유학을 마치고 귀국한 그녀는 1924년 우리나라 최초의 사회주의 여성

단체인 '조선여성동우회'의 창립멤버가 되었으며, 이듬해 경북에서 조직된 '사합동맹'에도 관여했다. 그리고 1927년에 창립된 신간회의 자매단체 '근우회'의 발기인으로 참여하기도 했다. '근우회'는 여성 항일구국운동과 여성 지위향상을 위한 운동단체로 잘 알려져 있다.

정칠성이 관여한 단체들은 한결같이 여성해방과 무산계급 여성에 의한 새로운 사회 건설을 목표로 했다. 그녀에게 진정한 신여성은 "모든 불합리한 환경을 부인하는 강렬한 계급의식을 가진 무산여성"이었으며, 여성해방은 계급해방을 통해서만 실현될 수 있다고 믿었다. 따라서 그녀의 활동은 여성 대중의 의식변화를 이끌어 내고자 여성 문제에 관한 출판 활동, 강연과 시위에 집중되었다. 이러한 그녀의 활동은 일제의 탄압이 강화되면서 중지되었다.

1945년 해방되던 해 그녀는 '조선공산당 경북도당 부녀부장', '조선부녀총동맹'의 중앙위원으로 활동했다. 하지만 반공을 국시로 내건 이승만 정권의 탄압으로 남한에서의 합법적인 활동이 불가능해지자, 남로당계 인사들과 함께 월북했다. 그녀는 일관되게 사회주의 사상을 기반으로 여성운동가로 살았다. 그렇지만 그녀는 박헌영과 같은 남로당원들이 숙청당한 1958년, 같은 당원이라는 이유로 숙청되고야 말았다. 그렇게 정칠성은 61세의 일기로 불꽃같았던 생을 마감했다.

이 미 원

 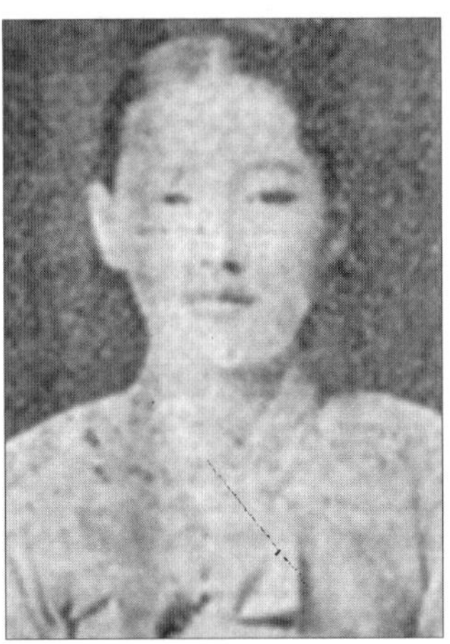

대구광복회관에서 볼 수 있는 남자현 여사의 영정(위 왼쪽)
정칠성의 사진(위 오른쪽)
하얼빈 남강 외인묘지에 있는 남자현 여사의 묘지. 비석 오른편에 선 사람이 유
일한 혈손 김성삼 씨(아래)

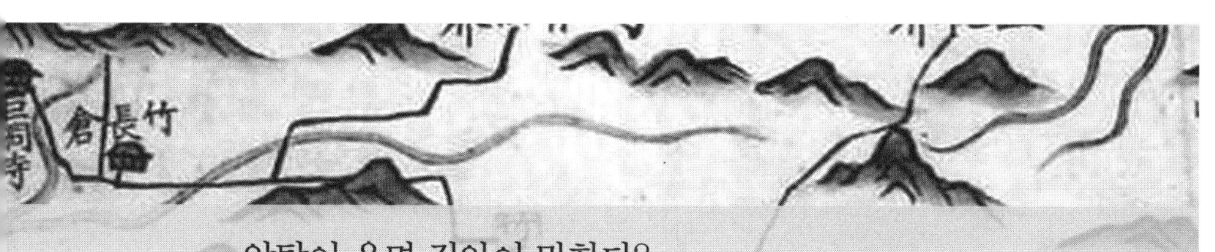

암탉이 울면 집안이 망한다?

"암탉이 울면 집안이 망한다"는 말이 있다. 여성들의 사회적 역할에 대한 부정적 시각을 단적으로 드러내는 말이다. 특히 영남 지역은 유교적 성향이 강하고, 가부장의 권위를 중요하게 여기는 곳이어서, 여성들의 사회적 지위가 제대로 인정받지 못하는 것으로 잘 알려져 있다. 물론 지금은 시대가 달라져 여성들의 활약이 활발해졌지만 말이다.

하지만 영남 지역의 여성들이 집안을 지키는 것에서 더 나아가 민족을 지켜낸 사례들이 적지 아니 발견되고 있다. 민족을 지켜낸 영남 여성들은 특수 계층에 한정되지 않았다. 전통적으로 보수적인 양반 집안의 여성들, 몰락한 집안의 딸들, 그리고 기생 출신에 이르기까지 다양했다. 이밖에도 "교육을 통해 민족혼을 고취시킨 동양의 여걸"로 일컬어지는 김천의 최송설당(1855~1939), 향토문학을 통해 민족과 여성의 고난을 표현한 경산의 장덕조(1914~?), 영천의 백신애(1908~1939), 안동의 조애영, 그리고 빈민의 딸로 태어나 농민운동을 주도한 풍산의 소작운동가 강경옥(1850~?) 도 빼놓을 수 없는 여성들이다.

하지만 이들의 이야기는 우리에게 잘 알려져 있지 않다. 이제까지의 역사가 소위 대의大義로 여겨질 수 있는 일만 기록하고, 남성만이 그 일을 담당할 수 있다고 보았기 때문이다. 여성의 일은 역사적 의미를 가질 수 없었다. 하지만 여성들의 사회적 지위가 상승하면서 여성의 과거에 대해서도 적극적인 역사적 가치를 부여하는 시대가 도래하고 있다. 이것이 역사를 새로이 써야 할 이유이기도 하다.

친일 경찰의 대부 **최석현**

일제시기 반민족행위를 저지른 친일파는 전국에 걸쳐 존재했고, 영남 지역에도 많았다. 친일파 문제에 관심이 있는 사람이라면 이 지역의 친일파로 박중양朴重陽·문명기文明琦·서병조徐丙朝·장직상張稷相 등을 쉽게 떠올릴 것이다. 이들은 경제력을 이용하여 일제에 충성하고, 자신들의 영혼을 일제에 팔아넘긴 민족반역자였다. 하지만 대표적인 친일파로 분류되는 친일 경찰의 면면을 알고 있는 사람은 드물다. 이 지역은 독립운동이 활발하게 전개된 만큼 이를 탄압한 친일 경찰도 많았다. 그 가운데 대표적인 인물로는 최석현崔錫鉉(1893~? 창씨명 : 山本祥資)을 꼽을 수 있다. 그는 30여 년 동안 헌병보조원과 고등계 형사로 독립운동을 탄압하며 일제에 충성을 다했던, 그야말로 일제에 온몸을 바쳤던 이 지역 친일 경찰의 대부였다.

악명 높은 고문 기술자

최석현은 1893년 경북 봉화군 소천면 석포리에서 출생했다. 그는 22살이던 1915년 영주 헌병분대의 헌병보조원이 되면서 반민족행위의 길로 들어섰다. 당시 헌병보조원은 독립운동을 염탐하고 독립 운동가를 취조하는 과정에서 고문을 자행하여 일반인 사이에서 일제 헌병이나 경찰보다도 악명이 높았다. 일제가 1919년 3·1운동의 영향을 받아 헌병경찰제를 폐지하자, 그는 영주경찰서의 순사로 승급했다.

최석현은 출세를 위해 독립운동조직을 적발하고 독립 운동가의 검거를 주된 임무로 하던 고등계 형사를 자임했다. 그는 자신이 체포한 독립 운동가를 조사하면서 갖은 고문을 자행했다. 경북경찰부 고등계 형사로 재직 중이던 1923년 소위 '가이甲斐순사 살해사건'을 취급하면서 관련자에게 성고문을 비롯한 온갖 고문을 자행했으며, 1927년에는 부하인 남학봉南學鳳·고창덕高昌德과 함께 김창숙金昌淑을 고문하여 두 다리를 못 쓰는 불구로 만들었다. 1930년대에는 김천 지역 독립운동사건을 지휘하면서 부하들에게 고문을 지시, 관련자가 사망하기도 했다. 고문 사실이 재판 과정에서 드러나 증인으로 소환되거나 고소되기도 했지만, 일제하에서 문제될 리 없었다. 오히려 그는 1925년 순사 부장과 경부보警部補로, 1929년에는 경부警部로 각각 승진했다. 초고속 승진이었던 셈이다.

1927년에 발생한 '조선은행 대구지점 폭파사건'은 대구는 물론 전국을 깜짝 놀라게 한 대사건이었다. 그러나 이 사건의 주도자를 비롯한 사건의 전모는 쉽게 밝혀지지 않았다. 최석현은 2년에 걸친 조사 끝에 주도자가 장진홍張鎭弘임을 밝혀내고, 그를 체포하기 위해 일본으로 건너갔다. 하지만 일본에서도 장진홍을 체포하지 못하자, 일본의 사찰을 찾아가 "국가를 위해, 사회를 위해 흉한兇漢을 무사히 체포하게 해 달라"고 기원하기까지 했다. 결국 장진홍은 체포되어 재판에서 사형선고를 받았다. 장진홍은 일제에 의해 치욕스런 죽음을 당하기보다는 차라리 스스로 목숨을 끊는 것이 일제에 대한 마지막 항거라고 여기고, 1930년에 자결, 순국했다.

일제보다 더 일본적인 경찰들

최석현은 1932년에 송세태와 함께 독립 운동가를 체포하고 난 뒤, "웬일인지 기쁜 눈물이 뺨에 흐르고 있다"고 격한 감정을 토로했다. 그야말로 '일제보다 더 일제적인' 인물이었던 것이다. 그리고 박정희 전대통령의 형이자 선산 지역의 대표적인 민족운동가 박상희朴相熙를 체포하기도 했다. 이처럼 최석현은 일제 초기부터 해방직전까지 영남 지역 독립운동 관련사건의 대다수를 취급하고, 독립 운동가를 탄압하는 반민족행위를 저질렀다. 이러한 '눈부신 공로'로 1935년 일제가 식민지지배 25주년을 기념하면서 마련한 조선인 공로자로 표창을 받았으며, 1940년 마침내 경찰로서는 가장 높은 계급인 경시警視로 승진했다.

그의 반민족행위는 여기서 그치지 않았다. 경북 '경찰관교습소' 소장을 지내면서 많은 친일 경찰을 교육·육성했으며, 이 과정에서 독립운동단체를 적발하고 독립 운동가를 체포·고문하는 '비법'을 전수했다. 그는 1945년 조선인으로서는 좀처럼 기용되기 어려웠던 '경찰의 꽃' 도경찰부 고등경찰과 과장으로 승진했다. 그리고 1945년 7월

경찰직을 떠나 강원도 영월군수로 재임하던 중 해방을 맞았다.

최석현 외에도 이 지역에는 친일 경찰이 많았다. 출세를 위해 초등학교 제자를 서슴없이 고문하며 '오니게이부鬼警部' 즉 '귀신잡는 경부'로 불렸던 서영출徐永出, 의성경찰서 고등계 형사였던 배만수裵萬壽, 최석현과 함께 장진홍 열사를 취조하는 등 20여 년간 고등계 형사로 이름을 날린 김성범金成範, 그리고 김성범과 함께 '왜관독서회사건', '건국동맹사건'을 취조하며 10여 년간 고등경찰 노릇을 해온 문구호文龜祜 등이 있었다. 이들 외에도 안동농림학교의 '조선회복연구단' 단원들을 체포한 이대우李大雨, 손대용孫大龍을 비롯, 김진탁金晋卓·이성옥李成玉·이정희李貞熙·김희택金熙澤 등도 악명을 떨친 친일 경찰이었다.

허 종

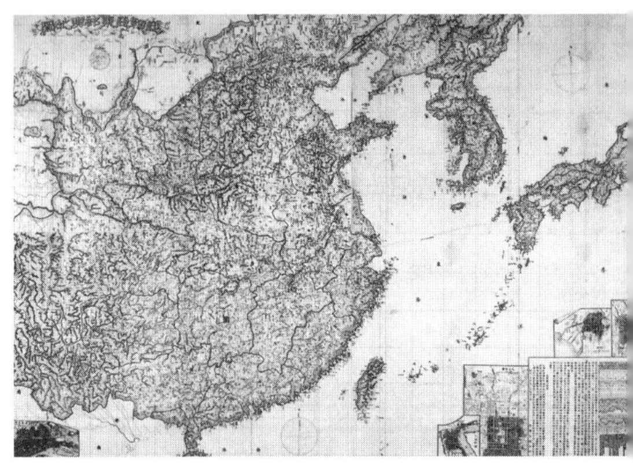

반민특위가 왜경 앞잡이 최석현을 잡기 위해 고향인 봉화군 석포면 석포리에 출동했다는
1949년 5월 12일자 〈영남일보〉 기사(위 왼쪽)
《아세아동부여지도亞細亞東部輿地圖》. 木村信卿. 1874년. 일본은 이미 19세기 후반부터 한국, 만
주, 중국에 대한 관심이 많았다. 출전 《한국의 옛 지도》(영남대박물관, 1998)(위 오른쪽)
친일경찰 최석현의 행방이 묘연하다는 1949년 7월 28일자 〈영남일보〉의 보도 내용(아래)

친일파 청산은 지금도 여전히 유효한 과제

해방 이후 우리 민족의 최대 과제는 자주적인 민족국가의 수립이었다. 이를 위해서는 무엇보다 친일파를 비롯한 일제 잔재의 청산이 중요했다. 그러나 미 군정이 친일파를 보호·육성하고 권력의 요직에 기용함으로써, 친일파 청산은 무산되었다. 친일파 청산은 제헌국회가 '반민족행위처벌법'을 제정하고, '반민족행위 특별조사위원회(반민특위)'가 활동하면서 개시되었다. 영남에도 '반민특위 경상북도 조사부'가 설치되어 최석현의 체포에 나섰다. 당시 대구는 물론 서울의 주요 신문도 최석현을 '독립투사의 흡혈귀'로 묘사하며 대서특필할 정도로 관심이 높았다. 그러나 최석현은 도피하여 끝내 체포되지 않았다.

이후 친일파는 권력은 물론 사회 모든 분야에서 주도적 지위를 차지한 반면, 독립운동가는 친일파에 의해 민족반역자로 몰려 처단 당하는 경우가 많았다. 그야말로 '악화'가 '양화'를 구축하는 형국이었다. 이 때문에 세간에는 '독립운동을 하면 3대가 망하고, 친일을 하면 3대가 흥한다'는 속설이 널리 퍼졌다. 최근 조사에서 독립유공자 후손 10명 중 6명이 고졸 이하에다 직업도 없이 사회 밑바닥 생활을 하고 있다는 결과가 나와, 속설을 사실로 증명한 바 있다.

발전적이고 건강한 사회로 나아가기 위해서는 지나간 과거에 대한 명쾌한 정리가 반드시 필요하다. 오욕과 굴종의 시대였다면 더욱 그러하다. 독립유공자를 예우하고, 친일파의 반민족행위를 규명하지 않는 한, 그리고 가치판단의 기준이 옳고 그름이 아닌 이해득실 여부라는 믿음이 계속되는 한, 국가가 또다시 위기에 처했을 때 제2, 제3의 친일파가 나오지 않으리란 보장이 없다. 그런 상황에서 누가 다시 독립운동을 하겠는가.

"나는 대한 사람으로 일본 법률을 부인한다. 일본 법률논자에게 변호를 위탁한다면 대의에 모순되는 일이다. 나는 포로다. 포로로서 구차하게 살려고 하는 것은 치욕이다. 내 결코 지조를 바꾸어 남에게 변호를 위탁하여 살기를 구하지 않는다."

죽을지언정 목숨을 구걸하지는 않겠다

일제강점기에 독립운동을 펼치다 1928년, 재판에 회부된 심산 김창숙心山 金昌淑(1879~1962)이 주변의 간곡한 권유에도 불구하고 변론을 거부하면서 한 말이다. 심지어 그는 징역 14년이라는 중형을 선고받은 뒤에도 항소를 거부했다. 일제의 식민 지배 자체를 인정하지 않기 때문에 일제의 법을 무시한 것이고, 그 때문에 죽을지언정 구차하게 목숨을 구걸하지 않겠다는 것이 그의 신념이었다.

옥중에서도 그의 기개는 조금도 흔들리지 않았다. 교도소장이 최남선崔南善이 쓴 〈일선융화론日鮮融和論〉을 읽고 감상문을 쓰라고 요구했다. 일종의 '전향서'를 요구한 것이다. 이 무렵은 이전에 활발하게 독립운동을 펼쳤던 자들이 '방향전환'이란 미명하에 '변절'을 일삼던 시기였다. 하지만 김창숙은 "나는 반역자가 미친 소리로 요란하게 짖어대는 흉서凶書를 읽고 싶지 않다. 기미년 독립선언서가 남선의 손에서 나오지 않았는가. 이런 사람이 도리어 일본에 붙어 역적이 되었으니 비록 만 번 죽여도 죄가 남는다"고 책을 던지면서, 최남선의 훼절을 신랄하게 비판했다.

전통유림에서 혁신유림으로 거듭나다

김창숙은 1879년 경북 성주군 대가면 사월리에서 부친 김호림金護林과 모친 인동 장씨 사이에서 태어났다. 남명 조식의 외손서이자 고제였던 16세기 후반의 대학자 동강 김우옹東岡 金宇顒의 13세 종손이었던 그는, 명문가에서 태어나고 성장했지만 이후 혁신유림으로 거듭났다. 혁신유림은 19세기 후반 양반사회의 최대 화두였던 위정척사衛正斥邪 계열의 민족주의 관념에서 탈피하여, 자주적 민족주의 사상을 정립하고자 노력한 20세기 초반 양반지식인들의 움직임을 말한다. 이상룡李相龍·유인식柳寅植·김동삼金東三·박은식朴殷植·신채호申采浩 등이 이 계열의 대표적인 인물들이다. 이들은 양반가의 전통적인 생활윤리를 고수하면서도, 근대국가 이념을 수용하여 봉건주의와 복벽주의를 극복하고자 애쓰기도 했다.

김창숙이 혁신유림으로 전환하는 데 결정적인 영향을 끼친 이는 바로 부친 김호림이었다. 그는 이미 당시 사회에 불어 닥치고 있던 거대한 변화의 움직임을 감지하고, 문벌이나 계급타파와 같은 진보적인 가르침을 아들에게 가르쳤다. 부친의 가르침을 받은 김창숙의 구국운동은 스승 이승희李承熙와 행동을 같이 하면서 본격화되었다. 1905년 을사조약 이후 스승과 함께 상경하여 을사오적乙巳五賊의 목을 벨 것을 상소하는가 하면, 1909년 한일합방을 공공연히 주장하는 일진회一進會의 송병준·이용구 등을 규탄하고, 이들의 처단을 강력하게 요구했다. 나아가 국권회복을 위해 이덕후李德厚·박의동朴儀東과 함께 계몽단체인 '대한협회' 성주지회를 만들어 활동하기도 했다. 1910년 초에는 향리 양반들의 반대를 무릅쓰고 새 시대에 통하는 선비를 길러야 한다는 믿음으로 청천서당晴川書堂에 사립 성명학교星明學校를 세워 교육운동에 전념했다.

이러한 노력에도 불구하고 나라가 일제 식민지로 전락하자, "나라가 망했는데 선비로서 이 세상을 사는 것은 큰 치욕이다"고 통탄하며, 술을 마시고 미치광이 짓을 하면서 여러 해를 보냈다. 그러다가 모친의 간곡하고도 엄중한 가르침에 따라 이후 5년간 세상사를 멀리하고, 오직 각종 경서와 서적을 섭렵하면서 학문에 매진했다. 그의 폭넓은 소양은 대부분 이때 쌓은 것이었다.

두 아들까지 독립운동의 제단에 바치다

은둔하고 있던 김창숙을 다시 세상으로 불러낸 것은 1919년 3·1운동이었다. 그리고 세상 사람들이 그를 다 알게 된 계기는 두 차례의 '유림단사건' 이었다. 3·1운동의 불을 지핀 '독립선언서' 에 서명한 민족 대표 33인에는 유림의 대표가 유독 빠져 있었다. 김창숙은 이를 통탄하고 유림의 뼈를 깎는 반성을 촉구했다. 동시에 스승 곽종석郭鍾錫 등과 함께 '한국독립청원장서韓國獨立請願長書' 를 작성하여 파리강화회의에 대표를 파견하기로 결의하고, 이중업李中業·곽대연郭大淵·유준근柳濬根·김황金榥 등 전국 유림 대표 137명의 서명을 받았다. 그는 중국 상해로 건너가 프랑스 파리에서 열리고 있는 강화회의로 이 장서를 발송했다. 이것이 '파리장서사건' 또는 '제1차 유림단사건' 이다.

일제의 감시망이 강화되는 상황에서 더 이상 국내 활동이 불가능하다고 판단한 김창숙은, 이후 상해에 머물면서 임시정부의 의정원 산하 경상도 의원으로 활동했다. 그렇지만 1920년대 중반에 이르러 임시정부는 산하 단체들의 노선 대립과 주도권 분쟁으로 극심한 침체에 빠졌다. 김창숙은 이회영李會榮과 더불어 새로운 독립운동기지 건설을 통해서 이러한 난관을 돌파하려 했다. 중국 동삼성東三省, 곧 만주 일대에 한인교포들을 모아 집단거주지를 마련하고, 독립군을 양성하여 국내로 진공한다는 계획이었다. 이를 위해 중국 국민당과 교섭하여 황무지 3만 정보를 무상으로 조차 받았다.

김창숙은 1925년 국내로 직접 잠입하여 군자금을 모금하는 책임을 맡았다. 이른바 '제2차 유림단사건' 이 이것이다. 8개월 동안이나 계속된 모금활동은 기대했던 만큼의 성과를 거두지 못했다. 김창숙은 이러한 결과가 일제의 잔학한 통치로 민족의식이 말살된 데서 비롯되었다고 판단했다. 그리하여 죽어가는 민족혼을 일깨우기 위해 일제 기관을 파괴하고 친일파를 처단하는 적극적인 계획을 모색했다. 1926년 의열단원 나석주羅錫疇가 일제 침략의 상징이던 '동양척식주식회사'와 '조선식산은행'에 폭탄을 투척한 사건은 이러한 노력의 결과였다.

몸을 돌보지 않은 채 지칠 줄 모르는 활동을 지속한 김창숙은, 급기야 병을 얻어 상해의 한 병원에 입원하게 되었다. 그곳에서 그는 일제 밀정에게 발각되어 체포, 국내로 압송되었다. 그리고 그는 대구 감옥에서 일제 경찰의 혹독한 고문을 받아 하반신이 마비되는 불구가 되었다. 오랜 감옥 생활로 인해 심신이 황폐해질 대로 황폐해진 그는 1934년 극심한 병고 끝에 가출옥했다. 그 무렵 당대의 명망가들은 하나 둘 친일파로 전락해가고 있었다. 그렇지만 김창숙은 끝까지 창씨개명을 반대하는 등 기개를 꺾지 않았다. 오히려 1944년 일제의 패망을 예견하고 결성된 '건국동맹'의 남한 책임자로 추대되었다가, 일제 경찰에 체포되어 구금되기까지 했다. 그는 결국 감옥에서 평생 그리던 조국의 해방을 맞았다.

김창숙은 자신을 희생시켰을 뿐만 아니라 두 아들도 독립운동의 제단에 바쳤다. 북경에서 항일투쟁을 하던 큰아들 환기煥基는 일제 경찰에 체포된 뒤 혹독한 고문 끝에 옥사했다. 둘째 아들 찬기燦基도 학생운동으로 두 차례나 투옥되는 고초를 겪고, 1945년 10월 머나먼 이국 땅 중국의 중경重慶에서 해방의 기쁨을 채 느끼기 전에 숨져 한 줌의 재로 돌아왔다.

민족국가 건설운동과 반독재민주화운동을 전개하다 조국

의 진정한 해방을 위한 그의 열정은 해방 이후에도 조금도 식지 않았다. 해방 직후 김창숙은 성주에서 '임시치안유지회'의 결성을 주도했으며, 대구에서는 좌우세력의 연합을 위해 각고의 노력을 기울였다. 1948년 UN 결의로 남한만의 단독선거가 확정되자, 김규식·홍명희와 더불어 국토분단과 민족분열을 초래하는 단정單政을 거부하는 '7거두 성명'을 발표하기도 했다. 불의와 타협하지 않는 그의 '선비정신'은 1950년대에 접어들면서 이승만 독재정권에 반대하는 투쟁으로 이어졌다. 1958년 이승만이 집권연장을 위해 '국가보안법'을 개악하자 이승만의 사퇴 권고 서한을 보내는 등, 반독재투쟁에 앞장섰다.

한평생 독립운동에 헌신했던 김창숙은 가사를 돌볼 여유가 없었다. 있던 재산마저 독립운동에 다 털어 넣은 터였다. 그 때문에 그는 만년에 병원비조차 구하지 못한 채, 허름한 여관과 병원을 전전하다가 1962년 84세를 일기로 치열했던 삶을 마감했다. 한평생 격동의 한국 근현대사를 고스란히 겪으며 한순간도 흐트러짐 없이 대의명분을 위해 지조를 지켰던 김창숙. 그의 삶은 실천하는 지성으로서 살아간 진정한 '마지막 선비'의 모습, 그것이었다.

허 종

期日도極秘密裡에
金昌淑等公判開廷
家族外엔傍聽客도全無
◇의렬단의고문으로유림단의두령◇
海外活動十個星霜
各旅館搜索
殊常人
晉州方面에
四名을

公判期杳然
辯護도拒絶
면회신청이여간만치안허
獄中의金昌淑近況

김창숙이 교육운동을 펼치기 위해 성명학교로 이용했던 청천사당(위 왼쪽)
김창숙의 생가. 경북 성주군 대가면 사도실 마을(위 오른쪽)
김창숙의 재판상황을 대서특필했던 당시의 신문(가운데 왼쪽)
김창숙 사진(가운데 오른쪽)
식민지 자체를 거부하기에 변호도 거부했던 김창숙(아래)

다정다감한 아버지

"지조를 지키기란 참으로 어려운 일이다. 자기의 신념에 어긋날 때면 목숨을 걸어 항거하여 타협하지 않고 부정과 불의한 권력 앞에는 최저의 생활, 최악의 곤욕을 무릅쓸 각오가 없으면 섣불리 지조를 입에 담아서는 안 된다. 정신의 자존自尊 자시自恃를 위해서 자학自虐과도 같은 생활을 견디는 힘이 없이는 지조는 지켜지지 않는다."

이것은 청록파 시인 조지훈이 쓴 '지조론志操論'의 일부이다. '지조론'은 김창숙을 모델로 한 것이 아닌가 여겨질 정도로, 그는 한평생 불의와 타협하지 않았다. 그런 그도 가족 앞에서는 평범한 인간에 불과했다. 몸이 약한 둘째 아들 찬기가 투옥되자, 아버지 노릇 제대로 하지 못한 자신의 신세를 한탄하면서, "오장육부가 터질 듯하여 병석에서 슬피 울며, 이제까지 구차하게 연명하여 이런 광경을 보게 된 것을 한스러워"하는 애틋한 편지를 보내는 아버지였다.

서른 살 젊은 나이에 불귀의 객이 되어 돌아온 남편을 대신해 삯바느질로 자식을 돌보며 생계를 꾸려가는 둘째 며느리 월성 손씨孫應喬(89세)의 생활은 무척이나 팍팍했다. 시아버지는 그런 며느리가 안쓰러워 재혼을 권했다. 하지만 며느리는 수절을 택했다. 그는 외롭고 고된 삶을 살았던 며느리가 조금이라도 위안을 얻을까 싶어, 담뱃불을 붙여달라면서 담배를 가르쳐준 자상한 시아버지이기도 했다.

"국내에서는 한일수교 회담과 관련해 정치자금 수수의 흑막
이 있느니 굴욕적이니 뭐니 해서 비판도 많고 반대도 심하지
만, 우리가 미국 놈들에게 밀가루나 얻어먹고 사는 게 자존
심을 지키는 것이냐. 나라 경제를 일으키기 위해서는 이 길
밖에 없다는 게 내 신념이다. 설사 굴욕적인 측면이 있더라
도 우리가 이 기회를 살리지 못하면 왜놈들에게 더 큰 굴욕
을 받아가며 살아야 할 것이다. 나는 내 정치생명을 걸고 이
일을 추진할 생각이다."

새로운 엘리트 집단의 등장

1961년 5월 16일 군사 쿠테타를 통
해 집권한 박정희朴正熙(1917~1979)는 1963년 말 민선 대통령으로
변신했다. 그러나 바로 이듬해 봄, 최대의 정치적 위기에 직면했다.
그해부터 급물살을 타기 시작한 한일수교회담이 엄청난 국민적 저
항에 부딪혔기 때문이다. 이듬해 여름 수교협정이 정식으로 체결되

기까지 무려 350만여 명으로 추정되는 인구가 데모, 단식, 기도회, 농성 등의 방법으로 반대운동에 참여했다. 당시 야당지도자 윤보선 尹潽善은 그의 퇴진에 대비하여 가상 내각까지 구상할 정도였다.

그러나 이러한 상황에서도 박정희는 회담을 성사시키고자 박태준朴泰俊을 막후 특사로 일본에 파견했다. 위의 인용문은 이때 그가 박태준에게 털어놓은 육성 고백의 일부이다. 이 속에는 경제를 일으켜 자주적 국가를 만들어야겠다는 그의 절절한 염원과 의지, 그리고 이를 위해서는 어떠한 난관도 극복하고야 말겠다는 결의가 배어 있다. 회담 타결을 조국 근대화를 위한 불가결한 조건으로 확신했던 박정희는, 결국 계엄령, 위수령, 휴교령과 같은 국가 강제력을 총동원하여 회담을 관철시켰다. 그가 예측한 바와 같이 한일회담의 타결은 이후 한국 경제를 고도성장 궤도에 올려놓는 기폭제 역할을 톡톡히 해냈다.

박정희는 1917년 11월 4일 경상북도 선산군 구미면 상모리에서 몰락한 집안의 5남 2녀 중 막내로 태어났다. 애초에 대구사범학교에 진학하여 교사 생활을 했지만, 뜻을 바꾸어 만주와 동경에서 군관학교를 마친 뒤 만주군 중위로 근무했으며, 해방 뒤에는 신생 대한민국의 건군 과정에 합류했다. 1961년 봄 군사쿠데타로 18년에 걸친 장기 집권의 막을 열게 될 당시 그는 45세에 불과한 육군 소장이었다.

당시 군부는 한국전쟁과 1950년대를 겪으면서 남북 분단과 냉전이라는 특수 상황 아래 가장 강력하고 뛰어난 실무능력과 강한 국가 의식을 지닌 집단으로 성장하고 있었다. 5·16 당시 박정희는 40대 중반에 불과했고, 소위 '혁명 주체'들이라 불렸던 육사 6~8기생들도 30대 중반을 채 넘지 않는 청장년 집단이었다. 이것은 5·16이 한국의 통치엘리트 내부의 대대적인 세대교체를 촉진한 사건이었음을 의미한다. 박정희는 이러한 새로운 엘리트 집단의 최선두에 서 있었다.

쿠데타 당시 한국의 일인당 국민소득은 82달러로 아프리카 케냐와 비슷한 수준이었다. 카카오를 주로 생산하던 가나의 국민소득이 179달러였으니, 당시 한국은 세계에서 가장 가난한 나라 가운데 하나였다. 또한 한국은 국가 예산의 절반과 국방비 전액을 미국에 의존하는 철저한 대외의존 국가였다. 게다가 북한은 모든 경제 지표에서 남한을 압도했다. 이러한 상황에서 박정희는 조국 근대화를 최우선 국정 과제로 설정하고, 이 목표를 달성하고자 국가 전체를 동원 체제로 재조직했다.

조국 근대화를 향한 대질주

경제 발전 또는 산업화로 대변되는 조국 근대화는, 18년 장기 집권기간을 관통하며 박정희 통치 이념의 근간을 이뤘던 절체절명의 과제였다. 이를 위해 군정 초기부터 관료제의 대대적인 개편, 수출주도형 산업정책, '경제기획원'의 설립과 같은 과감한 정치적·경제적 개혁을 추진했다. 박정희는 자본과 시장을 해외에서 끌어들이는 개방형 발전전략을 과감하게 도입했다. 한일회담의 타결은 이러한 성장전략의 한 과정에 불과했다. 이 과정에서 그는 한국 사회에 깊이 뿌리내리고 있던 배타적 민족주의의 전통을 고수하는 일부 정치인과 지식인 집단의 강한 저항에 맞서지 않으면 안 되었다.

6, 70년대의 한국 사회는 산업화를 향한 대질주의 시기였다. 그리하여 수많은 부작용에도 불구하고, 70년대 말에 이르러 농업사회의 굴레를 벗어나 역동적이고 근대적인 산업사회로 탈바꿈하게 되었다. 이러한 박정희의 경제적 성공은 개발도상국에게 호의적이었던 당시 세계경제의 여건, 50년대를 거치면서 축적되어온 국내 역량, 빈곤 퇴치를 열망하는 사회적 합의가 있었기에 가능했다. 그렇지만 이러한 호조건을 적극적으로 이용하려는 박정희의 강렬한 의지와 지도력 없이는 '한강'의 기적은 도저히 불가능했을 것이다.

그렇지만 이 시기는 경제 분야의 눈부신 성공에도 불구하고 민주주의의 성장이라는 면에서는 큰 후퇴를 경험한 시기였다. 특히 유신시대의 개막과 더불어 삼권 분립, 시민적 권리의 보호와 같은 민주주의 원칙이 희석되거나 무시되어 갔다. 그 결과 민주화 세력과 권위주의적인 산업화 세력 사이의 극단적인 대결이 격화되었고, 그 와중에서 박정희는 측근의 총탄에 목숨을 잃었다. 고도의 경제 성장에도 불구하고 유신시대가 뿌려놓은 권위주의적 통치와 장기집권 기도는 이후 한국 사회를 균열시킨 중요 요인으로 작용하기도 했다. 그 후유증은 오늘날에도 다양한 형태로 한국 사회의 진로를 방해하는 요인으로 작용하고 있다.

그러나 거시적으로 볼 때 박정희는 조국 근대화의 위업을 달성한 지도자로 역사에 기록될 것이다. 산업화의 성공은 한국 사회를 수천 년 해묵은 빈곤의 굴레에서 탈출시켰고 다원적인 민주사회로 나아가는 사회적 토대를 마련해주었다. 특히 체제 경쟁에서 북한에 대한 상대적 우위를 확보하게 된 점, 그리고 개방적 발전전략을 채택함으로써 세계화의 도도한 물결에 능동적으로 참여할 수 있는 역량을 갖추게 한 점 등은 그를 한국 역사상 위대한 위인 반열에 올려놓는 결정적인 요인들이 될 것이다. 이런 점에서 박정희는 근대화의 제단에 삶을 바친 인물로 역사에 길이 남을 것이다.

김 세 중

포항제철 시찰 모습. 박태준이 뒤따르고 있
다.(위 왼쪽)
국궁장에서 활시위를 당기면서 망중한을
즐기고 있는 모습(위 오른쪽)
1958년 여름 서울 화계사에서 박정희 소장
이 만군 출신 장교 가족들과 함께 찍은 사
진. 앞줄 오른쪽에 검은 안경을 쓴 박정희
소장이 장녀 박근혜를 안고 있고, 육영수
여사는 맨 뒷줄 왼쪽에 서 있다.(가운데)
박정희가 직접 구상한 경부고속도로 스케
치(아래)

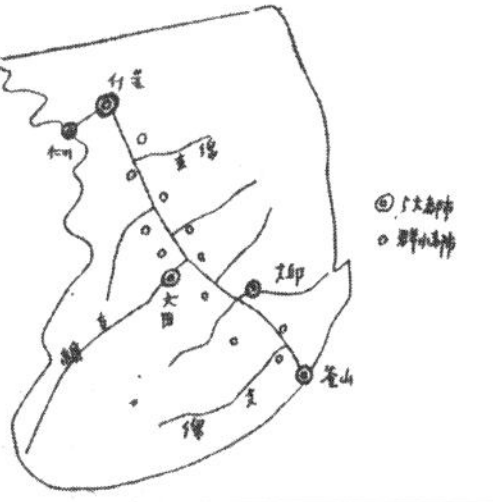

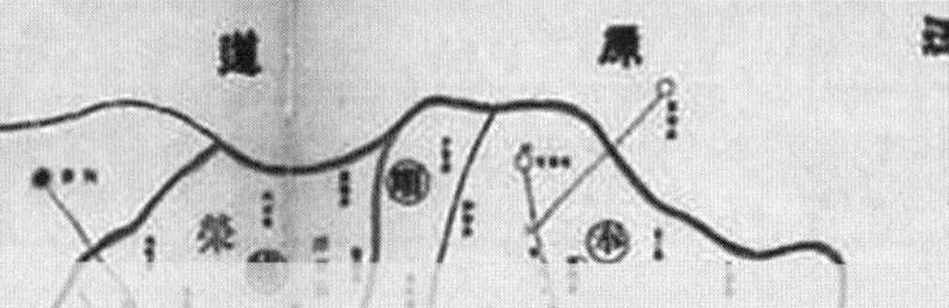

박정희 리더십 다시 읽기

한국 현대사에서 박정희만큼 역사적 공과를 둘러싸고 극단적인 평가가 내려진 인물도 드물 것이다. 그러나 시간이 경과하면서 그에 대한 평가는 점차 긍정적으로 변하고 있으며, 근래 여론조사들은 예외 없이 그를 역대 대통령 가운데 가장 훌륭한 인물로 꼽고 있다. 이런 현상의 배후라 할 수 있는 박정희 리더십의 특징은 무엇일까?

그는 우선 국가 경영을 위한 확고부동한 목표와 비전을 지닌 'CEO형 지도자'였다. '조국 근대화'로 압축되는 그의 국가경영 목표는 정치적 명분 쌓기나 합리화를 위한 공허한 구호가 아니었다. 그것은 오히려 종교적 신념에 가까운 소명의식이었다고 할 수 있다. 한편 그는 신념을 실천에 옮기는 '실사구시형 지도자'였다. 그는 무엇보다도 '일을 되게 하는' 지도자였다. 목숨을 담보로 할 정도로 진지함이 뒷받침된 목표 설정과 실천을 통해, 국민들의 공감대를 형성하고 그들을 분발시켜 실질적인 성과를 일구어내는 '과업 지향적 지도자'였던 셈이다.

그의 뒤를 이어 많은 지도자들이 대통령으로 집권했지만, 대부분은 현란한 언어와 대중 영합적 정책을 쏟아내면서 '수사학적, 선동가적 리더십'을 보여주었을 뿐이다. 이처럼 비교 대상이 늘어나고, 민주화 과정에서 필연적으로 겪게 되는 사회적 혼란이 가중되면서, 그에 대한 평가는 한층 나아지고 있다. 이들과 엄연히 다른 지도자상을 보여준 박정희의 확고한 리더십이 '박정희 추모 열기'를 확산시키는 가장 중요한 이유라 할 것이다.

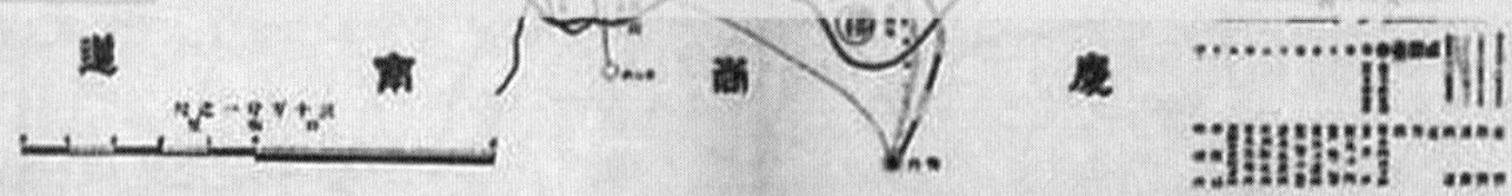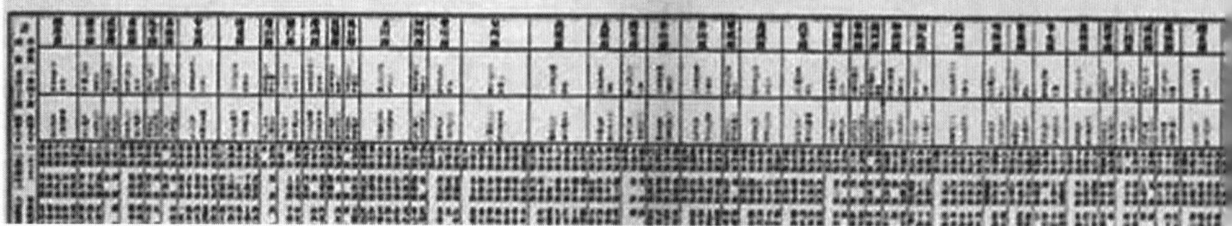

일류가 아니면 죽는다 **이병철**

"일류가 아니면 죽는다. 일류 제품을 만들어라."

"미국에서 성공하고, 일본에서 잘 팔리면, 우리도 반드시 성공한다."

삼성 스타일의 창조

이병철의 이러한 확신과 카리스마가 삼성의 혼을 불러일으켰다. 평소 메모광이었던 그는 매일 새벽 6시 기상과 동시에 그날 할 일을 메모했다. 회사에 출근해서도 끊임없이 메모하고, 또 그 내용을 확인했다. 6시 기상, 메모, 6시 40분 목욕, 시사, 8시 출근을 시계처럼 정확하게 지켰다. 167센티미터, 57킬로그램의 단아한 체구, 머리 한 올, 옷매무새 하나 흐트러짐 없이 언제나 단정한 모습 그대로였다. 자기 비서에게 넘겨줄 메모지도 글자가 비뚤어졌거나 써놓은 것이 마음에 들지 않으면 그 자리에서 찢어버리고 새로 썼다. 필요한 돈 액수를 적을 때에도 얼마짜리 수표 몇 장, 현금 얼마로 구분했다. 공과 사를 구분해서 각기 얼마씩이라고

구분해줄 정도였다. 이러한 그의 생활 태도가 삼성의 기업 정신을 만들고 문화를 형성했으며, 흔히 말하는 '삼성 스타일'을 낳게 한 토대가 되었다.

호암 이병철湖巖 李秉喆(1910~1987) 하면 제일 먼저 생각나는 것, 그것은 다름 아닌 삼성이다. 대한민국 최고의 대표 브랜드, 오늘의 삼성을 있게 한 장본인이다. 한때는 우리나라에서 돈이 가장 많았던 사람, 그래서 세상 사람들은 그를 가리켜 흔히 '돈병철'이라 불렀다. 하여튼 그는 사업이나 인생 모두에서 대성공을 거둔 복 많은 사람의 대명사였다.

이병철은 한일병합이 되던 해인 1910년 태어나서 칠십 평생을 사업에만 전념한, 우리나라의 1세대 기업인이었다. 한창 공부할 시기에 각기병을 얻어 중도에 일본 와세다대학 유학 생활을 포기한 그는, 이후 오랫동안 방황의 늪에서 헤어나지 못했다. 건강이 회복되자 매일같이 무위도식을 일삼았고, 요정 출입도 잦았다. 그러던 어느 날 그는 아버지 이찬우를 찾아가 이제부터 마음을 고쳐먹고 사업에 전념하겠다는 비장한 결심을 밝혔다. 그의 굳은 의지에 감복한 아버지는 그에게 유산 겸 사업 자금으로 300석의 토지를 기꺼이 내주었다. 당시 300석은 한 개 면에 한두 명만 가지고 있을까 말까한 거금이었다. 이렇게 해서 천석꾼 부농의 막내아들 이병철은 1936년 마산에서 친구 둘과 함께 '협동 정미소'를 세워 도정업에 뛰어들었다.

그의 첫 사업은 순탄했다. 도정업의 성공과 함께 식산은행의 저리 대출금을 이용해서 농지 매수 사업에도 손을 대었다. 1937년 김해평야의 200만 평 토지를 매입한 그는 약관 20대의 나이에 일약 경남 제일의 대지주가 되었다. 그러나 오래지 않아 1937년 중일전쟁이 일어나고, 대출금이 묶이자 그의 대박꿈도 일시에 물거품이 되고 말았다. 생애 최초로 실패를 맛본 셈이다. 하루아침에 알거지가 된 그는 많은 생각을 하게 되었다.

젊은 날의 방황, 남의 돈으로 대박을 꿈꾼 요행심, 주먹구구식 경영 등, 자신의 지난날 모습을 뼈아프게 반성하게 된 것이다. 인간은 누구나 실수하고 유혹에 넘어가기 쉬운 존재이다. 더욱이 청년기의 실패는 인생 항로에서 중대한 계기가 되기도 한다. 특히 이병철에게 이때의 교훈은 더 없는 보약이 되어 평생의 좌표로 작용했다.

"맹세코 남에게 의지한 투기성 사업은 하지 않는다."

"치밀하게 준비하고 계획해서 손을 댄 사업은 반드시 성공시킨다."

"개인의 영달을 위해 돈을 버는 게 아니라 철저히 사업보국 事業報國의 대의에 최고의 가치를 둔다."

그런데 이러한 다짐도 따지고 보면, 무언가 도전해서 기꺼이 성취하고야 말겠다는 그만의 독특한 그 무엇이 있었기 때문에 가능했던 것이다. 그 무엇이란 바로 다름 아닌 기업가 정신이었다. "불가능한 일은 모두 내게 맡겨라"며 불퇴전의 용기를 불러일으켰던 정주

영, "지칠 줄 모르는 창의력"으로 글로벌 LG를 일구어낸 구인회, "세계는 넓고 할 일은 많다"고 외친 김우중의 높은 기백, "실패하면 모두 바다에 빠져 죽자"며 철강신화를 만들어낸 박태준의 '우향우' 정신 등, 듣기만 해도 가슴 설레게 했던 우리나라 창업 1세대들의 자랑스런 기업가 정신이 새삼스럽게 떠오른다. 세계적인 석학 피터 드러크Peter Drucker의 지적처럼, 이들이 있었기에 기업가 정신이 가장 돋보였던 나라, 한국이 가능했을런지도 모른다.

운運·둔鈍·근根의 불굴의 기업가

이렇게 많고 많은 별들 중에서 유독 이병철이 제일 밝게 빛나는 이유는 무엇일까. 철저하고 치밀하게, 과학적 사고의 토대 위에서 '일류'라는 거대 요새 삼성을 쌓아 올렸기 때문일까, 아니면 늘 국가가 필요로 하는 것이 무엇인가를 살펴 사업을 구상하는 그의 기업가적 기질 때문일까. 아무튼 그는 한국 사람들의 장단점을 가장 잘 꿰뚫어 본 기업가였다.

> "의심이 가거든 고용하지 말고, 고용한 사람은 의심하지 말라疑人勿用, 用人勿疑."

이병철의 용인술을 가장 잘 드러내주는 말이다. 그는 한국 사람들은 확실한 목표와 책임을 지워주면 세계에서 가장 빠르고 완벽하게 해낼 수 있는 국민적 자질이 있다는 점을 일찍이 간파했다. 그는 특유의 치밀함과 과학적인 사고로 삼성이라는 기업을 시스템화하고 조직화함으로써, 한국인의 가능성을 폭발적 에너지로 분출시킨 뛰어난 CEO였다.

이러한 그의 기업가 정신은 70세가 넘은 나이에 도전한 반도체 사업에서 잘 나타났다. 1970년 초, 1차 오일쇼크 이후 산업구조의 재편에 성공한 일본의 사례를 목격한 그는, 미국을 비롯한 선진국들과 단기간에 어깨를 겨루기 위해서는 반도체 사업이 반드시 필요하다는 사실을 절감했다. 그리하여 꼬박 10년의 세월이 걸린 끝에 1983년 3월 반도체 사업의 시작을 대내외에 공표했다. 이 과정에서 그가 보여준 리더십은 솔선수범 그 자체였다. 실제 사업을 추진할 사람들을 일일이 설득함은 물론 직접 반도체 관련 외국서적들을 탐독하며 공부했다.

"그룹 전체를 태평양 속으로 끌고 가려하느냐"며 반대하던 사람들도 점차 그의 열의를 받아들였다. 그러나 사업이 성공하기까지 선진국들의 집요한 가격 공세와 잇따른 덤핑판정 등 숱한 난관이 그를 기다렸다. 이러한 고비들을 이겨낸 이후 반도체 시장은 점차 활황을 맞게 되었고, 결국 그는 기적과도 같은 '반도체 왕국' 의 신화를 실현해냈다.

가지 많은 나무에 바람 잘 날 없다고 했던가. 삼성 역시 거친 역사의 소용돌이에서 많은 세파에 시달렸다. 1961년 4대 시중 은행 주식의 정부 환수, 부정축재 오명에 따른 추징금 납부, 1967년 '한국비료' 의 강제헌납, 1980년 '동양방송' 의 국영 통폐합 등이 그 대표적인 예이다. 그러나 이러한 어려움 속에서도 그는 기업가 정신을 끝까지 잃지 않았다. 이러한 불굴의 의지는 자신이 평소 표현한 '運運·둔鈍·근根'의 세 글자에서 잘 드러난다. 기회가 올 때까지 끊임없이 준비하고 노력하는 자세의 운運, 고객의 신뢰를 얻기 위해서는 잔꾀를 부리지 말고 끝까지 기본에 충실해야 한다는 둔鈍과 근根의 정신에서, 우리는 21세기가 추구하는 리더십을 발견할 수 있을 것이다.

김 석 우

이병철 회장의 조부 문산 이홍석 공이 세운 문산정文山亭 서당(위)
어린 시절 한학을 배운 이병철 회장이 생전에 붓글씨를 쓰고 있는 모습(가운데)
이병철 회장의 모습(아래 왼쪽)
삼성그룹 이병철 회장의 관련 기사가 실린 외국 잡지들(아래 오른쪽)

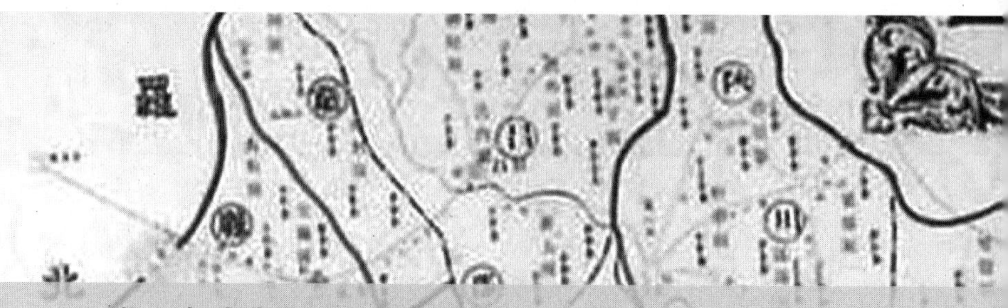

유교적 경제관을 실천한 기업가

이병철, 그는 먹을 걱정, 입을 걱정을 해본 적이 없는 부잣집 아들로 1910년 경남 의령에서 태어났다. 다섯 살 때부터 조부 이홍석文山 李洪錫이 세운 서당에서 6년간 《천자문》과 《통감》, 《논어》를 배웠다. 이처럼 학자풍의 선비 가족이면서도 남달리 이재에 밝은 집안 내력 덕분에, 그는 평생 부에 대한 긍정적인 생각과 유교적 마인드를 갖게 되었다.

그는 만년을 보낸 이태원 한옥으로 손자들을 불러 모아 《논어》를 손수 가르쳤다. 사업을 하든 무엇을 하든, 사람은 몸가짐이 단정하고, 바르게 생각하고 행동하는 것이 우선되어야 한다는 것이 그의 지론이었다. 그의 사후 셋째 이건희는 이러한 아버지의 뜻을 이어받는다는 의미에서 이 한옥을 승지원承志園이라 제명했다.

이병철은 상하관계나 장유유서의 관행도 중시했다. 일례로 박정희 대통령 집권 시절, 그는 정초에 박 대통령에게 세배를 가지 않은 기업인으로 유명했다. 세배 가지 않은 이유는 자신이 박 대통령보다 일곱 살이나 많다는 이유 때문이었다. 상대가 비록 대통령이기는 하나, 나이가 적은 사람에게 세배할 수 없다고 생각한 것이다. 항간에는 '한국비료 사건' 이후 박정희에 대한 불신이 생겨서 그런 것이라고도 하지만, 그보다는 그의 유교적인 사고방식 때문이라는 쪽이 더 우세한 것 같다.

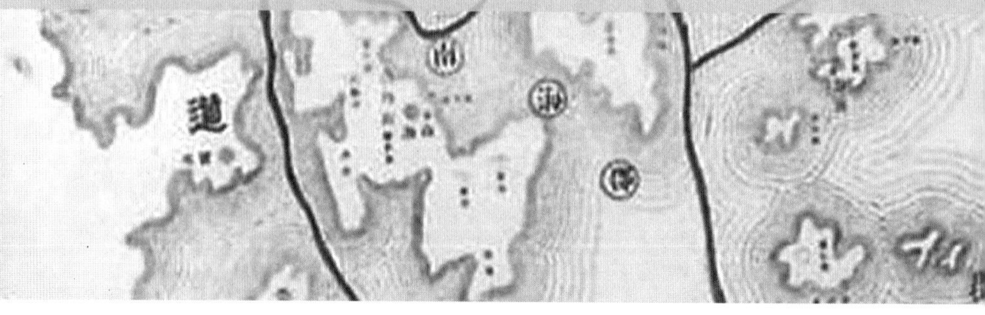

노동운동의 영원한 횃불 **전태일**

우리는 기계가 아니다! 일제강점기 민족해방운동의 일환으로 전개되었던 노동자들의 투쟁은 1948년 한반도에 분단정부가 들어서면서 점차 그 열기를 잃고 수면 밑으로 가라앉았다. 냉전체제 속에서 흑백논리가 판을 치는 가운데 노동자들은 숨을 죽일 수밖에 없었다. 4·19민중항쟁이 전개되면서 노동운동은 활기를 띠기 시작했으나 5·16쿠데타정권의 군홧발 아래 다시 처참하게 짓뭉개졌다. 반공이데올로기와 경제성장제일주의를 표방하면서 '선성장 후분배'의 구호 아래 노동자들의 요구를 묵살했던 박정희는 3선 개헌을 통해 종신 집권을 획책해나갔다. 당시 전국적 노동단체로는 유일했던 '한국노총'은 이승만 정권의 시녀 노릇을 했던 '대한노총'과 마찬가지로 어용단체로 일관하면서 노동자들의 권익을 옹호하기보다는 자본가들의 요구를 노동자들에게 강요하기에 바빴다. 그 결과 노동운동은 금기시되었다. 그러한 노동운동에 다시 불씨를 댕긴 사람이 바로 전태일이다.

1970년 11월 13일 오후 1시 30분, 청계천 평화시장 앞길에서 하나의 불꽃이 활활 타오르고 있었다. 스물둘의 한 젊음을 태우는 불꽃이! 그 불꽃은 "내 죽음을 헛되이 하지 말라!", "근로기준법을 준수하라!", "우리는 기계가 아니다! 일요일은 쉬게 하라!", "노동자들을 혹사하지 말라!"고 절규하다가 스러졌다. 그것은 평화시장 여공들에게도 '인간으로서의 최소한의 요구'가 있다는 것을 알리는 '인간선언'이었다. 전태일은 노동자들의 당연한 권리를 되찾기 위해 처절한 몸부림을 계속하다가 그렇게 쓰러졌다.

전태일의 분신 소식을 전해들은 청계천 피복공장 노동자들은 손가락을 깨물어 피로 쓴 플래카드를 들고 "우리는 기계가 아니다!", "누가 전태일을 죽였는가?", "우리도 사람이다. 16시간 노동이 웬말이냐?"를 외치며 시위를 벌였다. 하지만 그들은 경찰의 곤봉과 방패에 머리가 깨지고 눈두덩에 피멍이 든 채 줄줄이 끌려갔다.

숯처럼 시커멓게 타버린 전태일은 병원으로 찾아온 어머니에게 자신이 못다 이룬 일을 꼭 이루어줄 것을 당부했으며, 친구들에게는 자신의 죽음을 헛되이 하지 않을 것을 맹세 받았다. 그는 치료다운 치료를 한 번도 받아보지 못한 채 응급실 한 구석에 방치되었다가 "배가 고프다 ……."라는 말을 마지막으로 생을 마감했다. 경제건설의 주역이면서도 노예생활을 하던 노동자들이 인간답게 살 수 있는 세상을 건설하고자 자본가·정부·경찰에 맞서 싸우다가 장렬하게 산화한 것이다. 그는 유서에서 자신의 염원을 다음과 같이 노래했다.

힘에 겨워 힘에 겨워 굴리다 다 못 굴린

그리고 또 굴려야 할 덩이를 나의 나인 그대들에게 맡긴 채

잠시 다니러 간다네. 잠시 쉬러 간다네.

어쩌면 반지의 무게와 총칼의 질타에 구애되지 않을지도 모
르는, 않기를 바라는

이 순간 이후의 세계에서

내 생애 다 못 굴린 덩이를, 덩이를

목적지까지 굴리려 하네.

이 순간 이후의 세계에서 또다시 추방당한다 하더라도 굴리
는 데, 굴리는 데, 도울 수만 있다면

이룰 수만 있다면 (……)

돼지우리만도 못한 작업장

전태일이 평화시장과 관계를 가지
게 된 것은 1965년 가을이었다. 그는 1948년 8월 26일 대구에서 아
버지 전상수와 어머니 이소선 사이에서 장남으로 태어났다. 여섯
살 때 부산에서 소규모 양복제품업을 하던 아버지의 사업이 망하면
서 모든 가족이 무작정 상경했다. 그는 어려운 가정환경 속에서 몇
차례에 걸쳐 가출을 하는 등 떠돌이 생활을 했다. 그러다가 평화시
장에 있던 '삼일사'에 미싱사 시다로 취직하게 되었고, 이때부터 봉
급생활자로 정착했다.

전태일이 본 평화시장은 돼지우리와 같은 곳이었다. 그곳에는 수

많은 봉제공장들이 빼곡히 들어 차 있었는데, 특히 여공들은 도저히 사람이라고 할 수 없는 생활을 하고 있었다. 작업장에는 재봉대·재단판·시다판 등의 기계가 가득 놓여 있었고, 기계들 사이사이에 창백한 얼굴의 여공들이 끼어 앉아 일했다. 작업장에는 환기구가 없어 허연 실 보푸라기가 온 방을 자욱하게 날아다녔다. 거기에다가 작업장의 천장이 낮아 허리를 펼 수 없었다. 사장들이 비용을 줄이기 위하여 3미터 높이의 작업장을 2층으로 나누어 다락방을 만든 탓이었다.

여공들은 머리가 천장에 닿지 않도록 허리를 구부린 채 햇빛 한 번 못보고 하루에 14~16시간씩 일을 했다. 밥 먹는 시간 빼고는 쉬는 시간 없이, 화장실도 가지 않은 채 일을 했다. 그럼에도 그들이 받는 임금은 입에 겨우 풀칠할 정도였다. 1970년 당시 평화시장 노동자들이 받는 월급은 시다 1,800~3,000원, 미싱사 7,000~25,000원, 미싱보조 3,000~15,000원, 재단사 15,000~30,000원이었다. 월급에서 교통비와 가계보조비를 제하고 나면 남는 것이 거의 없었다. 시다들은 태반 이상이 점심 사먹을 돈조차 없어 한 개에 1원씩 하는 풀빵 몇 개로 끼니를 때우거나 아예 굶기도 했다. 평화시장에서 5년 이상 일한 미싱사에게 남는 것은 누렇게 뜬 얼굴, 퀭한 눈동자, 빈혈, 신경통, 위장병, 기관지염 등의 몹쓸 병뿐이었다. 심한 경우 폐결핵에 걸려 치료도 받아보지 못하고 죽어갔다.

전태일은 평화시장 봉제공장의 현실을 납득할 수 없었다. 그는 잘못된 현실을 뜯어고치는 데 앞장섰다. 재단사가 되면 사업주의 무한한 욕심으로부터 노동자들의 권익을 지킬 수 있다는 판단 하에 미싱사를 포기하고 재단보조로 취직했다. 얼마 뒤 재단사가 되었지만 그렇다고 해서 달라지는 것은 없었다. 시다들에게 약간의 도움을 줄 수 있을지언정 문제의 본질은 결코 해결되지 않았다.

자신의 꿈이 무참히 꺾여버리자 실의에 빠졌지만, 전태일은 아버지와의 대화를 통해 노동운동과 '근로기준법'의 존재를 알게 되었다. 실낱같은 희망을 발견한 그는 투쟁의 전선에 뛰어들었다. 밤을 세워가며 근로기준법 조문을 뒤지는 한편, 직장에서 틈틈이 친구들을 찾아다니면서 근로기준법을 설명해주었다. '바보회'·'삼동회' 등의 모임을 꾸리면서 서울 시청이나 노동청에 노동 조건 개선을 진정하거나 언론에 평화시장 노동자들의 현실을 고발하기도 했다. 그러나 정부기관은 노동자들의 편이 아니었으며, 사업주들은 끄떡도 하지 않았다. 이에 전태일은 자기 한 몸 희생하기로 결심했다. 자신을 불태움으로써 사회에 경종을 울리고 노동 문제를 공론화하여 노동자들이 인간답게 살 수 있는 사회를 건설할 수 있는 기틀을 다지고자 했던 것이다.

전태일의 분신은 한국 사회에 커다란 경종을 울렸고 노동 문제를 사회 문제화하는 데 기여했다. 언론들은 앞 다투어 경제성장의 주역이었지만 그에 걸맞는 대우를 받지 못하고 인간 이하의 비참한 생활을 감내해야 했던 노동자들의 사정을 세상에 알렸다. 체념 속에서 신세타령이나 하며 살던 노동자들도 차츰 자신의 권리를 주장하게 되었다. 그리고 전태일이 죽은 지 3일이 되던 1970년 11월 16

일 서울대학교 법과대학에서 학생 100여 명이 모임을 갖고 가칭 '민권수호학생연맹 준비위원회'를 발족하는 등 그동안 정치 문제에만 관심을 가져 왔던 대학생들도 차츰 노동 문제에 관심을 기울이게 되었다. 그리하여 계급의식에 기초한 노동운동의 전기가 마련되었고, 전태일은 한국 노동운동의 활활 타오르는 횃불이 되었다.

이 호 룡

평화시장 영세업체들의 다락방 작업장 전경(위)
전태일의 가족 사진. 앞줄 오른쪽이 전태일로 다섯 살이었다.(아래 왼쪽)
평화시장에 시다로 갓 취직했을 때 동료들과 함께 한 전태일. 뒷줄 왼쪽 세 번째가 전태일이
다.(아래 오른쪽)

시다의 꿈

　어느 날 전태일의 어머니는 집에 돌아오지 않는 아들이 걱정이
되어 뜬 눈으로 밤을 새웠다. 아들은 새벽이 되어서야 온몸이 이슬
에 젖은 채 터덜터덜 걸어왔다. 파출소에서 자고 왔다는 것이었다.
당시 전태일은 재단보조로 일하면서 나이 어린 시다들을 성심성의
껏 도와주고 있었다. 사업주가 주는 잠 안 오는 약을 먹고 이틀 밤
혹은 사흘 밤을 꼬박 새워가며 일하는 여공들이 그렇게 안쓰러울
수가 없었던 것이다. 점심 사먹을 돈이 없어 쫄쫄 굶고 있는 시다들
에게 버스비를 털어서 풀빵을 사주고 나니 자신은 청계천 6가에서
도봉산까지 두세 시간을 걸어서 집에 가야 했고, 가는 도중에 통금
시간에 걸려 파출소에서 밤을 새웠다.

　전태일의 이러한 생활은 재단사가 된 이후에도 계속되었다. 피곤
해서 꾸벅꾸벅 졸고 있는 어린 시다들을 집에 보내고 자신은 밤늦
게까지 남아서 시다들의 일을 대신 했다. 그러던 중 어느 날 몸이 아
픈 아이가 있어서 모두 집으로 보내고 혼자 남아 작업장 청소를 하
다가 사업주로부터 주의를 받았다. 재단사는 재단사의 일만 해야지
시다들의 일을 대신 해주어서는 안 된다는 것이었다. 전태일이 시
다들에게 잘 대해주면 줄수록 그들을 부려먹기가 더욱 어려워지기
때문이었다. 하지만 전태일이 계속해서 시다들을 거들어주자 사업
주와 전태일 사이에 몇 차례 말다툼이 있었고, 결국 전태일은 해고
되고 말았다.

영남을 알면 한국사가 보인다

⊙ 2005년 12월 20일 초판 1쇄 인쇄
⊙ 2017년 8월 24일 초판 5쇄 발행
⊙ 글쓴이   역사학자 48인 지음 / 대구사학회 편
⊙ 펴낸이   박혜숙
⊙ 펴낸곳   도서출판 푸른역사
  우) 03044 서울시 종로구 자하문로8길 13
  전화: 02) 720-8921(편집부) 02) 720-8920(영업부)
  팩스: 02) 720-9887
  전자우편: 2013history@naver.com
  등록: 1997년 2월 14일 제13-483호

ISBN   89-91510-14-0